Germanistische
Arbeitshefte 45

Herausgegeben von
Gerd Fritz, Thomas Gloning und Jörg Kilian

Christina Kauschke

Kindlicher Spracherwerb im Deutschen

Verläufe, Forschungsmethoden, Erklärungsansätze

De Gruyter

ISBN 978-3-11-028388-4
e-ISBN 978-3-11-028389-1
ISSN 0344-6697

Library of Congress Cataloging-in-Publication Data
A CIP catalog record for this book has been applied for at the Library of Congress.

Bibliografische Information der Deutschen Nationalbibliothek
Die Deutsche Nationalbibliothek verzeichnet diese Publikation in der Deutschen Nationalbibliografie; detaillierte bibliografische Daten sind im Internet über http://dnb.dnb.de abrufbar.

Gesamtherstellung: Hubert & Co. GmbH & Co. KG, Göttingen
∞ Gedruckt auf säurefreiem Papier

Printed in Germany

www.degruyter.com

MIX
Papier aus verantwortungsvollen Quellen
FSC® C016439

Inhalt

Vorwort

> Eine Sprache zu erwerben ist eine komplexe Aufgabe. Sie schließt ein, Sprachlaute und Wörter zu lernen, die Regeln ihrer Kombinierbarkeit (...) zu erwerben und Sätze den Gepflogenheiten einer Kultur entsprechend verwenden zu lernen (Klann-Delius 2008: 23).

Die Spracherwerbsforschung befasst sich mit der Frage, wie und warum es Kindern gelingt, innerhalb der ersten Lebensjahre diese vielschichtige Aufgabe zu meistern. Auf den verschiedenen sprachlichen Ebenen lassen sich typische Entwicklungsschritte beobachten, wobei über die generellen Entwicklungssequenzen hinaus interindividuelle Variationen auftreten. Versuche, diese beschreibbaren Phänomene zu erklären, unterscheiden sich in ihren Annahmen darüber, ob Kinder beim Spracherwerb sprachspezifische oder domänenübergreifende Fähigkeiten nutzen und inwieweit diese Fähigkeiten angeboren sind oder sich im Laufe der Entwicklung herausbilden. Nachdem sich lange Zeit die »klassischen« Erklärungsmodelle (Nativismus, Kognitivismus, Interaktionismus) scheinbar unvereinbar gegenüberstanden, verfolgen neuere Ansätze hybride Modelle, in denen differenziert dargelegt wird, mit Hilfe welcher Mechanismen und auf der Basis welcher Prädispositionen Kinder sich sprachliche Kompetenzen aneignen.

Das Ziel des vorliegenden Bandes ist es, zunächst einen detaillierten Überblick über den Verlauf des Spracherwerbs zu bieten, auf dessen Grundlage dann die Aussagen verschiedener Erklärungsmodelle eingeordnet und evaluiert werden können. Dazu wird der aktuelle Forschungsstand zum Erwerb von sprachlichen Fähigkeiten anhand verfügbarer empirischer Befunde aufgearbeitet. Der Fokus liegt dabei auf dem ungestörten, monolingualen Erwerb des Deutschen. Mit dem bilingualen Spracherwerb bei Kindern und mit Sprachentwicklungsstörungen beschäftigen sich anschließend eigene Überblickskapitel.

Einige Kolleginnen und Kollegen haben sich freundlicherweise bereit erklärt, einzelne Kapitel oder Teilkapitel des Manuskripts zu lesen und mir wertvolle Anregungen und Hinweise gegeben, die die Darstellung der jeweiligen Inhalte bereichert haben. Dafür danke ich sehr herzlich (in alphabetischer Reihenfolge): Solveig Chilla, Angela Grimm, Stefanie Haberzettl, Matthias Katerbow, Gisela Klann-Delius, Jörg Meibauer, Michaela Schmitz, Christine Schipke und Carolin Zingel. Thomas Gloning hat die Entstehung des Bandes als Herausgeber intensiv begleitet und unterstützt und mir wesentliche Denkanstöße zu den Themen Semantik und Pragmatik gegeben, wofür ich mich sehr herzlich bedanke. Auch Jörg Kilian danke ich für Anmerkungen zum Manuskript. Ein besonderer Dank geht an diejenigen, die mit viel Mühe bei der Erstellung der Literaturliste und des Registers, der Überarbeitung der Transkripte und der Formatierung des Textes geholfen haben: Anita Bader, Felix Frobel, Isabelle Rondinone und Anne Weber. Da dieses Buch einen wichtigen Abschnitt des Lebens, die Kindheit, zum Thema hat, ist es meinen Eltern gewidmet.

Übersicht über typographische Formate

Die in diesem Band verwendeten typographischen Formate sind wie folgt zu verstehen:

›Hund‹	Objektsprachliche Ausdrücke werden in einfachen Anführungszeichen notiert, z.B. in Kapitel 8.3.2.: Nachdem das Kind einen Fuchs als ›Hund‹ bezeichnet hat, korrigiert die Mutter die Übergeneralisierung des Kindes und führt die Bezeichnung ›Fuchs‹ ein.
»Formate«	Einführungen neuer Begriffe, Paraphrasen und Zitate werden in doppelte Anführungszeichen gesetzt, z.B. in Kapitel 8.3.2: Im weiteren Verlauf werden Grundfunktionen des Dialogs (...) im Rahmen von strukturierten Interaktionen ausgebaut, die Bruner (1987) als »Formate« bezeichnet.
Bootstrapping	Fremdsprachliche Wörter werden kursiv gesetzt, z.B. in Kapitel 1.3: So werden beim prosodischen *bootstrapping* prosodische Merkmale genutzt.
[naːnə]	Konkrete lautliche Äußerungen von Kindern, die der Literatur entnommen sind oder eigene Beispiele darstellen, werden phonetisch nach den Konventionen des IPA transkribiert und in eckigen Klammern in phonetischer Schrift notiert.
DA FÄHRT DIE TRAKTOR	Tatsächlich belegte kindliche Äußerungen, die der Literatur entnommen sind oder eigene Belege darstellen, werden im laufenden Text in Kapitälchen notiert. Da die lautliche Form in diesen Zusammenhängen nicht ausschlaggebend ist, wird auf eine phonetische Transkription verzichtet.

Abbildungsverzeichnis

Tabellenverzeichnis

1 Grundbegriffe und Leitfragen in der Spracherwerbsforschung

1.1 Erwerbstypen

›Spracherwerb‹ ist ein Sammelbegriff, der unterschiedliche Erwerbstypen umfasst (Rothweiler 2002). Der Schwerpunkt dieses Bandes liegt auf dem monolingualen ungestörten Lautspracherwerb. Dies stellt sicherlich eine Idealisierung dar, da weitere Spracherwerbstypen durchaus häufig vorkommen und wichtige spracherwerbstheoretische Einblicke erlauben. Trotz der Schwerpunktsetzung auf den monolingualen ungestörten Spracherwerb werden zwei Kapitel zu besonderen Erwerbstypen aufgenommen. Da der bilinguale Erstspracherwerb und der frühe Zweitspracherwerb in Deutschland häufig anzutreffende Erwerbskonstellationen sind, widmet sich ein einführendes Kapitel dieser Thematik. Die Tatsache, dass bei etwa 7% aller Kinder eines Jahrgangs Sprachentwicklungsauffälligkeiten auftreten, zeigt außerdem, dass der Spracherwerb (bei monolingualen und/oder mehrsprachigen Kindern) nicht grundsätzlich ohne Probleme verläuft und nicht immer in einer altersentsprechenden Sprachbeherrschung mündet. Aus diesem Grund behandelt ein weiteres Kapitel Störungen des Spracherwerbs. Die Themen des mehrsprachigen Erwerbs und der Sprachentwicklungsstörungen sind insbesondere für Berufsgruppen wie Grundschullehrer/innen relevant, die alltäglich mit einer Bandbreite von sprachlichen Fähigkeiten und Problemen bei Kindern konfrontiert sind. Solide Kenntnisse über den ungestörten Erwerb des Deutschen bieten eine notwendige Grundlage um besondere Erwerbstypen erkennen und adäquat einschätzen zu können. Zur weiteren Vertiefung werden entsprechende Hinweise gegeben. Der Erwerb der Gebärdensprache sowie der Schriftsprache werden in diesem Band nicht behandelt.

1.2 Entwicklungssequenzen

Entwicklungssequenzen oder auch Meilensteine sind geordnete Folgen von systematisch beschreibbaren Entwicklungsschritten, die Kinder durchlaufen, bis sie das System der Zielsprache beherrschen. Sie verlaufen in groben Zügen vergleichbar, aber mit individuellen Differenzen hinsichtlich des Zeitraums und der Art der Entwicklung. Im Anhang findet sich eine Tabelle, in der ein Überblick über wichtige Entwicklungsmeilensteine des kindlichen Spracherwerbs gegeben wird. Einige Meilensteine können sprachübergreifend formuliert werden, dann beziehen sie sich auf sehr allgemeine Merkmale des Spracherwerbs wie die Produktion der ersten Wörter oder den Beginn von Wortkombinationen. Betrachtet man den Erwerbsverlauf für spezifische sprachliche Fähigkeiten (z.B. den Erwerb des phonologischen Systems, des Kasussystems oder der zielsprachlichen Wortstellung) genauer, so wird deutlich, dass derartige Sequenzen nur mit Bezug auf eine bestimmte Einzelsprache untersucht und beschrieben werden können. Die Art und die Komplexität der Erwerbsaufgabe werden maßgeblich davon bestimmt, wie das betreffende System in der jeweiligen Einzelsprache strukturiert ist. Daher steht im vorliegenden Band der Spracherwerb im Deutschen im Mittelpunkt. Zwei Gründe sprechen für diese Fokussierung: Zum einen sind gut verständliche englischsprachige Einführungswerke zum Spracherwerb verfügbar (z.B. Karmiloff & Karmiloff-Smith 2001), deren Ausführungen sich jedoch überwiegend auf Daten zum Erwerb des Englischen beziehen. Zum anderen setzen detaillierte Aussagen über spezifische Sprachentwicklungsaspekte die Kenntnis des einzelsprachlichen Systems voraus. Daher wird hier vorrangig Bezug auf empirische Studien zum Spracherwerb im Deutschen genommen. Zur Illustration werden beispielhaft spontansprachliche Äußerungen von Kindern mit deutscher Muttersprache herangezogen.

1.3 Sprachliche Ebenen, Modalitäten und Bootstrapping

Sprache kann man als gegliedertes System von Zeichen betrachten, in dem Einheiten zu größeren Komplexen kombiniert oder in kleinere Elemente zergliedert werden können. Die klassischen Disziplinen der linguistischen Sprachbeschreibung wie Phonologie, Lexikon, Semantik, Morphologie, Syntax und Pragmatik leiten sich aus diesem Grundinventar ab und untersuchen die Einheiten und Gesetzmäßigkeiten des Sprachsystems und des Sprachgebrauchs. Auch in der Spracherwerbsforschung ist es üblich, den Verlauf des Spracherwerbs entlang dieses Organisationsprinzips zu beschreiben. So wird gefragt, wie ein Kind Laute erkennt, unterscheidet und produziert, wie es Wörter versteht, speichert und abruft, wie es mit Wörtern Sätze bildet und wie es seine sprachlichen Fähigkeiten in der Kommunikation einsetzt. Auch im vorliegenden Band richtet sich die Gliederung der Kapitel nach den sprachlichen Ebenen, die aus der linguistischen Sprachbeschreibung bekannt sind, indem die Entwicklungsverläufe auf den Ebenen Phonetik und Phonologie, Lexikon und Semantik, Syntax und Morphologie sowie Pragmatik nachvollzogen werden. Auf jeder dieser Ebenen werden wiederum sproduktive und rezeptive Fähigkeiten unterschieden und damit die Modalitäten ›Sprachproduktion‹ und ›Sprachverstehen‹, berücksichtigt.

Die Reihenfolge, in der die Entwicklungsverläufe in den Kapiteln 3 bis 8 präsentiert werden, soll jedoch keine Aussage über die Chronologie des Erwerbs nahelegen. Bei einem ersten Blick auf kindliche Sprachäußerungen könnte durchaus der Eindruck entstehen, dass der Spracherwerb vom Laut zum Wort zum Satz fortschreitet: Typisch für ein acht Monate altes Kindes wäre beispielsweise die Silbe /ba/, ein Kind im Alter von 13 Monaten könnte ein Wort wie ›Ball‹ äußern und mit zwei Jahren bereits eine Kombination aus zwei Wörtern wie ›da Ball‹ produzieren. Im dritten Lebensjahr würden die wachsenden kombinatorischen Fähigkeiten Äußerungen wie ›Dani Ball spielen‹, und ›spielst du mit mir Ball‹ erlauben, bald darauf wären auch Nebensätze wie ›Ich möchte mit dem Ball spielen, wenn ich nach Hause komme‹ erwartbar. Diese Ausrichtung an der produktiven Modalität übersieht, dass sich die rezeptiven Fähigkeiten, d.h. das Sprachverständnis, vor der Produktion ausbilden. Das Erkennen, Analysieren und Verstehen sprachlicher Einheiten und Strukturen sind wesentliche Schritte im Spracherwerb, die der Produktion vorausgehen. Bereits im ersten Lebensjahr erkennt das Kind Wörter und es entwickelt bereits ein Gefühl für wohlgeformte Satzstrukturen. Von Beginn des Spracherwerbs an finden phonologische, lexikalische, semantische, morphologische und syntaktische Erwerbsprozesse in jeder Entwicklungsstufe in der rezeptiven und/oder produktiven Modalität simultan statt.

Dass die Entwicklungssequenzen für jede sprachliche Ebene separat dargestellt werden, bringt in gewisser Weise eine künstliche Trennung mit sich, denn zum einen vollzieht sich der Erwerb auf den Ebenen weitgehend simultan, zum anderen bestehen Interaktionen und Schnittstellenphänomene, die die Entwicklung von Fähigkeiten auf den verschiedenen Ebenen miteinander verbinden. Der Begriff des *bootstrapping* akzentuiert genau diesen Aspekt. Er ist eine metaphorische Bezeichnung für einen wichtigen Sprachlernmechanismus, der darin besteht, dass das Kind bereits vorhandenes Wissen nutzt um neues Wissen, auch auf einer anderen sprachlichen Ebene, aufzubauen. *Bootstraps* sind im wörtlichen Sinne Stiefelschlaufen, also Hilfsmittel, die zum Stiefelanziehen verwendet werden. Im Deutschen wird der Begriff des »Steigbügels« in ähnlicher Weise verwendet, Siegler und andere (2005) sprechen von »Selbsthilfe«. Bestimmte sprachliche Informationen stellen also Einstiegshilfen dar, die den Erwerb neuer Sprachstrukturen erleichtern. So werden beim prosodischen *bootstrapping* prosodische Merkmale genutzt, um Wortgrenzen zu erkennen oder Rückschlüsse auf die syntaktische Struktur zu ziehen; hier dient die Prosodie als Steigbügel für lexikalische oder syntaktische Erwerbsschritte. Wenn Kinder von der Bedeutung eines Wortes auf die Wortart schließen, liegt semantisches *bootstrapping* vor. Umgekehrt werden beim syntaktischen *bootstrapping* grammatische Hinweise genutzt, um Informationen über die Verbbedeutung zu erlangen. Diese *bootstrapping*-Phänomene machen deutlich, dass es ständige Querverbindungen und Wechselwirkungen zwischen Erwerbsschritten auf den verschiedenen sprachlichen Ebenen gibt. Eine ebenenspezifische Betrachtung des Spracherwerbs spiegelt damit nicht die Dynamik des tatsächlichen Verlaufs wieder, bietet sich aber zur Strukturierung an. Um zusätzlich einen stärker chronologischen Abriss zu vermitteln, werden in Kapitel 9 sprachbiographische Längsschnittdaten von zwei Kindern gezeigt, so dass an konkreten Beispielen nachvollzogen werden kann, wie sich die sprachproduktiven Fähigkeiten in den ersten Lebensjahren verändern.

1.4 Leitfragen in der Spracherwerbsforschung

Die Kernthemen der Spracherwerbsforschung lassen sich anhand von drei Grundfragen umreißen: Was macht sprachliches Wissen, was macht die Beherrschung einer Sprache aus? Ist sprachliches Wissen angeboren oder wird es erlernt? Wird Sprache über sprachspezifische oder über allgemein-kognitive Mechanismen erworben?

Um sich der ersten Frage zu nähern, soll zunächst der Begriff des sprachlichen Wissens erläutert werden. Sprache ist Bestandteil der menschlichen Kognition. Zur Kognition gehören alle Prozesse der mentalen Speicherung, Aufnahme und Verarbeitung von Informationen. Diesen Prozessen kann das Bewusstsein zugeschaltet sein oder nicht (Schwarz 2008: 19). Unter »Wissen« wird sowohl die Menge der Informationen verstanden, die ein Mensch gespeichert hat (deklaratives Wissen, auch »Wissen, dass«) als auch die Verfügbarkeit von Prozessen, mit denen diese Informationen verarbeitet werden (prozedurales Wissen, auch »Wissen, wie«). Prozedurales Wissen meint Programme, die die Voraussetzungen für die tatsächliche Realisierung (z.B. von Sprachäußerungen) darstellen. Beide Komponenten des Wissens müssen nicht bewusst zugänglich sein, wie auch Weinert (2004: 21) betont: »Kinder ›wissen‹, wenngleich nicht bewusst, um viele (...) Regelmäßigkeiten ihrer Muttersprache«. Wenn im Folgenden von sprachlichem Wissen oder auch von sprachlichen Fähigkeiten die Rede ist, so ist gemeint, dass Kinder die Regularitäten ihrer Sprache lernen, indem sie sprachliche Einheiten oder Strukturen erkennen, diese speichern und Prozeduren anwenden, die zur korrekten Verarbeitung und Produktion von Wörtern oder Sätzen der Muttersprache führen. Dies bedeutet nicht, dass Kindern diese Regelhaftigkeiten bewusst wären. Ein Kind, das beispielsweise im Laufe des Vorschulalters lernt, korrekte Pluralformen zu bilden, verfügt über mentales »Wissen« darüber, wie in seiner Sprache die Mehrzahl ausgedrückt wird, ohne dass es das Pluralsystem des Deutschen metasprachlich erklären könnte.

Was macht nun sprachliches Wissen in diesem Sinne aus? Versteht man Sprache als gegliedertes System von Einheiten, die durch ihre Analysierbarkeit und ihre Kombinierbarkeit gekennzeichnet sind, so bildet die Entwicklung der Fähigkeit, sprachliche Einheiten zu segmentieren und miteinander zu kombinieren, den Kern des Spracherwerbs. Diese beiden Prozesse vollziehen sich simultan von Beginn an. Über den Aufbau sprachstrukturellen Wissens hinaus ist Wissen über die Gebrauchsbedingungen von Sprache, ihre kommunikative Funktion und ihren reziproken Charakter ebenfalls Gegenstand des Spracherwerbs. Derartige anwendungsbezogene Aspekte von Sprache werden bereits im ersten Lebensjahr in Austauschprozessen zwischen dem Kind und seinen Bezugspersonen angebahnt und im weiteren Verlauf ausdifferenziert.

Die zugespitzt formulierte zweite Frage »ist sprachliches Wissen angeboren oder wird es erlernt?« gilt seit langem als Kernthema der Spracherwerbsforschung und muss im Lichte der jeweils verfügbaren empirischen Befunde immer wieder neu diskutiert werden: »At the heart of the debate is the issue of innateness« (Karmiloff & Karmiloff-Smith 2001: 4). Die Frage nach der Angeborenheit von Sprache steht nicht nur im Zentrum der Spracherwerbsforschung; sie ist als Frage nach der Sprachfähigkeit des Menschen auch Gegenstand der allgemeinen Sprachwissenschaft und darüber hinaus in der umfassenderen Debatte um den Einfluss von Erbe und Umwelt auf die Entwicklung von Individuen von Interesse. Sprache scheint auf den ersten Blick eine Fähigkeit zu sein, die in der gegebenen Komplexität nur Menschen zu eigen ist. Ebenso offensichtlich ist, dass die Ausbildung dieser humanspezifischen Fähigkeit nur möglich ist, wenn die sprachlernenden Menschen einer Umgebungssprache ausgesetzt sind. Daher wurde und wird nie bestritten, dass der Spracherwerb auf einer biologischen Basis gründet, aber ebenso durch Kontakt mit der

Umwelt angeregt werden muss. Kontrovers wird diskutiert, welche Rolle und welches Gewicht anlagebedingten Faktoren auf der einen Seite und dem Sprachangebot der Umwelt auf der anderen Seite zukommt.

Kommt das Kind vorgeprägt für Sprache auf die Welt, ausgestattet mit spezifischen Fähigkeiten, die in der menschlichen Entwicklungsgeschichte entstanden sind? Eine solche Annahme ließe sich als *inside-out*-Modell (Hockema & Smith 2009) beschreiben. Da sich einer solchen Annahme folgend Sprache in großen Teilen eher passiv gemäß angeborener innerer Voraussetzungen und vorgeprägter Reifungsprozesse entwickelt, werden von Vertretern dieser Richtung eher die Begriffe »Sprachentwicklung« oder auch »Wachstum« bzw. »Reifung« von Sprache verwendet. Geht man dagegen davon aus, dass das Kind Sprache aktiv und vorrangig durch Kontakt und Kommunikation mit anderen Sprechern lernt, liegt eine *outside-in*-Annahme zugrunde; infolgedessen ist eher von »Spracherwerb«, »Sprachlernen« oder »Sprachaneignung« die Rede. Im folgenden Band werden meist die Begriffe »Spracherwerb« und »Sprachentwicklung« synonym verwendet, ohne mit der Terminologie bereits eine theoretische Festlegung über angenommene Entstehungsmechanismen zu treffen.

Die dritte Frage bezieht sich auf die Domänenspezifik von Sprache. Wird Sprache über sprachspezifische oder allgemein-kognitive Mechanismen erworben? Denkbar ist, dass allgemeine kognitive Prozesse auf verschiedene Wissens- und Aufgabenbereiche anwendbar sind und dementsprechend auch, aber nicht ausschließlich, für den Spracherwerb genutzt werden. Eine andere Position besteht in der Annahme, dass für den Spracherwerb domänenspezifisches Wissen notwendig ist, das darauf spezialisiert ist, nur einen bestimmten Typus von Informationen zu verarbeiten.

Die Beantwortung dieser wichtigen Leitfragen geht über die Erforschung und Beschreibung von Erwerbsverläufen hinaus. In der Spracherwerbsforschung lassen sich drei große, traditionelle Erklärungsparadigmen unterscheiden (Nativismus, Interaktionismus und Kognitivismus), die zu den drei Leitfragen in unterschiedlicher Art Stellung nehmen. Während die Annahmen dieser Paradigmen über längere Zeit als weitgehend unvereinbar galten, arbeiten neuere Erklärungsmodelle nun auf eine Synthese hin. In Kapitel 12 werden traditionelle Paradigmen und aktuelle Modellvorstellungen in ihren Grundzügen vorgestellt und diskutiert. Da aber kaum ein Ansatz alle Phänomene erklären kann und will, werden spezifische Erklärungsmodelle für einzelne Teilbereiche (insbesondere für den Lexikon- und Syntaxerwerb) bereits in den entsprechenden Kapiteln gesondert betrachtet.

2 Methoden in der Spracherwerbsforschung

Um Aussagen über Spracherwerbsverläufe einschätzen zu können, muss die Methode berücksichtigt werden, die zu den jeweiligen Befunden führte. Erhebungs- und Auswertungsmethoden haben sich in der Geschichte der Spracherwerbsforschung stetig weiter entwickelt. Heute steht eine Vielzahl direkter und indirekter Methoden zur Verfügung, aus denen Forscher in Abhängigkeit von der Fragestellung, von der untersuchten sprachlichen Ebene und vom Alter des Kindes die adäquate(n) Methode(n) auswählen können. Die folgende Zusammenstellung enthält relevante methodische Verfahren, die sich hinsichtlich der untersuchten Modalität, der Art des sprachlichen Untersuchungsgegenstandes, des Alters, der Einbeziehung und geforderten Aktivität des Kindes sowie hinsichtlich des Erhebungs- und Auswertungsaufwandes deutlich unterscheiden. Während die Informationen über kindliche Fähigkeiten bei Befragungsverfahren über Dritte gewonnen werden, setzen Beobachtungsverfahren und experimentelle Methoden direkt am beobachtbaren Verhalten bzw. an messbaren Reaktionen des Kindes an.

Befragungsverfahren	**Beobachtungsverfahren Off-line**	**Experimentelle Verfahren On-line**
– Checklisten, vor allem Vokabularchecklisten für Eltern – Beobachtungs- und Dokumentationsbögen für Erzieher/innen, Lehrer/innen oder andere Bezugs- und Erziehungspersonen	– Tagebuchstudien – Audio- und Videoaufnahmen kindlicher Spontansprache – Transkription und Archivierung von Spontansprachdaten – Elizitierte Sprachproduktion, z.B. Benennen, Antworten auf Fragen, Beschreiben von Bildern, Bildgeschichten, Vervollständigen von Sätzen – Tests zum Sprachverstehen, z.B. Wort-Bild-Zuordnung, Satz-Bild-Zuordnung, Ausagieren	– Reaktionszeitmessungen – Untersuchung pränataler Sprachverarbeitung – Untersuchung des Saugverhaltens: *high amplitude sucking* – Untersuchung des Blick- oder Kopfdrehverhaltens: *head turn preference* und *preferential looking* – Untersuchung von Augenbewegungen: *eye tracking* – Untersuchung von Gehirnaktivität: Ereigniskorrelierte Potentiale (EKP) – Bildgebende Verfahren: funktionelle Magnetresonanztomographie (fMRT) und Nahinfrarotspektroskopie (NIRS)

Tabelle 1: Übersicht über Methoden der Spracherwerbsforschung

Der Einsatz dieser Verfahren spiegelt auch die Geschichte der Spracherwerbsforschung (dazu Klann-Delius 2008, Kapitel 1). Dennoch ist es nicht so, dass das Aufkommen moderner experimenteller Techniken klassische Beobachtungs- oder Befragungsmethoden abgelöst oder diese gar überflüssig gemacht hätte. Von der Mitte des 19. Jahrhunderts an wurde die Kindersprache als eigenständiger Forschungsgegenstand aufgefasst. Äußerungen von Kindern wurden aufgezeichnet um daraus eine Abfolge der produktiven Sprachentwicklung abzuleiten.

Von besonderer Bedeutung für die Spracherwerbsforschung im Deutschen, aber auch darüber hinaus, ist die groß angelegte Tagebuchstudie von Clara und William Stern mit dem Titel »Die Kindersprache« (Stern & Stern 1928, zu den entwicklungspsychologischen Grundlagen und zur Bedeutung der Tagebuchmethode siehe auch Behrens & Deutsch 1991). In diesem Tagebuch zeichnet das Psychologenehepaar Stern die Sprachentwicklung ihrer drei Kinder Hilde, Günther und Eva sehr detailliert auf, gibt einen Abriss der frühen Wortschatz- und Grammatikentwicklung der Kinder und knüpft spracherwerbstheoretische Überlegungen und Interpretationen an. Durch den Vergleich der Geschwister werden auch individuelle Unterschiede deutlich. Die Tagebuchaufzeichnungen enthalten genaue Angaben über den Zeitpunkt und den Kontext der protokollierten Äußerungen, wie der folgende Auszug zeigt. Im siebten Kapitel (»zweites Lebensjahr des Knaben«) listen Stern und Stern die ersten gesprochenen Wörter des Sohnes auf, u.a. das Wort ›Puppe‹:

Wort	Gesprochen seit	Erläuterungen
›Puppe‹	1;1/2	Nachgesprochen wurde es längst, sinnvoll seit 1;1/2 gebraucht, zuerst für die Puppe, dann wird es Universalwort für alle möglichen Gegenstände, Spielsachen etc., bis 1;2 BEBAU diesen universellen Sinn bekommt und PUPPE wieder die erste enge Bedeutung erhält

Tabelle 2: Beispiel aus Stern & Stern (1928: 86)

Tagebuchstudien werden auch in der heutigen Zeit weiterhin eingesetzt, da sie den Vorteil bieten, dass enge Bezugspersonen (meist die Eltern), die häufig mit dem Kind zusammen sind, Äußerungen notieren können, die dem alltäglichen Leben des Kindes entnommen sind und nicht durch besondere Test- oder experimentelle Bedingungen oder die Anwesenheit von unbekannten Beobachtern verfälscht werden.

Elsen (1991, 1999) stellt auf diese Weise die phonologische und lexikalische Entwicklung ihrer Tochter im Alter von acht Monaten bis 2;5 Jahren[1] dar. Eine spezielle Form der Tagebuchmethode sind so genannte Wortschatzlisten, in denen Eltern in der frühen Phase der Wortproduktion alle Wörter zusammentragen, die ihr Kind zu einem bestimmten Zeitpunkt im Alltag produziert. Diese Wortschatzlisten dienen nicht nur der Forschung (z.B. Ganger & Brent 2004), häufig sind sie auch als Instrument gedacht, um Verzögerungen der Lexikonentwicklung früh zu erkennen (Schrey-Dern & Trost-Brinkhues 2010).

---

1 Altersangaben werden im Text in der Form »Jahre;Monate« notiert, die Angabe 2;5 bezieht sich somit auf das Alter von 2 Jahren und 5 Monaten.

2.1 Befragungsmethoden

Eine verbreitete Methode zur orientierenden Erfassung früher kindlicher Sprachfähigkeiten sind Elternfragebögen. Während sich Tagebuchmethoden notwendigerweise auf einzelne Kinder beziehen, sollen Fragebogenmethoden große Stichproben erfassen und sowohl typische als auch abweichende Erwerbsverläufe erfassen. Bei diesen Instrumenten handelt es sich um vorgegebene Wortlisten, in denen die Eltern ankreuzen, welche Wörter ihr Kind bereits versteht und/oder produziert. Weiterer Bestandteil derartiger Verfahren sind Fragen zur groben Einschätzung des grammatischen Entwicklungsstandes. Hohe Übereinstimmungen zwischen Fragebogenergebnissen und Spontansprachdaten von Kindern (Fenson et al. 1994, Szagun et al. 2006, Szagun 2007) zeigen, dass Eltern valide und reliabel über den frühen Spracherwerb ihrer Kinder Auskunft geben können.

Der Einsatz von Elternfragebögen in der Spracherwerbsforschung wurde durch die Entwicklung des Instruments CDI (*MacArthur Communicative Development Inventories*, Fenson et al. 1994) ausgelöst. In Anlehnung an diese erste amerikanische Wortliste, die 396 Wörter für die Altersspanne 8–16 Monate und 680 Wörter für die Altersspanne 16–30 Monate enthält, entstanden zahlreiche Adaptionen für verschiedene Sprachen, derzeit bereits 52. Dies ermöglichte eine sprachvergleichende Erforschung der frühen Lexikonentwicklung, indem beispielsweise die Wachstumsmuster oder die Wortartenverteilung im kindlichen Lexikon anhand der Ergebnisse vergleichbarer Fragebögen bei Kindern mit unterschiedlichen Muttersprachen untersucht wurden. Für das Deutsche sind mittlerweile mehrere Fragebogeninstrumente verfügbar, die sich hinsichtlich der Anzahl der Wörter, der Fragen zur Grammatikentwicklung, der abgedeckten Altersspanne und der Auswertungsmöglichkeiten

Name	Autoren	Altersspanne	Wortanzahl
ELAN Eltern antworten	Bockmann & Kiese-Himmel 2006	16–26 Monate	250
ELFRA Elternfragebögen für die Früherkennung von Risikokindern	Grimm & Doil 2000	ELFRA 1: 12 Mon. ELFRA 2: 24 Mon.	164 260
FRAKIS Fragebogen zur Erfassung der frühkindlichen Sprachentwicklung	Szagun, Stumper & Schramm 2009	18–30 Monate	600
SBE-2-KT Sprachbeurteilung durch Eltern-Kurztest	v. Suchodoletz & Sachse 2008	21–24 Monate	57
SBE-3-KT Sprachbeurteilung durch Eltern-Kurztest	v. Suchodoletz, Kademann & Tippelt 2009	32–40 Monate	82

Tabelle 3: Übersicht über Checklistenverfahren

deutlich unterscheiden. Tabelle 3 gibt einen Überblick über gängige Checklistenverfahren im Deutschen (für einen methodischen Vergleich siehe Rosenfeld & Kiese-Himmel 2011).

Insbesondere die Verfahren mit einer relativ geringen Anzahl von Wörtern (wie ELFRA und SBE) verfolgen nicht das Ziel, einen umfassenden Überblick über die Lexikonentwicklung eines Kindes zu geben, sondern die Absicht, mit möglichst geringem zeitlichen Aufwand Kinder herauszufiltern, bei denen der Verdacht einer Verzögerung des Spracherwerbs besteht.

Neben Elternfragebögen sind auch Beobachtungsbögen für Erzieher gebräuchlich. Hierbei schätzen Erzieher/innen oder andere Bezugspersonen die Kompetenzen des Kindes in verschiedenen Entwicklungsdomänen (u.a. die sprachlichen Fähigkeiten) nach vorgegebenen Kriterien ein, um zu erkennen, ob die Entwicklung des Kindes altersentsprechend verläuft (siehe Siegmüller & Fröhling 2010). Auch bei diesen Beobachtungsbögen geht es weniger um die Gewinnung forschungsrelevanter Daten als um eine individuelle Früherkennung von Auffälligkeiten.

2.2 Beobachtungsmethoden

2.2.1 Spontansprache

Einen Schritt weiter gehen Beobachtungsverfahren, die die sprachlichen Fähigkeiten von Kindern nicht von Dritten erfragen oder einschätzen lassen, sondern direkt am Sprachverhalten des Kindes ansetzen. Die systematische Analyse von Produktionsdaten geschieht in Spontansprachanalysen (Demuth 1996). Dazu werden Video- oder Audioaufnahmen von Kindern in alltäglichen Situationen, z.B. beim freien Spiel, erstellt. Nach einer Transkription der sprachlichen Äußerungen können vielfältige Aspekte der produktiven Sprachfähigkeiten bestimmt werden. Eine frühe Studie, die sich der Methode der Analyse von Spontansprachdaten bediente, ist die Längsschnittstudie von Brown (1973) an drei Kindern, die u.a. einen altersabhängigen Anstieg der durchschnittlichen Äußerungslänge belegte und damit die Messgröße MLU (*mean length of utterance*) in der Spracherwerbsforschung etablierte (siehe auch Kapitel 7.1). Die Kinder in Browns Pionierstudie wurden vom Auftreten der ersten Wörter bis zum dritten Lebensjahr zwischen einer halben Stunde pro Woche und einer Stunde alle zwei Wochen aufgenommen.

Die Häufigkeit und Länge von spontansprachlichen Aufnahmen ist abhängig von dem zu untersuchenden Phänomen. Tomasello und Stahl (2004) geben zu bedenken, dass die Datendichte bei relativ sporadischen Aufnahmen nicht repräsentativ für den tatsächlichen Sprachgebrauch von Kindern ist, so dass die Wahrscheinlichkeit hoch ist, dass vor allem seltenere Strukturen in einem Transkriptausschnitt nicht belegt sind. So kann es zufällig geschehen, dass eine zu untersuchende Struktur in einem Transkript auffindbar ist, in einem anderen Transkript desselben Kindes jedoch nicht. Die Abwesenheit einer bestimmten Struktur oder Form kann somit nicht sicher dahingehend interpretiert werden, dass das

Kind die Struktur noch nicht beherrscht. Außerdem kann es sein, dass bestimmte Zwischenstufen und Übergangsphänomene der kindlichen Sprachentwicklung nur kurzfristig auftreten und möglicherweise in eine Aufnahmepause fallen.

Daher werden so genannte »dichte Korpora« vorgeschlagen, d.h. häufige Aufnahmen über längere Zeiträume hinweg, die ein wirklichkeitsnäheres und lückenloseres Bild der kindlichen Spontansprache erlauben. Ein Beispiel ist das dichte Korpus des Kindes Leo (siehe Behrens 2006), dessen Sprachproduktion drei Jahre lang im Alter von 1;11 bis 4;11 aufgenommen und transkribiert wurde. In Leos drittem Lebensjahr wurden fünf Aufnahmen pro Woche über je eine Stunde erstellt; in den folgenden zwei Jahren (bis 4;11) fünf Aufnahmen von je einer Stunde alle vier Wochen. Auf diese Weise wurden 383 Aufnahmen angefertigt, die insgesamt über 158000 Äußerungen und rund eine halbe Million Wörter enthielten. Gleichzeitig wurden alle Äußerungen der Mutter erfasst, die etwa drei Mal so viele Wörter und Äußerungen produzierte. An einem derartig umfangreichen Korpus kann dann der Erwerb spezifischer Strukturen im Entwicklungsverlauf genau verfolgt werden. So beschreibt Behrens (2006) detailliert das Auftreten von Wortkombinationen, den Anstieg der MLU, den Wortschatzumfang und die Komposition des Lexikons (d.h. die Verteilung der Wortarten), die Struktur der Nominalphrasen und die Art der Verbkategorien (anhand von über 80000 Verben). Behrens und Gut (2005) verwenden dasselbe Korpus um die prosodische Struktur der Wortkombinationen in der Phase zwischen 2;0 und 2;3 zu untersuchen. Abbot-Smith und Behrens (2006) analysieren Leos Passivkonstruktionen in der Altersspanne zwischen 2;5 und 4;11 (siehe Kapitel 7). Hier wird deutlich, dass vorliegende Spontansprachtranskripte für eine Vielfalt von Untersuchungsgegenständen genutzt werden können und auch für spätere Forschungsfragen offen sind. Der immense Zeitaufwand, der mit der Erstellung dichter Korpora verbunden ist, ermöglicht zum einen eine aussagekräftige längsschnittliche Datenbasis, zwingt auf der anderen Seite jedoch zu einer Beschränkung auf Einzelfallstudien, da die Anfertigung und Auswertung dichter Korpora bei einer größeren Gruppe von Kindern kaum umsetzbar ist.

Die Arbeit mit spontansprachlichen Daten setzt natürlich methodische Festlegungen bezüglich der Gestaltung der Aufnahmesituation und Aufnahmelänge, der Transkription und der Kodierung der Daten voraus (Demuth 1996). Die Transkription, also die Erstellung einer schriftlichen Fassung der kindersprachlichen Äußerungen, bringt notwendigerweise eine Reduktion der Originaldaten mit sich (Bloom 1993). Je nach Datentyp und Fragestellung muss entschieden werden, ob eine phonetische Transkription oder graphematische Transliteration angemessen ist, ob paraverbale Äußerungen (wie Lachen, Weinen, Seufzen) erfasst werden, ob Gesten, Blicke und Handlungen aufgenommen werden, ob und mit welcher Genauigkeit die Äußerungen des Gesprächspartners transkribiert werden, wie der zeitliche Ablauf der Gesprächsbeiträge markiert wird und vieles mehr. Es ist nicht verwunderlich, dass dementsprechend auch eine Vielzahl von Transkriptionssystemen und -verfahren vorgeschlagen und angewendet wurde, über die Dittmar (2009) einen Überblick gibt.

Mit dem Ziel einer Vereinheitlichung der Transkriptionspraxis in der internationalen Spracherwerbsforschung wurde 1984 das CHILDES-Projekt ins Leben gerufen (*Child Language Data Exchange System*, siehe http://childes.psy.cmu.edu/ und MacWhinney 2007).

Durch die Ausarbeitung eines detaillierten Transkriptionssystems sollte ein homogenes Verfahren etabliert werden, das es Forschern aus verschiedenen Ländern ermöglicht, sich einheitlicher Konventionen zu bedienen. So entstand ein standardisiertes Format für die Transliteration kindersprachlicher Daten namens CHAT (*Codes for the Human Analysis of Transcripts*, http://childes.psy.cmu.edu/manuals/chat.pdf) mit einem umfassenden und detaillierten Zeicheninventar, das nach festgelegten Konventionen eingesetzt werden soll. Innerhalb der vereinheitlichten Grundstruktur sind unterschiedlich genaue Kommentarzeilen und Kodieroptionen und unterschiedliche Ausdifferenzierungen von Teilsystemen möglich, die in Abhängigkeit von der Fragestellung, dem Untersuchungsanspruch und dem verfügbaren Zeitaufwand variiert werden können. Das folgende Beispiel zeigt einen Transkriptausschnitt, der auf der CHAT-Grundstruktur basiert:[2]

```
@Begin
@Language:          German
@Participants:      CHI Kind Vanessa; INT Mutter
@Age of Learner:    25;2
@Sex of Learner:    female
@Filename:          01_14_01 Elefant läuft
@Transcriber:       AW
*CHI:        dis [: das] is(t) &fante.
*INT:        was is(t) das?
*CHI:        isse [ist] a [:ein] [/] isse [ist] a [:ein] &fante.
*INT:        elefanten?
*INT:        hm@i, ein elefant.
*INT:        ja.
*CHI:        d(i)e [*] laufen xxx &efant gelauft [*] [: gelaufen].
%pho:                                     delauft.
*INT:        der elefant läuft ja.
*INT:        und wo läuft der hin der elefant?
*CHI:        hier lang.
%com:        spielt, dass der Elefant auf dem Spielkistenrand entlang läuft.
*INT:        da lang, hm@i.
*CHI:        läuf(t) [*] &efante hie(r) [*] # so.
*CHI:        0.
%act:        lacht.
*CHI:        geht ma(l) hier lang.
*CHI:        0.
%act:        lacht.
*INT:        vielleicht geht der in den zoo, der elefant.
@End
```

2 Eine Kurzübersicht über die verwendeten Transkriptionszeichen mit Erläuterungen findet sich im Anhang, die Altersangaben beziehen sich hier auf »Monate;Tage«. Die Daten, die diesem Transkript sowie einigen weiteren Transkripten in diesem Band zugrunde liegen, wurden im Rahmen eines von der DFG und von der Köhler-Stiftung geförderten Projektes (»Die Bedeutung der emotionalen Qualität der Mutter-Kind-Interaktion für den Erwerb der Dialogfähigkeit des Kindes«) erstellt, das unter Leitung von G. Klann-Delius an der FU Berlin durchgeführt wurde.

Eine umfangreiche Sammlung von Transkripten, die nach den CHAT-Konventionen angefertigt wurden, wurde in eine internationale Datenbank für Spracherwerbsforscher überführt. Diese CHILDES DATEBASE (http://childes.psy.cmu.edu/data/) ist eine allgemein und frei zugängliche Datenbank, aus der transkribierte Kindersprachkorpora abgerufen werden können. Sie umfasst aktuell Erwerbsdaten aus etwa 25 verschiedenen Sprachen. Das CHILDES-Projekt bietet außerdem Pogramme zur computergestützten Analyse von Transkripten im CHAT-Format, die CLAN (*Computerized Language Analysis*, http://childes.psy. cmu. edu/manuals/clan.pdf) genannt werden. Zwei wichtige Programmkomponenten sind FREQ, ein Programm, das die Anzahl der Types (jedes neu auftretende Lexem wird einmal gezählt) und Tokens (jedes Vorkommen dieses Wortes) berechnet, sowie das Programm MLU, das die durchschnittliche Äußerungslänge aus der Anzahl von Wörtern geteilt durch die Anzahl der Äußerungen ermittelt.

Einige Studien, z.B. Pine und andere (1996), vergleichen die Aussagekraft von Erwerbsdaten, die über Befragungsmethoden bzw. über Spontansprachanalysen gewonnen wurden. Signifikante Korrelationen zwischen den Werten, die anhand unterschiedlicher Verfahren gewonnen wurden, weisen darauf hin, dass sich beide Methoden eignen, um Aspekte der Sprachentwicklung zu erfassen. Die Methoden sind zwar nicht äquivalent im absoluten Sinn, aber gleichermaßen verlässlich im relativen Sinn.

Eine kurze Gegenüberstellung der Befragungs- versus Beobachtungsmethode (hier Spontansprachanalyse) verdeutlicht die jeweiligen Vor- und Nachteile. Während Checklistenverfahren von den Eltern erfragen, welche Wörter oder Strukturen ihr Kind produziert, geben Spontansprachdaten Auskunft über die tatsächliche Verwendung von Wörtern oder Strukturen. Die Spontansprachprobe beleuchtet nur einen momentanen Ausschnitt des aktuellen Sprachverhaltens und ist damit situationsabhängig. Befragungsmethoden werden als repräsentativer angesehen, da die Eltern in ständigem Kontakt mit dem Kind stehen und es in verschiedenen Situationen erleben. Elternbefragungen erfordern keine Mitarbeit des Kindes und stellen somit keine Belastung dar. Während einer Spontansprachaufnahme reagiert das Kind dagegen möglicherweise anders als in unbeobachteten Situationen. Checklistendaten erlauben keine Rekonstruktion der phonetischen Realisierung und keine Informationen über den Kontext der kindlichen Äußerungen. Beides ist in Spontansprachdaten enthalten. Die Befragungsmethode gilt als wesentlich ökonomischer, da die Fragebögen an viele Eltern ausgegeben und leicht ausgewertet werden können. Durch das aufwändige Verfahren der Aufnahme, Transkription und Kodierung von Spontansprachdaten ist diese Methode genauer, aber auch hinsichtlich der zu bewältigenden Stichprobengröße begrenzter. Daher werden Befragungsdaten meist querschnittlich eingesetzt, um zentrale Tendenzen der Sprachentwicklung (z.B. die Wortschatzgröße) bei Kindern verschiedener Altersstufen zu beschreiben. Spontansprachanalysen werden häufig längsschnittlich angelegt, um die Sprachentwicklung einiger Kinder im Verlauf zu dokumentieren. Während eine gewisse Fehlerquote in den Angaben der Eltern (Über- oder Unterschätzung der Fähigkeiten des Kindes) bei Befragungsmethoden nicht auszuschließen ist, können das sprachliche Modell der Eltern und ihre Gesprächsstrategien in einer Beobachtungsstudie direkt erhoben und ausgewertet werden.

MacWhinney (2010) zeigt anhand neuer korpusbasierter Verarbeitungsmodelle auf, wie die Merkmale kindgerichteter Sprache, d.h. die Inputeigenschaften, auf die Produktionen des Kindes bezogen werden können (*input-output modeling*).

Sowohl für Befragungsmethoden als auch für Spontansprachanalysen ist charakteristisch, dass sie Produktionsdaten fokussieren. Um mehr über die Verstehensleistungen von Kindern zu erfahren, müssen weitere Verfahren herangezogen werden.

2.2.2 Elizitierte Sprachproduktion

Eine direktere Erfassung spezifischer Produktions- und Verständnisleistungen ist durch Elizitationsverfahren und Testaufgaben möglich, bei denen gezielte sprachliche Anforderungen an das Kind gestellt werden. Während die Erhebung spontansprachlicher Daten in einer alltagsnahen Situation geschieht, werden für Elizitierungsverfahren Aufgaben konstruiert, die das Verstehen oder die Produktion bestimmter Strukturen direkt ansteuern. Verfahren zur Gewinnung von Produktionsdaten werden unter dem Begriff der elizitierten Sprachproduktion (Thornton 1996) zusammengefasst. Beispiele für derartige Settings finden sich in Tabelle 4:

Situation	**Sprachlicher Kontext/ Aufforderung**	**Erwartete Reaktion**	**Elizitierte Struktur**	**Studie/ Referenz**
Bilder von zwei Zebras und einem Kranich, ein Zebra wird vom Kranich gekitzelt; Handpuppe	»In dieser Geschichte kitzelt der Kranich eines der Zebras. Frag die Puppe, welches!«	Welches Zebra wird vom Kranich gekitzelt?	Passiv	Thornton 1996
Spielfiguren handeln hinter einer Abtrennung, Einführung eines Hundes, der Fragen beantwortet	»Micky und Minnie trinken etwas. Ich frage mich was sie trinken. Frag den Hund was sie trinken!«	Was trinken sie?	W-Fragen (im Engl. mit Auxiliar *be* bzw. *do*)	Ambridge et al. 2006
Bilder, in denen eine Giraffe einen Jungen wäscht und umgekehrt	»Hier sind zwei Jungen. Auf einem Bild wäscht der Junge die Giraffe, auf dem anderen Bild wäscht die Giraffe den Jungen. Welcher Junge ist dies? Dies ist der Junge,....«	... der die Giraffe wäscht oder .... den die Giraffe wäscht	Subjektrelativsätze bzw. Objektrelativsätze	Novogrodsky & Friedmann 2006

Tabelle 4: Beispiele für den Einsatz elizitierter Produktion in der Spracherwerbsforschung (ins Deutsche übertragen)

Eingebettet in spielerische Rahmenhandlungen und speziell gestaltete sprachliche Kontexte wird versucht, Kindern bestimmte Reaktionen zu »entlocken«, die in dieser besonderen Situation pragmatisch angemessen sind. Damit steigt die Wahrscheinlichkeit, dass das Kind auch seltene Strukturen produziert, die in spontansprachlichen Daten möglicherweise nicht auftauchen, obwohl das Kind prinzipiell in der Lage wäre, diese zu produzieren. Bei den gewählten Beispielen handelt es sich um eine elizitierte Transformation, da das Kind vorgegebenes Sprachmaterial umformen soll. Oft werden auch Lückensätze angeboten, die das Kind vervollständigen soll.

Eine Variante elizitierter Produktion ist die Verwendung von Nichtwörtern, mit der festgestellt werden soll, ob Kinder grammatische Markierungen auf neues Material übertragen können. Bereits 1958 führte Berko-Gleason den so genannten *wug test* in die Spracherwerbsforschung ein. Ein unbekanntes Objekt oder Bild, z.B. ein Phantasietier, wird mit einem Namen belegt (*a wug*) oder eine neuartige Handlung wird bezeichnet (*to wug*), woraufhin eine bestimmte Veränderung dieses Wortes elizitiert wird (*two wugs*, *he wugged*). So kann beispielsweise die Fähigkeit zur Pluralmarkierung oder zur Perfektbildung überprüft werden. Mit einer korrekten Reaktion geben Kinder zu erkennen, dass sie zu einer generalisierten Regelanwendung fähig sind, während bei der Verwendung echter Wörter nicht ausgeschlossen werden kann, dass die flektierte Form lediglich lexikalisch gespeichert und ohne Regelwissen abgerufen wurde.

Situation	**Sprachlicher Kontext/ Aufforderung**	**Erwartete Reaktion**	**Elizitierte Struktur**	**Studie /Referenz**
Bild von einem unbekannten Objekt, zu dem eine Bezeichnung eingeführt wird, danach Präsentation von mehreren dieser Objekte	»Schau mal, das ist ein Bral/Loma. Und hier sind viele davon. Das sind viele___.«	Brale/Brals Lomas	Pluralbildung	In ähnlicher Form z.B. in Zapf & Smith 2007, Ewers 1999, Bartke 1998, Spreng 2004
Handlungen mit Spielfiguren, z.B. ein Clown ist an einer Telefonschnur befestigt, die um einen Mast herum schwingt	»Schau mal, der Clown kann an der Schnur baffen! Der kann dadran baffen! Was hat der Clown gemacht? Er hat an der Schnur___.«	gebafft	Perfektbildung	Wittek & Tomasello 2002

Tabelle 5: Beispiele für die Verwendung von Nichtwörtern in der Spracherwerbsforschung

Eine weitere Methode der elizitierten Sprachproduktion ist das Benennen abgebildeter Gegenstände bzw. Sachverhalte. Obwohl diese Methode denkbar einfach ist – dem Kind wird ein Bild vorgelegt, das es benennen soll – ist auch das Benennen ein komplexer kognitiver Prozess, in den unterschiedliche Verarbeitungsebenen involviert sind (Johnson 1992, Johnson et al. 1996, siehe auch Kauschke 2007a, Kapitel 5). Ausgehend von der perzeptuellen Verarbeitung des bildlichen Stimulus muss das Bild erkannt und dazu eine konzeptuelle Repräsentation des abgebildeten Inhalts erstellt werden. Darauf folgt die Wortauswahl, die die Selektion einer lexikalischen Einheit mit ihren Bedeutungsaspekten und syntaktischen Merkmalen sowie die Auswahl der passenden Wortform (Segmente, Betonungsmuster und Silbenstruktur) umfasst. Zuletzt erfolgt die phonetische Umsetzung und Artikulation des Wortes.

Über das Bildbenennen lässt sich vor allem die Entwicklung lexikalischer und semantischer Fähigkeiten untersuchen. Studien, die methodisch auf dem Bildbenennen von Kindern basieren, sind beispielsweise: Davidoff und Masterson (1996), D'Amico und andere (2001), Dockrell und andere (2001), McGregor und andere (2002). Kauschke und andere (2007) untersuchten die Benennleistungen für Nomen und Verben von Kindern zwischen 2;6 und 8 Jahren mit den Muttersprachen Deutsch, Koreanisch und Türkisch und fanden dabei Hinweise auf altersabhängige Entwicklungsprozesse mit sprachübergreifenden Gemeinsamkeiten und auch einzelsprachspezifischen Differenzen. Die Auswertung von Benennreaktionen kann quantitativ (Anzahl richtiger und falscher Reaktionen) sowie qualitativ unter Berücksichtigung der Fehlerarten erfolgen; außerdem kann in die Benenngeschwindigkeit ermittelt werden.

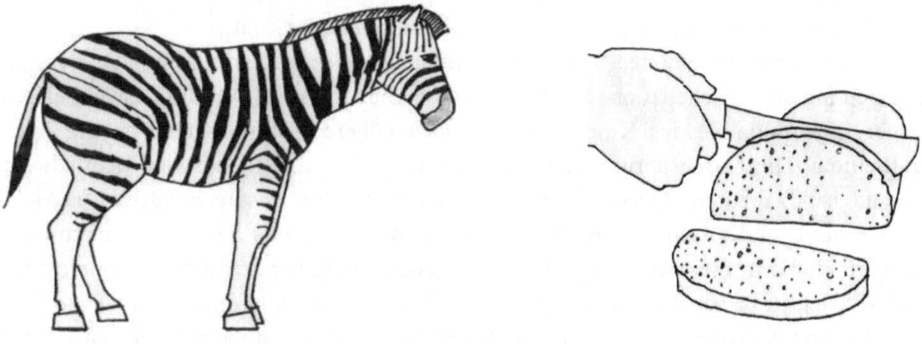

Abbildung 1: Benennen von Objekten und Handlungen. Material verwendet für die Studien in Kauschke (2007a) und Kauschke und andere (2007).

2.2.3 Testverfahren zum Sprachverstehen

Sollen rezeptive Fähigkeiten untersucht werden, kommen Beobachtungsverfahren zum Einsatz, die vom Kind keine eigene Äußerung, sondern eine Zeige- oder Handlungsreaktion fordern. Hier sind vor allem die Aufgabentypen der Bildauswahl (Wort-Bild-Zuordnung bzw. Satz-Bild-Zuordnung) und das Ausagieren zu nennen. Bei der Bildauswahl (Gerken & Shady 1996) wird das Kind aufgefordert, aus einer Auswahlmenge von Bildern dasjenige herauszufinden und zu zeigen, das zu einem präsentierten Stimulus (Wort oder Satz) passt. Diese Methode wurde vielfach eingesetzt, um das Verstehen syntaktischer Strukturen im Entwicklungsverlauf zu untersuchen. Beispiele für Untersuchungsgegenstände sind: Erwerb von Relativsätzen (Hakansson & Hansson 2000, Friedman & Novogrodsky 2004), von Aktiv- und Passivstrukturen (van der Lely 1990, 1996) oder die Verarbeitung ambiger Sätze (Kidd & Bavin 2005). Auch in der Diagnostik von Sprachentwicklungsstörungen ist diese Form der Testung von Verstehensleistungen sehr gebräuchlich. Bei der Konzeption der Stimuli ist die Auswahl der Ablenkerbilder von besonderer Bedeutung. Bei der Wort-Bild-Zuordnung können zusätzlich zum Zielbild semantisch relatierte oder phonologisch ähnliche Ablenker gezeigt werden (Beispiel: Maus – Ratte – Haus). Bei der Überprüfung des Satzverständnisses gibt ein Bild den Inhalt des Zielsatzes wieder, während die Ablenker einen Inhalt darstellen, der zu einem fehlinterpretierten Satz passen würde.

Satzverständnisfähigkeiten können alternativ auch mit der Methode des Ausagierens untersucht werden (Goodluck 1996). Dabei werden ähnliche Testsätze wie bei der Bildauswahl angeboten, die das Kind mit Hilfe von Spielzeugfiguren und Gegenständen darstellen bzw. nachspielen soll. Die Umsetzung, die das Kind wählt, gibt einen Einblick in die Verständnis- und Interpretationsstrategien des Kindes. Das Ausagieren wurde in der Spracherwerbsforschung häufig eingesetzt, um das Verstehen syntaktischer Strukturen wie Passiv, Relativsätze oder Sätze mit Temporalkonjunktionen zu überprüfen, außerdem ist diese Methode auch in der Diagnostik von Sprachstörungen präsent.

Im Vergleich der Methoden Satz-Bild-Zuordnung und Ausagieren zeigt sich, dass beide Methoden mit spezifischen Vor- und Nachteilen verbunden sind. Die Bildauswahl erfordert weniger Eigeninitiative des Kindes, stellt jedoch höhere Anforderungen an die visuelle Verarbeitung. Die Durchführung und Auswertung ist bei der Bildauswahl deutlich einfacher und handhabbarer, dagegen kann das Ausagieren mit ansprechendem Material für Kinder motivierender sein. Die freieren Reaktionsmöglichkeiten beim Ausagieren können tiefere Einblicke in die Verständnisstrategien geben, sind aber schlechter vergleichbar als die klare Richtig-Falsch-Entscheidung bei der Bildauswahl. Allerdings ist hier die Gefahr von Rateeffekten größer, da das Kind auch zufällig auf das richtige Bild zeigen kann. Bei direkten Methodenvergleichen wurden unterschiedliche Ergebnisse erzielt in Bezug auf die Frage, welche Methode für jüngere Kinder geeigneter ist. Watermeyer (2010) untersuchte das Verstehen von Sätzen mit Objektvoranstellung (z.B. »den Drachen beißen die Gespenster«) bei drei- und fünfjährigen Kindern mit beiden Verfahren. Dabei stellte sich heraus, dass die jüngeren Kinder gerade bei der Bildauswahl starke Rateeffekte zeigten, die zu schwer interpretierbaren Reaktionsmustern führten. Für jüngere Kinder schien somit das Ausagieren altersadäquater zu sein und zu verlässlicheren Ergebnissen zu führen, während die Leistungen älterer Kinder nicht von der Methode beeinflusst wurden. Dittmar und andere (2008) testeten ebenfalls das Verstehen von Sätzen mit Subjekt- oder Objektvoranstellung, jedoch unter Verwendung von Kunstverben (Sätze wie »den Hund bafft der Elefant«). Dabei erwies sich das Ausagieren als problematischer, denn Kinder im Alter von 2;7 hatten generell große Schwierigkeiten, Sätze mit unbekannten Verben auszuagieren, während die Leistungen bei bekannten Verben besser waren. Wurde die Anforderung mit einer Satz-Bild-Zuordnungsaufgabe durchgeführt, stiegen die Leistungen zumindest für einfache Satzstrukturen an. Die Autoren führen die Probleme beim Ausagieren auf die höhere Anforderung an die Merkfähigkeit zurück.

2.3 Experimentelle Methoden

Über Befragungs- und Beobachtungsmethoden hinaus war in den letzten beiden Jahrzehnten eine starke Zunahme experimenteller Forschungsmethoden zu verzeichnen, die entweder das kindliche Verhalten untersuchen (behaviorale Verfahren) oder aber Reaktionen des Gehirns während der Sprachverarbeitung messen. Behaviorale Methoden mit Reaktionszeitmessung unterscheiden sich von den bisher dargestellten klassischen Beobachtungsmethoden dadurch, dass sie sprachliche Reaktionen in Echtzeit, d.h. *on-line* erfassen (McKee 1996, Clahsen 2008). Meist geht es dabei nicht um Sprachproduktion, sondern um die Verarbeitung von sprachlichen Stimuli (vorrangig von Sätzen). Nach der Präsentation eines Stimulus wird dem Kind eine Aufgabe gestellt und die Zeit (in Millisekunden) ermittelt, die es für seine Reaktion benötigt. Aufgabentypen sind beispielsweise das Worterkennen (*word monitoring)*, Wiedererkennungsaufgaben (*probe recognition*), Grammatikalitätsurteile mit Reaktionszeitmessung sowie das selbstgesteuerte Hören oder Lesen (*self paced listening/ reading*; zu den genannten Methoden siehe Clahsen 2008). Beim Worterkennen zeigt das Kind durch Tastendruck an, wenn es ein bestimmtes Zielwort in einem präsentierten Satz erkennt. In ähnlicher Weise wird die Wiedererkennungsaufgabe eingesetzt, bei der das Kind nach der Präsentation eines Satzes schnell entscheiden soll, ob ein bestimmtes Wort vorgekommen ist oder nicht. Da der syntaktische Kontext der Stimulussätze bei diesen Aufgaben systematisch variiert wird, geben die Reaktionszeiten darüber Auskunft, wie leicht das Kind die angebotenen Sätze verarbeitet. Ein weiterer Aufgabentyp ist die Vorgabe grammatischer und ungrammatischer Sätze. Hier soll das Kind so schnell wie möglich entscheiden, ob die Sätze »gut« klingen oder nicht, wiederum wird die Reaktionszeit gemessen. Beim selbstgesteuerten Hören oder Lesen werden Sätze Wort für Wort angeboten, wobei der Proband durch Tastendruck selbst steuern kann, wie schnell die einzelnen Segmente auf einem Bildschirm erscheinen bzw. auditiv eingespielt werden. Gemessen wird der Abstand zwischen den Druckvorgängen. Je länger der Proband für das Lesen oder Hören einer Einheit braucht, umso höher ist der Verarbeitungsaufwand. Die hier genannten Verfahren werden überwiegend zur Untersuchung der Verarbeitung komplexer Sätze bei älteren Kindern (etwa im späten Vorschul- und Schulalter) eingesetzt.

2.3.1 Experimentelle Verfahren zur frühen Sprachverarbeitung

Die Entwicklung neuer experimenteller Methoden hat es ermöglicht, Verarbeitungsleistungen von Kindern bereits in einem sehr frühen Alter zu messen. Dabei werden Rückschlüsse über Verarbeitungsprozesse aus spontanen Reaktionen von Säuglingen (wie Saugen, Blicken, Kopfbewegungen) abgeleitet, da sehr junge Kinder weder explizite Instruktionen verstehen noch kontrollierte Reaktionen wie in den oben beschriebenen Aufgabentypen leisten können. Zu derartigen Verfahren zählen Studien zur pränatalen Sprachverarbeitung, Nuckelexperimente und die experimentellen Designs des *preferential headturn* und des *preferential looking* bzw. des *eye tracking*. Mit Hilfe dieser Methoden konnten zahlreiche Studien vor allem zur frühen Sprachwahrnehmung durchgeführt werden, die das Wissen über frühe sprachliche Kapazitäten von kleinen Kindern enorm bereichert haben.

Im letzten Drittel der Schwangerschaft ist der Fötus bereits in der Lage, auditive Stimuli wahrzunehmen und zu verarbeiten, denn das auditive System ist etwa ab der 35. Schwangerschaftswoche ausgereift. Reaktionen des Fötus wie Herzschlagfrequenz oder Bewegungen (Trittrate) können genutzt werden, um festzustellen, wie akustische Reize verarbeitet werden (Karmiloff & Karmiloff-Smith 2001). Dazu werden kontinuierlich akustische Stimuli durch Lautsprecher übertragen. Auf neue Reize reagiert der Fötus zunächst durch eine Beschleunigung der Herzschlag- und Bewegungsrate, bei Gewöhnung an den Reiz sinkt die Rate wieder ab. Wird nun der akustische Reiz verändert und steigt infolgedessen die Herzschlag- oder Trittrate wieder an, so lässt dies darauf schließen, dass der Fötus sensibel für den Wechsel der Stimuli ist. Das Phänomen der Gewöhnung an einen Reiz, die so genannte Habituierung, wird auch in experimentellen Designs mit Säuglingen genutzt (Schmitz & Höhle 2007). Unter Habituierung wird ein allmähliches Nachlassen einer Reaktion nach wiederholtem Angebot des Stimulus verstanden (Schmitz & Höhle 2007); bei der Wahrnehmung eines neuen Reizes und daraufhin neu erwachendem Interesse verstärkt sich die Reaktion wieder. Habituierungsmethoden machen sich zunutze, dass bereits sehr kleine Kinder auf gleich bleibende bzw. sich verändernde externe Stimuli mit verschiedenen spontanen Verhaltensweisen reagieren.

Auch Nuckelexperimente (*high amplitude sucking*) basieren auf der Erfassung von Verhaltensänderungen bei einem Wechsel von Reizen. Die Methode wird bei Kindern unter drei Monaten und höchstens bis zum Alter von sechs Monaten eingesetzt, da ab dann der natürliche Saugreflex nachlässt. Sie bedient sich der reflexartigen Reaktion des »leeren Saugens«, also des unwillkürlichen Nuckelns an einem Schnuller. Im Experiment wird ein Schnuller an einen Computer angeschlossen, so dass Geschwindigkeit und Intensität des Saugens gemessen werden kann. Wiederum wird kontinuierlich ein auditiver Stimulus über einen Lautsprecher dargeboten, nach anfänglicher Verstärkung des Nuckelns setzt eine Gewöhnung ein, das Interesse lässt nach und die Saugrate fällt ab. Erreicht die Saugrate einen vorher festgelegten Minimalwert, erfolgt ein Wechsel des akustischen Stimulus. Bemerkt der Säugling den Wechsel (z.B. wird zunächst die Muttersprache angeboten, dann eine andere Sprache), ist dies an einer wieder ansteigenden Saugrate erkennbar. Eine Variante der Methode lässt auf die kindlichen Präferenzen schließen: Das Experiment wird so aufgebaut, dass der Säugling die angebotenen Stimuli durch seine Saugrate selbst beeinflussen kann. Die Kinder können durch stärkeres Nuckeln erreichen, dass der von ihnen bevorzugte Reiz wieder eingespielt wird. Mit dieser Vorgehensweise wurde beispielsweise festgestellt, dass Neugeborene die Stimme ihrer Mutter gegenüber anderen Frauenstimmen bevorzugten.

Zwei weitere experimentelle Verfahren messen die Zeit, die sich ein kleines Kind bestimmten Reizen zuwendet, indem es entweder den Kopf zu der Seite dreht, aus der ein auditiver Stimulus eingespielt wird (*headturn preference*) oder seinen Blick auf ein Bild richtet, nachdem ein auditiver Stimulus präsentiert wurde (*preferential looking*). Das Kopfdrehparadigma wird zur Überprüfung der Sprachwahrnehmung und Sprachverarbeitung bei Kindern im Altern von 4 Monaten bis ca. 2 Jahren eingesetzt (Höhle 2005). Dabei sitzt das Kind auf dem Schoß einer Begleitperson in einer Untersuchungskabine, sein Blick wird zunächst durch eine blinkende Lampe auf die Mitte des Raums ausgerichtet. Daraufhin wird ein akustischer Stimulus entweder von einem an der rechten oder von einem an der linken Seite der Kabine angebrachten Lautsprecher eingespielt, woraufhin das Kind seinen Kopf zum Stimulus dreht. Gemessen wird die Dauer der Orientierung zu der Seite, von der der Stimulus kommt. Um spontane Präferenzen zu entdecken, werden unterschiedliche Reize (z.B. Muttersprache versus Fremdsprache, Wörter mit unterschiedlichem Betonungsmuster oder grammatische versus nicht-grammatische Sätze) aus unterschiedlichen Richtungen eingespielt. Das Kind wendet sich in der Regel länger in die Richtung, aus der von ihm bevorzugte Reize kommen.

Zur Überprüfung von Lernleistungen wird eine Familiarisierungsmethode gewählt: In der ersten Phase werden dem Kind ca. 30 Sekunden lang sprachliche Stimuli (z.B. zwei verschiedene Wörter) präsentiert, so dass das Kind mit diesen Reizen familiarisiert wird. In der zweiten Phase werden Testblöcke (Sätze oder Texte) eingespielt, die diese Stimuli enthalten oder nicht. Wendet sich das Kind länger den Testblöcken zu, die die zuvor familiarisierten Stimuli enthalten, so kann gefolgert werden, dass das Kind diese wiedererkennen konnte, obwohl sie in einem neuen sprachlichen Kontext auftauchten. Die Reaktionen des Kindes spiegeln hier noch keine eigentlichen Verständnisfähigkeiten wider, sondern die Fähigkeit, Stimuli zu unterscheiden bzw. zu speichern und wiederzuerkennen.

Im Blickpräferenzparadigma (Hirsh-Pasek & Golinkoff 1996a) können dagegen Sprachverstehensfähigkeiten im engeren Sinne überprüft werden. Bei dieser Methode werden Reize in zwei Modalitäten angeboten: Das Kind sieht zwei visuelle Stimuli (z.B. Bilder von Objekten oder Situationen) auf zwei Bildschirmen, gleichzeitig wird ein Wort oder Satz auditiv präsentiert. Erkennt das Kind den Zusammenhang zwischen den beiden Reizen und versteht es den semantischen Gehalt des Sprachstimulus, so blickt es länger auf den Bildschirm, der ein Bild zeigt, welches zum auditiven Stimulus passt. Ein einfaches Beispiel: Sieht das Kind auf einem Bild einen Schuh, auf dem anderen ein Boot, während die Frage »Wo ist der Schuh?« eingespielt wird, so wird es das Bild mit dem Schuh länger anblicken, sofern es bereits über Wortverständnis verfügt (Beispiel aus Hirsh-Pasek & Golinkoff 1996a: 108).

Das Blickverhalten von Kindern dient auch bei der Methode des *eye tracking* als Fenster zu den kindlichen Verarbeitungsprozessen (Trueswell 2006). Während beim Blickpräferenzparadigma nur die grobe Blickrichtung bestimmt wird, werden nun die Pupillenbewegungen genau aufgezeichnet, so dass visuelle Fixationsmuster und Fixationszeiten erfasst werden können. Dazu sitzt das Kind vor einem speziellen Monitor, der mit einer eingebauten Infrarotsignalkamera die Augenbewegungen des Kindes genau erfasst, während es, vergleichbar dem *preferential looking*, meist zwei ähnliche Szenen auf dem Monitor betrachtet. Hört das Kind einen Satz, der zu einem der präsentierten Bilder passt, so spiegeln seine Augenbewegungen bzw. sein »Blickbewegungspfad« (wann schaut es wie lange auf welche Aspekte des Bildes) wider, wie es den Inhalt des Satzes verarbeitet (ein Beispiel für eine solche Studie findet sich in Müller et al. 2011). Im Gegensatz zur Wort-Bild-Zuordnung oder zur Satz-Bild-Zuordnung muss das Kind jedoch keine bewusste Reaktion (Zeigen des korrekten Bildes) nach dem Hören des Zielworts oder Zielsatzes ausführen, vielmehr werden Moment für Moment in Echtzeit seine »Entscheidungen« nachgezeichnet.

2.3.2 Bildgebende Verfahren

Einblicke in die neuronale Verarbeitung von Sprache wurden durch den Einsatz von experimentellen Methoden möglich, die nicht das natürliche oder elizitierte Verhalten des Kindes beobachten, sondern die Reaktionen des Gehirns während der Verarbeitung sprachlicher Stimuli messen. Dies ist bei der Ableitung ereigniskorrelierter Hirnpotentiale und bei bildgebenden Verfahren der Fall.

Ereigniskorrelierte Potentiale (EKP) sind spezifische Antworten des Gehirns auf definierte Reize (Heil & Rösler 2000). Wie bei einem spontanen EEG (Elektroenzephalographie) werden Spannungsveränderungen im Gehirn über Elektroden abgeleitet, die auf der Kopfhaut platziert werden. Im Falle von EKP-Studien wird die elektrische Aktivität gemessen, die an ein bestimmtes Ereignis (hier an sprachliche Stimuli) gebunden ist. Die Messwerte erlauben Aussagen über die Latenz (wie viele Millisekunden nach Reizpräsentation tritt eine Reaktion auf), über die Amplitude (wie stark ist die Reaktion) die Polarität (positiv-negativ) und grob über die Topologie (in welchem Bereich des Gehirns, z.B. in welcher Gehirnhälfte, tritt die Reaktion auf). Besonders aussagekräftig sind EKP-Daten in Bezug auf den zeitlichen Verlauf der Sprachverarbeitung, da sie eine hohe Zeitauflösung bieten (zur zeitlichen Struktur der Sprachverarbeitung bei Erwachsenen siehe Friederici 2006). In jüngerer Zeit werden EKP-Studien zunehmend auch mit kleinen Kindern durchgeführt, um Einblicke in neuronale Prozesse im frühen Spracherwerb zu erhalten. Männel und Friederici (2006) zeigen auf, wie auf diese Weise neue Informationen über die phonologische, prosodische, lexikalisch-semantische und syntaktische Verarbeitung im Entwicklungsverlauf von Kindern zwischen zwei Monaten und etwa drei Jahren gewonnen werden konnten. EKP-Daten sind nur auswertbar, wenn Daten über eine Vielzahl von Stimuli vorliegen, die dann gemittelt werden. Außerdem sollte die Anzahl der getesteten Probanden möglichst hoch sein. Für eine Aussage über die Sprachverarbeitungskapazitäten einzelner Kinder im Vergleich zu einer Gesamtgruppe ist die EKP-Methode daher nicht geeignet.

Bildgebende Verfahren identifizieren genauer als die EKP-Methode, welche Gehirnregionen in die Sprachverarbeitung involviert sind, indem die Sauerstoffänderung im Blutfluss registriert wird, die durch neuronale Aktivität bedingt ist. Mit der funktionalen Kernspintomographie (fMRT) können aktivierte Gehirnregionen während der Sprachverarbeitung sichtbar gemacht werden. Derartige neue Techniken (Weiller 2000, Friederici 2006) liefern berechnete dreidimensionale, farbige Bilder des Gehirns, die darstellen, welche Areale des Gehirns aktiv sind, während eine Testperson bestimmte sprachliche Aufgaben bewältigt. Da sich die Testperson dazu in einem Scanner aufhalten muss und während der Untersuchung eine hohe Geräuschbelastung durch magnetische Resonanzfelder vorliegt, wird diese Methode in der Spracherwerbsforschung äußerst selten eingesetzt (siehe jedoch Dehaene-Lambertz et al. 2002). Eine weniger invasive und daher für Kinder verträglichere Methode der Bildgebung ist die Nahinfrarotspektroskopie (NIRS), bei der – ähnlich dem fMRT – Sauerstoffveränderungen im Blut durch eine Infrarottechnik gemessen werden (Aslin & Mehler 2005). Dazu werden Dioden auf dem Kopf des Kindes angebracht, die an verschiedenen Stellen Nahinfrarotlicht senden bzw. wieder empfangen. Da die NIRS-Methode größere Aufschlüsse über die Topographie der Verarbeitung gibt, aber eine geringere zeitliche Auflösung hat, werden in manchen Experimenten gleichzeitig EKP- und NIRS-Ableitungen vorgenommen, um so zu einem besseren Verständnis der kindlichen Sprachverarbeitung zu kommen (z.B. Rossi et al. 2011).

Der Methodenüberblick hat gezeigt, dass höchst unterschiedliche methodische Ansätze und Verfahren in der Spracherwerbsforschung entwickelt und angewendet wurden. Für Forschende besteht damit die Möglichkeit und die Notwendigkeit, aus diesem Spektrum diejenige Methode auszuwählen, die am besten zur Fragestellung, zum Untersuchungsgegenstand und zum Alter der zu untersuchenden Kinder passt. Bei der Wahl der Methode muss auch der personelle, zeitliche und finanzielle Aufwand berücksichtigt werden, der mit der jeweiligen Methode verbunden ist. Eine wichtige Festlegung betrifft die Modalität (vgl. Kapitel 1.3), da die Erfassung rezeptiver bzw. produktiver Fähigkeiten zwangsläufig unterschiedliche methodische Zugänge erfordert. Die Möglichkeiten neuerer experimenteller Forschung haben den Blickwinkel der Spracherwerbsforschung auf frühe rezeptive Prozesse ausgerichtet und damit zu einem erheblichen Wissenszuwachs geführt, aber auch produktive Leistungen und die Sprachkompetenzen von Kindern in späteren Spracherwerbsstufen sind weiterhin forschungsrelevant. Um ein möglichst umfassendes Bild über den Spracherwerb in verschiedenen Entwicklungsphasen und verschiedenen sprachlichen Ebenen zu gewinnen, ist ein kombinierter und komplementärer Einsatz unterschiedlicher Methoden notwendig.

Abschließend sei darauf verwiesen, dass die hier vorgestellten Methoden und Verfahren nicht auf die Untersuchung der Entwicklung sprachstruktureller Wissens beschränkt sind, sondern sich auch eignen, um pragmatischen Fragestellungen nachzugehen. Die empirische Untersuchung des Erwerbs pragmatischer Fähigkeiten basiert häufig auf sprechakttheoretisch oder gesprächanalytisch orientierten Verfahren, mit denen aufgezeichnete und transkribierte Gespräche von und mit Kindern genauer analysiert werden (z.B. in den Sammelbänden von Boueke & Klein 1983, Ehlich & Wagner 1989 oder in der Studie von Kurtz & Wilbur 2011). Zunehmend werden außerdem experimentelle Methoden in der Spracherwerbsforschung genutzt, um pragmatische Phänomene in den Blick zu nehmen (Meibauer & Steinbach 2011).

Bei der nun folgenden Darstellung von Forschungsergebnissen zu Erwerbsverläufen auf den sprachlichen Ebenen wird in den folgenden Kapiteln jeweils kurz auf die Methode verwiesen, mit der die Befunde erzielt wurden.

3 Frühe Sprachwahrnehmung

Von Geburt an sind Säuglinge in der Lage, spezifische Eigenschaften der Umgebungssprache wahrzunehmen, zu unterscheiden und allmählich für den Aufbau sprachlichen Wissens zu nutzen. Wie Säuglinge vor allem im ersten Lebensjahr mit sprachlichen Hinweisreizen umgehen, wurde insbesondere mit den im vorigen Kapitel dargestellten experimentellen Methoden zur frühkindlichen Sprachwahrnehmung erforscht.

Offensichtlich beginnt die Entwicklung dieser Fähigkeiten bereits vor der Geburt, denn bereits wenige Tage alte Kinder zeigen eine besondere Hinwendung zu sprachlichen Reizen. Nuckelexperimente belegten, dass Neugeborene menschliche Stimmen gegenüber anderen akustischen Reizen (z.B. Geräuschen oder Musik) und die Stimme der Mutter gegenüber anderen Stimmen bevorzugen (DeCasper & Fifer 1980). Die besondere sprachliche Sensitivität wird vor allem daran ersichtlich, dass wenige Tage alte Kinder schon ihre Muttersprache anderen Sprachen vorziehen. Mehler und Kollegen (1988) führten eine Experimentreihe durch, in der sie vier Tage alten französischen Säuglingen ihre französische Muttersprache und die sich rhythmisch unterscheidende russische Sprache anboten. Anhand der Veränderungen der Saugfrequenz ließ sich erkennen, dass die Säuglinge beide Sprachen unterschieden und außerdem ihre Muttersprache bevorzugten. Verschiedene Fremdsprachen schienen Kinder dagegen nicht zu differenzieren. Ein weiteres Experiment brachte dann den entscheidenden Hinweis darauf, dass es gerade prosodische Eigenschaften sind, die zum Erkennen der Muttersprache führen (Mehler et al. 1988, Nazzi et al. 1998): Wurde das Sprachangebot nicht natürlich präsentiert, sondern gefiltert eingespielt, so dass die prosodischen Eigenschaften (Wortbetonung, Satzintonation) wahrnehmbar bleiben, nicht jedoch die Qualität der einzelnen Segmente (Laute und Silben), so zeigten die Kinder die gleichen Reaktionen wie im ersten Experiment. Säuglinge erkennen die für ihre Muttersprache typischen prosodischen Charakteristika somit erstaunlich früh. Früh können sie auch Fremdsprachen voneinander differenzieren, wenn diese sich rhythmisch-prosodisch unterscheiden. Länger brauchen sie, um ihre Muttersprache ausschließlich anhand des Lautinventars zu erkennen. Während sie anfangs die Muttersprache von anderen, prosodisch unähnlichen Sprachen aufgrund der Prosodie gut abgrenzen können, gelingt es ihnen erst mit neun Monaten, die Muttersprache von prosodisch ähnlichen Sprachen anhand der vorkommenden Laute zu differenzieren.

3.1 Kategoriale Lautwahrnehmung

Darüber hinaus sind Säuglinge fähig, Unterschiede zwischen einzelnen Lauten wahrzunehmen. Die so genannte kategoriale Lautwahrnehmung ist bereits im ersten Monat ausgeprägt und im Verlauf der Entwicklung durch eine allmähliche Abnahme der Differenzierungsfähigkeit für nicht-muttersprachliche Kontraste gekennzeichnet (Werker &

Tees 1984). Mit dem Begriff der kategorialen Lautwahrnehmung wird darauf verwiesen, dass kontinuierliche akustische Signale von Hörern in abgegrenzte Lautkategorien unterteilt werden. Beispielsweise wird ab einem bestimmten Grad der Stimmhaftigkeit des Anlauts ein /ba/ statt eines /pa/ wahrgenommen. Eimas und Kollegen (1971, 1974) präsentierten Säuglingen einen bestimmten Plosiv, bis durch die Abnahme der Saugrate eine Gewöhnung angezeigt wurde. Daraufhin wurde der zweite Laut eingespielt und gemessen, ob bzw. in welchem Ausmaß es zu einer Veränderung der Saugrate kam. Kinder zwischen einem und vier Monaten konnten stimmhafte und stimmlose Laute sowie Laute mit verschiedenen Artikulationsorten (/d/ versus /g/) kategorial unterscheiden. Für die Differenzierung von Frikativen benötigen sie etwas länger.

Die Fähigkeit zur kategorialen Lautwahrnehmung bedeutet, dass Säuglinge phonetische Unterschiede innerhalb einer Phonemkategorie ignorieren, aber Übergänge von einem Phonem zu einem anderen wahrnehmen, auch wenn die phonetischen Unterschiede gering sind. Interessant ist, dass sie sogar lautliche Kontraste unterscheiden können, die in der eigenen Muttersprache keine bedeutungsunterscheidende Funktion einnehmen, während diese Fähigkeit bei Erwachsenen nicht mehr zu beobachten ist. Erwachsene erkennen nur die Kontraste, die für ihre Sprache relevant sind, d.h. Menschen verlieren die Sensitivität zur Wahrnehmung nicht-muttersprachlicher Kontraste, da diese keine Phonemfunktion tragen, sondern als akustische Varianz interpretiert werden. Ein Beispiel: Im Gegensatz zu japanischen Säuglingen fehlt erwachsenen japanischen Sprechern die Differenzierungsfähigkeit zwischen den Phonemen /l/ und /r/, denn diesem Kontrast kommt im Japanischen keine bedeutungsunterscheidende Funktion zu. In gleicher Weise sind erwachsene deutsche Sprecher nicht mehr in der Lage, Phonemkontraste, die im Deutschen irrelevant sind, wahrzunehmen.

Eine solche Reduktion bzw. Einengung anfänglich angelegter Fähigkeiten macht deutlich, dass sich das Sprachverarbeitungssystem offensichtlich immer stärker auf die Beachtung der Merkmale der Umgebungssprache fokussiert und zielsprachlich nicht relevante Eigenschaften vernachlässigt. Hier vollzieht sich gegen Ende des ersten Lebensjahres eine Entwicklung von der universellen zur einzelsprachlich beeinflussten Wahrnehmung (Höhle 2004: 4).

3.2 Segmentation

Ein weiterer wesentlicher Schritt, der den Spracherwerb einleitet und ermöglicht, ist die Segmentation, also die Zerlegung des kontinuierlichen Sprachstroms in einzelne Einheiten. Auch diese Fähigkeit, die notwendig zum Erkennen von Wortgrenzen und damit zum Aufbau der grundlegenden Einheiten der Sprache ist, entwickelt sich im ersten Lebensjahr (für einen Überblick siehe Jusczyk 1999, Höhle 2004). Die Erwerbsaufgabe der Wortsegmentation ist keineswegs trivial, wenn man bedenkt, dass Anfang und Ende von Wörtern in der gesprochenen Sprache nicht explizit durch Pausen oder andere klare Grenzsignale markiert werden. Die Anforderung an das Kind lässt sich durch die Analogie mit einem erwachsenen Sprecher verdeutlichen, der erstmals eine gänzlich unbekannte Fremdsprache hört und zunächst nicht in der Lage ist, dem Input Sinneinheiten zu entnehmen (vgl. Höhle 2005). Das Segmentieren des kontinuierlichen Lautstroms und das Extrahieren von zusammengehörigen Einheiten aus diesem ist eine notwendige Voraussetzung für das Wortlernen, bei dem das Kind zuvor isolierte und gespeicherte lautliche Einheiten mit Bedeutungen in Verbindung bringen muss.

Um Grenzen im Sprachstrom zu setzen und Wörter als feste Einheiten zu erkennen, beachtet das Kind unterschiedliche Hinweisreize, die der Input bietet, wobei prosodische Informationen auch hier zunächst im Vordergrund stehen. Kinder nutzen vor allem rhythmische Merkmale zur Gliederung akustischer Signale. Ab sechs Monaten präferieren sie das dominante Betonungsmuster der Muttersprache und gelangen so zu einem ersten Anhaltspunkt über mögliche Wortgrenzen. Im Deutschen ist das vorherrschende Wortbetonungsmuster der Trochäus, d.h. eine Abfolge mit einer betonten und einer unbetonten Silbe. Dementsprechend bevorzugen Deutsch lernende Kinder mit sechs Monaten, jedoch noch nicht mit vier Monaten, trochäische gegenüber jambischen (unbetont-betont) Abfolgen (Höhle 2005, Höhle et al. 2009). Das Erkennen der muttersprachlichen Wortbetonung bietet eine Hilfestellung dahingehend, dass das Kind nun annehmen kann, dass Wörter in der Regel mit betonten Silben beginnen und eine Wortgrenze daher vor einer betonten Silbe liegen muss. Diese metrische Strategie erlaubt einen effektiven Einstieg in die Wortsegmentation, würde aber zu Fehlinterpretationen führen (z.B. bei Wörtern mit vom Trochäus abweichenden Betonungsmustern), wenn sie ausschließlich die Wahrnehmung leitete.

Weitere, mit etwa neun Monaten genutzte Informationsquellen für die Segmentierung sind phonotaktische Regularitäten. Kinder sind in dieser Phase sensitiv dafür, dass nur bestimmte Konsonantenfolgen innerhalb eines Wortes, z.B. als wortinitiales Konsonantencluster, erlaubt sind. Treten davon abweichende Konsonantenfolgen im Sprachstrom auf, wie z.B. /tk/, so spricht dies für eine Wortgrenze zwischen diesen Segmenten (wie z.B. in der Wortfolge ›geht Karl‹, Beispiel aus Pelzer 2011). Ähnliche Informationen liefern allophonische Varianten von Lauten. Im Deutschen kann beispielsweise der [ç]-Laut wortinitial nicht in der allophonischen Variante des [x] auftreten, sodass vor [x] keine Wortgrenze angenommen werden kann. Somit ist die distributionelle Analyse des sprachlichen Inputs ein weiteres Mittel, das zur Segmentierung genutzt werden kann.

Experimente mit der Methode des Kopfdrehparadigmas (siehe Kapitel 2.1.3) erbrachten darüber hinaus den Nachweis, dass Kinder mit sieben bis acht Monaten vorgegebene Inhalts- und hochfrequente Funktionswörter wiedererkennen. Wurden Kinder eingangs mit einem Nomen wie ›Pinsel‹ oder einer Präposition wie ›bis‹ familiarisiert, so orientierten sie sich später länger zu Texten hin, die dieses Wort enthielten (Höhle & Weissenborn 2003, Höhle 2005). Dies zeigt eindrücklich, dass sie die Wörter mental speichern und in einem kontinuierlichen Input wiederentdecken konnten. Die Speicherung hochfrequenter Wörter kann wiederum als Segmentierungshilfe dienen: Erkennt das Kind im Sprachstrom ein bereits vertrautes und häufig vorkommendes Wort wieder (unabhängig davon, ob ihm die Bedeutung bekannt ist), so kann es vor und nach diesem Wort eine Wortgrenze annehmen.

Auch der eigene Name, den Kinder mit etwa vier Monaten wiedererkennen, kann als ein solcher »Ankerpunkt« dienen (Höhle 2004, Bortfeld et al. 2005).

Nachdem zunächst die rhythmisch-metrische Segmentierungsstrategie vorherrscht und die Prosodie damit im Sinne des prosodischen *bootstrappings* den Einstieg in die Sprachverarbeitung ermöglicht, lernt das Kind in der zweiten Hälfte des ersten Lebensjahres, verschiedene Informationstypen zu integrieren. Zwischen sieben und elf Monaten schreitet die Fähigkeit, vielfältige Hinweise aus dem Input zur erfolgreichen Wortsegmentation zu nutzen voran, so dass am Ende dieser Entwicklungsphase auch Wörter mit einem für die Muttersprache untypischen Betonungsmuster erkannt werden (Jusczyk 1999).

Eine weitere Segmentationsleistung über das Worterkennen hinaus ist das Erkennen von größeren syntaktischen Einheiten. Für den Grammatikerwerb ist es grundlegend, wichtige strukturelle Einheiten wie Phrasen und Sätze als zusammengehörig wahrzunehmen. Innerhalb dieser Domänen werden grammatische Beziehungen wie z.B. Subjekt-Verb-Kongruenz realisiert, die für die Interpretation eines Satzes von großer Bedeutung sind. Da die Grenzen dieser Einheiten oft durch prosodische Merkmale wie Pausen, Vokallängung oder Veränderungen der Stimmfrequenz gekennzeichnet sind, spielen prosodische Hinweise auch hier wieder eine entscheidende Rolle. Kinder mit unterschiedlichen Muttersprachen präferieren im Alter von sieben bis zehn Monaten Texte mit natürlichen Pausen an den Satzgrenzen gegenüber Texten, die künstliche, unsinnige Pausen enthalten (Hirsh-Pasek et al. 1987). Schmitz (2009) untersuchte mit dem Kopfdrehparadigma, ob auch Deutsch lernende Kinder sensitiv gegenüber der Pausendauer sind und das Vorkommen von Pausen als Hinweis auf eine Satzgrenze nutzen. Dazu wurden Satzblöcke mit unterschiedlich langen Pausen vorgespielt, wobei die Pausen entweder in natürlicher Form zwischen den Sätzen oder aber mitten in einer Phrase auftraten. Es zeigte sich, dass sechs Monate alte Kinder zwischen beiden Bedingungen unterscheiden konnten, also bereits Wissen darüber aufgebaut haben, an welcher Stelle Pausen adäquat sind. Auch die angemessene Dauer von Pausen wurde wahrgenommen, denn acht Monate alte Kinder bevorzugten Sätze, in denen die Pause zwischen zwei Teilsätzen etwas kürzer war als die zwischen zwei eigenständigen Sätzen, gegenüber Sätzen mit einer umgekehrten und damit unnatürlichen Abstufung der Pausenlänge. Daraus kann gefolgert werden, dass Kinder in diesem Alter eine »natürliche Pausenhierarchie« (Schmitz 2009: 34) entdeckt haben, die ihnen helfen kann, syntaktisch relevante Einheiten zu erkennen.

3.3 Wortklassifikation

Das Erkennen von sprachlichen Einheiten ist ein elementarer Meilenstein des Spracherwerbs. Sind Kinder in der Lage, einzelne Wörter aus dem Sprachstrom herauszulösen, so müssen zwei wichtige weitere Schritte folgen: Zum einen muss die segmentierte und als »akustisches Paket« gespeicherte Wortform mit einer Bedeutung verbunden werden, dies wird Thema des Kapitels zum Lexikonerwerb sein. Zum anderen muss die entdeckte Wortform kategorisiert werden, d.h. das Kind muss das Wort einer Wortart wie Nomen oder Verb zuordnen (zur Kategorisierung im Spracherwerb siehe Kauschke 2007a). Experimentelle Studien haben untersucht, welche Hinweisreize Kinder nutzen, um diese Anforderung zu bewältigen. Prosodische Hinweise können in Sprachen weiterhelfen, in denen Wörter bestimmter Kategorien mit typischen Betonungsmustern einhergehen. So folgen die meisten Nomen im Englischen dem dominanten trochäischen Muster, während Verben häufig in der stärker markierten Finalbetonung realisiert werden. Eindeutige Korrelationen zwischen Wortart und Wortbetonung liegen im Deutschen nicht vor, so dass das sprachlernende Kind andere Hinweise heranziehen muss.

Ein möglicher weiterer Mechanismus zur Wortartzuweisung besteht auch hier in der Ausnutzung distributioneller Muster der Sprache. Wörter bestimmter Wortarten treten mit einer gewissen Wahrscheinlichkeit in einer bestimmten Umgebung auf, beispielsweise besteht im Deutschen eine Kookkurrenz zwischen Nomen und Artikeln. Wenn Kinder dieses gemeinsame Auftreten bemerken, können sie dies als Hinweis auf die Wortartzugehörigkeit nutzen. Einen empirischen Beleg für die Fähigkeit Deutsch lernender Kinder, eine Wortartzuweisung aufgrund distributioneller Faktoren vorzunehmen, lieferte ein Experiment zur Klassifizierung von Pseudowörtern (Höhle et al. 2004). Im Paradigma der Kopfdrehmethode wurden Kinder mit Kunstwörtern familiarisiert, denen ein Artikel vorangestellt wurde (z.B. »ein Pronk«). Anschließend wurden Textpassagen präsentiert, die das Kunstwort einmal im Nomenkontext (»der Pronk lag auf der Wiese«) und einmal im Verbkontext (»der Förster pronk auf der Lichtung«) enthielten. Sofern Kinder das neue Wort aufgrund des vorher angebotenen Artikels als Nomen klassifizieren, sollten sie unterschiedlich auf die Nomen- bzw. Verbkontexte reagieren. Bei Kindern im Alter von 13 Monaten war dies nicht der Fall; bei Kindern mit 16 Monaten unterschied sich die Orientierungszeit hingegen in Abhängigkeit vom Präsentationskontext. Die Kinder nutzten also die Vorgabe des Artikels in der Familiarisierungsphase, um das Wort als Nomen zu identifizieren und von einem gleichlautenden Verb zu unterscheiden. Mit diesem Experiment konnte die Sensitivität junger Kinder für das gemeinsame Auftreten von Nomen und Artikeln und die Nutzung dieser Information für die syntaktische Klassifizierung nachgewiesen werden. Distributionelle Hinweise sind allerdings weniger hilfreich, um Verben anhand ihres gemeinsamen Auftretens mit Pronomen oder mit Flexionsendungen zweifelsfrei zu kategorisieren; zur Erkennung der Verbkategorie scheinen pragmatische Faktoren eine größere Rolle zu spielen.

3.4 Innere und äußere Faktoren in der frühen Sprachwahrnehmung

Der Abriss der frühen Sprachwahrnehmung hat aufgezeigt, dass Kinder bereits im ersten Lebensjahr über höchst effiziente Mechanismen verfügen, mit denen sie genau die relevanten Eigenschaften der Umgebungssprache erfassen können, die es ihnen zu einem gegebenen Zeitpunkt ermöglichen, das Sprachangebot zu verarbeiten und ihr sprachliches Wissen zu erweitern. Prosodische Merkmale werden besonders früh erkannt, während segmentale und distributionelle Eigenschaften später hinzutreten. Durch die Integration verschiedener Informationsquellen gelingt es dem Kind, den Input angemessen zu gliedern und damit Wissen über sprachlich relevante Einheiten aufzubauen. Tabelle 6 (vgl. auch Penner et al. 2006: 633) fasst einige der besprochenen Fähigkeiten der frühen Sprachwahrnehmung zusammen.

Alter	Fähigkeiten der frühen Sprachwahrnehmung
1–4 Monate	– Sensitivität für Sprache und Stimmen (beginnt vorgeburtlich) – Fähigkeit zur Unterscheidung verschiedener Sprachen – Erkennung rhythmischer und prosodischer Merkmale der Muttersprache – Beginn der kategorialen Lautwahrnehmung, Wahrnehmung auch nicht-muttersprachlicher Kontraste – Erkennen des eigenen Namens (4 Monate)
6 Monate	– Präferenz für das dominante Betonungsmuster der Muttersprache – Erkennen von Phrasengrenzen
8 Monate	– Segmentierung von Wörtern mit trochäischem Betonungsmuster – Wiedererkennung hochfrequenter Inhalts- und Funktionswörter – Erkennung von Satzgrenzen anhand der Pausendauer
10 Monate	– Nutzung phonotaktischer Regularitäten zur Segmentation – Segmentierung von Wörtern mit jambischem Betonungsmuster
12 Monate	– Kategoriale Lautwahrnehmung beschränkt sich auf muttersprachliche Kontraste
16 Monate	– Nutzung distributioneller Informationen (Kookkurrenz) zur Klassifizierung von Wortarten, vor allem von Nomen

Tabelle 6: Wesentliche Schritte der frühen Sprachwahrnehmung

Die bisher dargestellten Forschungsergebnisse wurden über Verhaltensbeobachtungen von Kindern unter experimentellen Bedingungen gewonnen. Eine weitergehende Frage ist, welche Prozesse im kindlichen Gehirn ablaufen, während sprachliche Stimuli verarbeitet werden. Mit der experimentellen Methode der Ableitung von ereigniskorrelierten Potentialen konnte festgestellt werden, dass schon bei kleinen Kindern ähnliche Reaktionen des Gehirns zu beobachten sind, wie sie aus der Sprachverarbeitung von Erwachsenen bekannt sind (Friederici 2005). Bei der Diskrimination von Lauten und Betonungsmustern zeigen Kinder schon mit zwei bzw. fünf Monaten charakteristische EKP-Reaktionen. Mit acht Monaten ließ sich die Sensitivität für Phrasengrenzen im EEG zeigen. Ab 14 Monaten zeigen Kinder eine typische Reaktion (die so genannte N400-Komponente), wenn angebotene Wörter nicht zu einem gezeigten Bild passen, hier lässt sich also die lexikalisch-semantische Verarbeitung im Gehirn nachweisen. Reaktionen auf Verstöße gegen Selektionsbeschränkungen von Verben wurden ab 19 Monaten beobachtet und ab ca. 32 Monaten reagiert das kindliche Gehirn auf syntaktische Abweichungen (Zusammenfassung siehe Friederici 2005 und Männel & Friederici 2008). Die Befunde legen nahe, dass das kindliche Gehirn bereits in den ersten drei Lebensjahren in ähnlicher Form wie bei Erwachsenen auf sprachliche Stimuli reagiert. Die zeitliche Abfolge der Verarbeitung prosodischer, lexikalischer, semantischer und syntaktischer Informationen unterscheidet sich nicht wesentlich von der Abfolge erwachsener Probanden, auch wenn die Reaktionen insgesamt noch etwas langsamer verlaufen. Die Gehirnreaktionen sind nicht von Geburt an vorhanden, sondern entwickeln sich in einer Sequenz, nach der zunächst die prosodischen, dann die lexikalisch-semantischen und danach die syntaktischen Informationen die charakteristischen Antworten des Gehirns hervorrufen.

Diese beeindruckenden, früh verfügbaren Fähigkeiten werden von vielen Spracherwerbsforschern als »Prädispositionen« oder »spezifische Veranlagungen« (Penner et al. 2006) interpretiert, d.h. als eine besondere Art der Ausrichtung auf Sprache, die dem Kind entweder angeboren ist oder die sehr früh ausgebildet wird. Diese Prädispositionen lenken die Aufmerksamkeit des Kindes auf sprachliche Stimuli und bewirken, dass bestimmte Merkmale des Sprachangebotes in bestimmten Entwicklungsphasen vorrangig verarbeitet werden.

Bei der Aufgabe, prosodische und distributionelle Hinweise der sprachlichen Umgebung zu nutzen, werden Kinder durch die Eigenheiten kindgerichteter Sprache unterstützt. Mit *motherese* oder »Mutterisch« werden spezifische Merkmale der kindgerichteten Sprechweise bezeichnet (Szagun 2006, Klann-Delius 2008), zu denen eine starke melodische Modulation, eine ausgeprägte Markierung von Betonungsmustern und längere Pausen gehören. Damit werden prosodische Eigenschaften der Sprache besonders deutlich. Dies könnte als Segmentationshilfe dienen, da durch die überdeutliche Betonung Wortgrenzen stärker hervortreten. Dass außerdem fokussierte Wörter oft am Satzende stehen und oft wiederholt werden, kann die Worterkennung erleichtern. Die besondere Sensibilität von Kindern im ersten Lebensjahr für Prosodie, Pausenstruktur und Verteilungsmerkmale findet somit eine Entsprechung in der Adaptierung der elterlichen Sprechweise. Damit ist jedoch nicht ausgesagt, dass eine besondere elterliche Sprechweise unabdingbar für die Ausbildung der frühen Sprachwahrnehmungsfähigkeiten ist. Da nicht in allen Kulturen entsprechende elterliche Anpassungen vorgenommen werden, ist umstritten, inwieweit das Mutterische für einen gelingenden Spracherwerb notwendig und erforderlich ist. Die kindgerichtete Sprache kann dem Kind vielmehr dazu verhelfen, sich mit den musikalischen Grundmustern seiner Sprache vertraut zu machen (Papousek 1994, siehe auch Kapitel 8).

4 Erwerb phonetischer und phonologischer Fähigkeiten

Die erstaunlichen Sprachverarbeitungsfähigkeiten, die im vorangegangen Kapitel dargestellt wurden, zeugen von wesentlichen rezeptiven Entwicklungsschritten in einem sehr frühen Alter. In diesem Kapitel wird nun die produktive Seite betrachtet: Wie lernt das Kind Laute zu bilden (phonetische Entwicklung) und wie verwendet es diese Laute in den Wörtern seiner Muttersprache (phonologische Entwicklung)? Im Laufe des ersten Lebensjahres widmet sich das Kind nicht nur den rezeptiven Anforderungen, d.h. der Analyse des Inputs, sondern es entdeckt, entwickelt, koordiniert und verfeinert außerdem allmählich seine Fähigkeiten zur Produktion von Sprachlauten. In dieser Zeit sind seine Produktionen noch nicht mit Bedeutung verbunden, vielmehr geht es um die Exploration und Einübung stimmlicher und artikulatorischer Mittel, die für die zielsprachliche Sprachproduktion vonnöten sind.

4.1 Vokalisationsentwicklung

Die Fähigkeit, die an der Lautäußerung beteiligten Sprechwerkzeuge inklusive die für die Phonation nötigen Muskeln in und um den Kehlkopf fein abgestimmt einzusetzen, ist dem Menschen eigen und bei Primaten in dieser Form nicht gegeben. Beim Säugling sind die anatomischen Voraussetzungen noch nicht optimal für die Lautbildung ausgebildet, so dass vom »anatomischen Handicap« gesprochen wird: Der Luftdruck der Ausatmung reicht noch nicht für eine andauernde Phonation aus, der Kehlkopf liegt erhöht, so dass der Mundraum nicht gut zur Lautbildung genutzt werden kann, die Zunge füllt fast den gesamten Mundraum aus, die Zähne fehlen. Im Laufe der ersten Lebensmonate streckt sich der Hals, der Kehlkopf senkt sich, so dass die Zunge mehr Freiraum für Artikulationsbewegungen hat. Der Säugling benötigt also einige Zeit, um die Möglichkeiten für den Einsatz der Stimme und für die artikulatorische Modulation von Lauten zu erproben und zu trainieren. Im folgenden Überblick über die Stadien der Vokalisationsentwicklung (siehe Gerken 1994, El Mogharbel & Deutsch 2007a) wird deutlich, wie sich die Vokalisationen des Kindes im Zuge der wachsenden Kontrolle über die Artikulationsbewegungen allmählich der phonetischen und prosodischen Struktur der Zielsprache annähern.

Die erste lautliche Äußerung des Kindes ist direkt nach der Geburt mit dem Schrei zu vernehmen. Wermke (2008) findet bei Säuglingen ein variantenreiches stimmliches Ausdrucksrepertoire, das Unmutsbekundungen wie Schreien, Weinen, Quengeln, Jammern und Meckern umfasst. Umstritten ist, welche Funktion dem Schrei für die Sprachentwicklung zukommt. Ist das Schreien nur ein angeborenes biologisches Alarmsignal ohne Kommunikationsfunktion oder gar die Keimzelle menschlicher Kommunikation (siehe auch Klann-Delius 2008: 24)? Wermke (2008) konnte bei Säuglingen mit deutscher Muttersprache Rhythmusvariationen, Melodiebögen und Konturen beim Schreien nachweisen, die zunehmend komplexer werden und wertet das Schreien aufgrund des Aspekts der Melodiekontrolle als Wegbereiter für den produktiven Erwerb der muttersprachlichen Prosodie (siehe auch Penner 2000). In den Tagen und ersten Wochen nach der Geburt gibt der Säugling neben dem Schreien weitere vegetative Laute wie Lachen oder Niesen von sich, die als nicht sprachspezifisch gewertet werden. Die Vokalisationen, die in den ersten beiden Lebensmonaten auftauchen, werden als Phonationsstadium bezeichnet. Das Kind produziert hier quasivokalische Vorläufer von Lauten, die keine eindeutige Vokal- oder Konsonantenqualität haben, da der Sprechapparat noch wenig artikulatorische Differenzierung zulässt.

In der nächsten Phase, die mit etwa sechs bis acht Wochen einsetzt, entstehen erste konsonantenähnliche Gurrlaute, die im Rachen produziert werden. Mit diesem so genannten Gurren setzt eine erste Einstellung des Sprechapparates ein. Rachen- und Gaumenlaute werden zunehmend melodisch moduliert. Ab etwa drei Monaten verstärkt sich das Spiel mit der Stimme, das Kind probiert Modulierungen von Lautstärke, Stimmregister, Dynamik, Klangfarbe, Dauer und Rhythmus aus. Diese Expansion und Exploration stimmlicher und lautlicher Möglichkeiten bezieht auch Geräusche wie Brummen, Quietschen, Flüstern u.ä. ein. Das Kind probiert nun eine Vielzahl von Lauten aus, darunter finden sich auch Laute, die in der Muttersprache nicht vorkommen.

Einen Einschnitt in der Vokalisationsentwicklung markiert mit etwa sechs Monaten das Babbeln, denn nun werden die Lautäußerungen kontrollierter, strukturierter und »sprachähnlicher«. Nach der Vorstufe des marginalen Babbelns tauchen mit dem so genannten kanonischen Babbeln wohlgeformte Silben auf, die mindestens ein vokalartiges und ein konsonantisches Element enthalten und durch einen schnellen Übergang zwischen Konsonant und Vokal gekennzeichnet sind (Paousek 1994, Oller et al. 1999). Überwiegend werden offene Silben (Konsonant-Vokal, im Folgenden abgekürzt durch KV) mit zentralen Vokalen produziert, der Konsonant ist häufig ein Plosiv oder Nasal. Um Silben wie /ba/ mit einer zielsprachlichen Strukturierung mit Anfangsrand und Silbenkern realisieren zu können, ist eine zunehmende feinmotorische Koordination, Kontrolle und Automatisierung der Stimmgebung während der Ausatmung erforderlich. In dieser Phase enthält das Babbeln bereits sprachspezifische Charakteristika. Babbelnde Kinder lehnen sich an die phonetischen und prosodischen Strukturen der Muttersprache an und bevorzugen Laute, die in ihrem Input häufig vorkommen. Lleó und Kollegen (1994) beobachteten beim Babbeln deutscher und spanischer Kinder anfangs gemeinsame Tendenzen, aber auch schon frühe sprachspezifische Unterschiede. Charakteristisch für das Babbeln Deutsch sprechender Kinder ist das häufige Auftreten von alveolaren Lauten wie /t/, gefolgt von Labialen, während Palatale und Velare selten sind. In Bezug auf die Artikulationsart sind viele Plosive vertreten, gefolgt von Nasalen, dagegen kaum Frikative und Affrikaten. Die deutschen Kinder produzierten überwiegend Konsonant-Vokal-Folgen, es gab kaum Vokale im Anlaut und mehr offene als geschlossene Silben.

Das Einsetzen des kanonischen Babbelns wird als wichtiger Meilenstein der frühen Sprachentwicklung gewertet, der mit spätestens zehn Monaten erreicht sein sollte. Eine Verzögerung oder ein Ausbleiben dieses Entwicklungsschrittes kann auf spätere Sprachentwicklungsstörungen hinweisen (Oller et al. 1999). Die Vokalisationen werden in den folgenden Babbelphasen länger und variationsreicher. Beim reduplizierenden Babbeln werden einfache KV-Silben verdoppelt, so dass Silbenketten wie /baba/ entstehen. Beim variierenden Babbeln treten unterschiedliche Konsonanten und/oder Vokale auf, Silben wie /taba/ oder /gavʊ/ werden möglich. Mit etwa zehn Monaten können im Rahmen des variierenden Babbelns auch längere Babbeläußerungen mit satzähnlicher Intonation auftreten, die wie ein muttersprachlicher Satz ohne Bedeutung klingen und auch »Jargon-Babbeln« genannt werden (Kent & Miolo 1995). Das Kind hat nun ein Stadium erreicht, in dem es vom Babbeln zur Produktion von Wörtern übergehen kann.

Die hier beschriebenen Babbelphasen dienen jedoch nicht nur der Einübung sprechmotorischer und prosodischer Muster. Die Vokalisationsentwicklung vollzieht sich im Rahmen von »Protokonversationen«, in sich denen sich Eltern und Kind dialogisch begegnen, ohne dass dabei sprachliche Bedeutungen im Spiel wären. Somit ist die frühe stimmliche Kommunikation auch ein Wegbereiter für spätere sprachliche Dialoge (Papousek 1994, siehe auch Kapitel 8).

In den späteren Babbelphasen hat das Kind zunächst mit Bezug auf die Prosodie, dann hinsichtlich der verwendeten Laute eine Annäherung an die Muttersprache durchlaufen. Der Prozess der allmählichen Einengung von Möglichkeiten durch zunehmende Ausrichtung auf die Zielsprache, der bereits in der Lautwahrnehmung gezeigt wurde, hat hier seine Parallele in der produktiven Modalität. Ausgelöst durch das Diskontinuitätsmodell von Jakobson (1941/1969) wurde kontrovers diskutiert, ob die Babbelphasen und die frühe Wortproduktion distinkte Stadien darstellen oder ob sich der Übergang als kontinuierlicher Prozess beschreiben lässt (zu dieser Debatte siehe auch Menn & Stoel-Gammon 1995, Ingram 1999, Penner 2000). Die Tatsache, dass in den ersten Wortproduktionen von Kindern vor allem die Laute enthalten sind, die auch in den Babbelphasen häufig verwendet wurden, spricht ebenso für die Annahme einer Kontinuität wie die Beobachtung, dass Wörter und Babbeln eine Zeitlang vermischt und gleichzeitig auftreten (Lleó et al. 1994, Papousek 1994, Penner 2000, Wermke 2008).

4.2 Entwicklung des phonologischen Systems

Im Folgenden geht es um die phonologische Entwicklung im engeren Sinne, also um die phonologischen Formen von Wörtern. Auf der Formseite der Wörter manifestieren sich Phonemkontraste, die dann zur Bedeutungsunterscheidung (z.B. zwischen Minimalpaaren wie »backen« und »packen«) führen. Nachdem das Kind in den Babbelphasen die Artikulation von Laute erprobt hat, muss es diese Segmente nun zu einem System organisieren, um unterschiedliche Bedeutungen auszudrücken. Das bedeutet, dass sich die weitere phonologische Entwicklung untrennbar von der Lexikonentwicklung vollzieht. Während im folgenden Kapitel 5 die Bedeutungsseite von Wörtern im Spracherwerb behandelt wird, werden hier formbezogene Aspekte betrachtet: Welche Laute treten in kindlichen Wortproduktionen auf, wie markiert das Kind Bedeutungsunterscheidungen, in welcher Weise weichen die kindlichen Wortformen von der Zielsprache ab, wie wird das phonologische System so organisiert, dass die Wortformen allmählich der Zielsprache entsprechen? Diese Erwerbsaufgabe umfasst auf der segmentalen Ebene den Aufbau des Phoneminventars und die korrekte Anwendung von Phonemen in Wörtern sowie auf der suprasegmentalen Ebene (über einzelne lautliche Segmente hinausgehend) den Erwerb der zielsprachlichen Wort- und Silbenstrukturen, der phonotaktischen Regeln sowie prosodischer Aspekte, vor allem des Wortakzents.

4.2.1 Frühe phonologische Fähigkeiten und Phoneminventar

Wenn das Kind zu Beginn des zweiten Lebensjahres den ersten kleinen, langsam anwachsenden Wortschatz aufbaut, enthält dieser ein elementares Lautinventar in einfachen, rudimentären Silbenstrukturen (meist KV oder KVKV-Folgen). Überwiegend werden Laute aus der letzten Babbelphase verwendet. Die Produktionsmuster sind instabil, die Wörter sind hinsichtlich Wortlänge, phonetischer Komplexität und der verwendeten Konsonanten und Vokale gegenüber der zielsprachlichen Form stark vereinfacht. Wie frühe Wortformen deutschsprachiger Kinder aussehen können, illustriert eine Studie von Elsen (1999). In dieser detaillierten Einzelfallstudie wurden mit Hilfe der Tagebuchmethode alle neuen Wortformen des Kindes A. engmaschig im Alter von acht Monaten bis 2;5 Jahren erfasst. Die Phonologie des frühen Lexikons mit etwa einem Jahr war durch KV-, seltener durch KVK-Abfolgen gekennzeichnet, Zweisilber entstanden durch Verdoppelungen, unbetonte Vorsilben wurden getilgt (z.B. [naːnə] für ›Banane‹[3]. Das Lautinventar enthielt vor allem Nasale und vordere Plosive, jedoch kaum Frikative, da diese Laute getilgt oder plosiviert (durch einen Plosiv ersetzt) wurden. Für diese Anfangsphase typische Wörter waren [ba] für ›Buch‹ oder [dɛdɛ] für ›Teddy‹.

Aufgrund des noch sehr eingeschränkten Phoneminventars entstanden zahlreiche Homonyme, so stand [ba] nicht nur für ›Buch‹, sondern auch für ›Papier‹ und ›Zeitungen‹. Bei Wörtern, die A. noch nicht aussprechen konnte, wählte sie oft einfachere Formen wie [pɪpɪ] für ›Maus‹ und ›Vogel‹ oder [vava] für ›Hund‹. Deutliche Fortschritte waren ab 1;2 Jahren zu verzeichnen. Zeitgleich mit einem sprunghaften Anstieg des Wortschatzes verbesserten sich A.'s phonetische und phonologische Kapazitäten merklich: Ein vermehrtes Auftreten von Frikativen vergrößerte das Phoneminventar, geschlossene Silben mit finalem Konsonant wurden produziert, der Wortakzent konnte auch auf der letzten Silbe liegen. Durch

---

[3] Konkrete lautliche Äußerungen von Kindern, die der Literatur entnommen sind oder eigene Beispiele darstellen, wurden phonetisch transkribiert und in eckigen Klammern notiert. Dabei finden sich allerdings nicht immer vollständige Informationen über alle phonetischen Merkmale der Äußerung (z.B. Betonung, Aspiration, Realisierung von Allophonen). Verweise auf Phoneme (unabhängig von einer konkreten Äußerung) werden in Schrägstrichen notiert.

diese Ausdifferenzierungen konnten die vereinfachten Formen und die zahlreichen Homonyme aufgegeben werden. Aus dem frühen [dat^ha] für ›Tasse‹ wurde [taza]; für ›Auto‹ wurde nun [ato] statt [bm] verwendet. Der Zugewinn an artikulatorischen und phonologischen Möglichkeiten führte dazu, dass neue Kontraste realisiert und somit neue Wörter ins Lexikon aufgenommen werden konnten. In diesem Sinne kommt dem Phonologieerwerb eine bedeutende Rolle für den Lexikonzuwachs zu.

Da Wortformen in der frühen Phase ganzheitlich als holistische Lautgestalten gespeichert werden, erscheinen die Phoneme anfangs undeutlich und unklar, die suprasegmentalen Eigenschaften für das ganze Wort klingen jedoch zielsprachlich. Es kann auch vorkommen, dass einzelne Wörter als ganze Gestalt oder »artikulatorische Geste« reproduziert werden und bereits der korrekten Form der Zielsprache entsprechen, obwohl sie in der folgenden Phase der segmentorientierten Verarbeitung wieder vereinfacht werden. Dieser vermeintliche Rückschritt zeigt einen Umschwung in der Art der phonologischen Repräsentationen an (siehe 4.2.2).

Das anfänglich noch eingeschränke Inventar an Lauten wird allmählich erweitert. Wie sich dies im Deutschen vollzieht, zeigen Studien von Fox-Boyer (Fox-Boyer 2009, siehe auch Fox & Dodd 1999), in denen Kinder verschiedener Altersstufen aufgefordert wurden, Bilder zu benennen. Die Produktionen der Kinder wurden aufgezeichnet und anschließend transkribiert und bewertet. Auf diese Weise wurde festgestellt, welche Laute im Inventar der Kinder enthalten waren und in welcher Reihenfolge phonologische Prozesse überwunden wurden. In Bezug auf das Lautinventar wurden das phonetische und das phonemische Inventar unterschieden. Als phonetisch erworben galt ein Laut, wenn die Mehrzahl der Kinder diesen korrekt artikulieren konnte, unabhängig davon, ob der Laut in diesem Kontext funktional angemessen ist (hier wäre das Auftreten von /t/ im Wort ›Tuh‹ statt ›Kuh‹ ein Beleg für die Fähigkeit, den Laut /t/ phonetisch zu realisieren). Beim phonemischen Inventar hingegen mussten die Kinder den Laut korrekt in seinem jeweiligen Wortkontext anwenden (z.B. /k/ in ›Kuh‹). Nach dem Kriterium, dass 90% der untersuchten Kinder die Laute erworben haben müssen, ergibt sich folgende Erwerbsreihenfolge für die Vervollständigung des Lautinventars im Deutschen:

Alter	Laute phonetisch erworben	Laute als Phonem korrekt verwendet
1;6–1;11	m, b, d, t, n	m, p, d
2;0–2;5	p, f, v, l	b, n
2;6–2;11	x, g, k, h, ʀ, pf	v, f, l, t, ŋ, x, h, k (s, z)
3;0–3;5	j, ŋ	j, ʀ, g, pf
3;6–3;11		ts
4;0–4;5	ç	ç
4;6–4;11	ʃ	ʃ

Tabelle 7: Erwerb des Lautinventars nach Fox-Boyer (2009)

Es zeigt sich, dass der Aufbau des Phoneminventars mit etwa dreieinhalb Jahren bis auf /ts/, /ç/ und /ʃ/ abgeschlossen ist. Je mehr Laute produziert werden können, umso besser können phonologische Prozesse überwunden werden. Eine Sonderstellung nehmen die Laute /z/ und /s/ ein. Diese werden häufig interdental (mit der Zunge zwischen den Zähnen) artikuliert. Da dies nicht dem korrekten artikulatorischen Muster entspricht, kann nicht von einem sicheren phonetischen Erwerb dieser Laute im überprüften Alter ausgegangen werden. Davon abgesehen werden die interdentalen Zischlaute als allophonische Varianten ab etwa drei Jahren funktional adäquat eingesetzt.

4.2.2 Phonologische Prozesse

In einem Reorganisationsprozess, der mit etwa 18 Monaten beginnt, weicht die anfänglich holistische Speicherung von Wörtern einer segmentorientierten Verarbeitung. Erkennbar ist dies an systematischen Vereinfachungsprozessen, die als regelhafte Abweichungen von den zielsprachlichen Wortformen zu beschreiben sind. Die Vereinfachungen der Zielsprache lassen sich systematisch erfassen und mit Hilfe so genannter phonologischer Prozesse klassifizieren (siehe Tabelle 8). Grob gesagt bestehen phonologische Prozesse darin, dass die korrekte Wortform durch Auslassung oder Ersetzung von Lauten modifiziert wird. Bei Strukturprozessen wird die gesamte Struktur eines Wortes verändert, indem z.B. Silben ausgelassen werden; oder die Silbenstruktur wird durch Auslassung oder Hinzufügung von Lauten modifiziert.[4] Bei Substitutionsprozessen werden Laute durch andere ersetzt. Wird durch die Lautersetzung eine Angleichung der Lautmerkmale innerhalb eines Wortes herbeigeführt, spricht man von Harmonisierungs- oder Assimilationsprozessen. Eine Übersicht über phonologische Prozesse mit Beispielen wird in Tabelle 8 gegeben. Zu beachten ist, dass phonologische Prozesse hier als Mittel der Beschreibung zu verstehen sind, mit deren Hilfe die beobachtbaren, regelhaften Unterschiede zwischen kindlichen und zielsprachgemäßen Wortformen verdeutlicht und systematisiert werden können (Rothweiler 2002: 261).

Die Verwendung von Begriffen wie »Vereinfachung« könnte suggerieren, dass das Kind bereits über eine erwachsenensprachliche Repräsentation der korrekten Form verfügt, diese aber aufgrund artikulatorischer Einschränkungen noch vermeidet und dementsprechend durch Auslassung oder Substitution von Segmenten vereinfacht. Wie sehr die zugrunde liegenden phonologischen Repräsentationen vom System der Zielsprache abweichen oder diesem schon entsprechen, ist jedoch Gegenstand theoretischer Kontroversen (dazu Berg 1992, Ingram 1999). Die in diesem Kapitel als phonologische Prozesse bezeichneten Phänomene implizieren daher keine Aussage über die Mechanismen, die zu ei-

4 Da bei diesen Prozessen die Struktur der Silben bzw. Wörter verändert wird, betreffen diese Prozesse die suprasegmentale Ebene und sind damit eher der prosodischen als der segmentalphonologischen Entwicklung zuzurechen.

ner kindlichen Wortform geführt haben, sie dienen vielmehr als deskriptives Instrument zur Beschreibung der Besonderheiten kindlicher Wortformen im Kontrast zur Zielsprache.

Prozesstyp	Prozess	Zielwort	kindliche Form
Wort- und Silben-strukturprozesse	Vereinfachung mehrsilbiger Wörter	Schokolade	[la:də]
	Auslassung unbetonter Silben	Banane	[na:nə]
	Verschmelzung von Silben	Paket	[pe:t]
	Reduplikation	Mandarine	[nini]
	Auslassung finaler Konsonanten	Buch	[bu:]
	Reduktion von Mehrfachkonsonanz	Spiegel Stift	[pi:gəl] [ʃtɪf]
	Addition	Maus	[maust]
Harmonisierungs-prozesse	Assimilation von Vokalen	Tasse	[tasa]
	Assimilation von Konsonanten antizipatorisch	Gabel Kartoffel	[ba:bəl] [taɐtɔfəl]
	Assimilation von Konsonanten regressiv/perseveratorisch	Gabel Kartoffel	[ga:gəl] [kaɐkɔfəl]
	Prävokalische Stimmgebung	Ente	[ɛndə]
Substitutions-prozesse	Alveolarisierung	ganz Wecker	[dans] [vɛtɐ]
	Velarisierung	Dach Bett	[gax] [bɛk]
	Labialisierung	Sack	[vak]
	Plosivierung	Feuer essen Dach	[pɔɪɐ] [ɛtən] [dak]
	Deaffrizierung	Ziege	[sigə]
	Glottale Ersetzung, Öffnung	Roller	[hɔlɐ]

Tabelle 8: Klassifikation phonologischer Prozesse im Phonologieerwerb mit Beispielen

Natürlich können phonologische Prozesse zu einer Veränderung der zielsprachlichen Wortform in Bezug auf mehrere Merkmale beitragen. Realisiert ein Kind beispielsweise das Wort ›Küche‹ als [dʏtə], so verändert sich der Anlaut hinsichtlich des Artikulationsortes (velar – alveolar) und der Stimmgebung (stimmlos – stimmhaft) und der mediale Laut hinsichtlich der Artikulationsart (frikativ – plosiv) und des Artikulationsortes (palatal – alveolar). Durch die Verwendung von zwei alveolaren Plosiven wurde außerdem eine Assimilation vorgenommen. Bei der kindlichen Form [vi:bə] für ›Zwiebel‹ sind eine Reduktion der Konsonantenverbindung auf den zweiten Laut und eine Auslassung des finalen Konsonanten zu beobachten. Im Phonologieerwerb lassen sich typische phonologische

Prozesse ausmachen, die bei vielen Kindern in ähnlicher Form auftreten und damit zu einem charakteristischen Bild der Aussprache von Kindern beitragen (vgl. Tabelle 8). Neben typischen phonologischen Prozessen können bei einzelnen Kindern auch seltenere, idiosynkratische Prozesse beobachtet werden.

In der erwähnten Studie von Fox-Boyer (2009) ergab sich folgende Reihenfolge für die Überwindung phonologischer Prozesse, wobei hier nur typische Prozesse berücksichtigt wurden, die in der jeweiligen Altersstufe bei mindestens 10% aller Kinder auftraten (siehe Tabelle 9).

Alter des Auftretens	Prozess	Zielwort	Kindliche Form
bis 2;6	Auslassung finaler Konsonanten	Vogel	[foːgə]
	Vorverlagerung des velaren Nasals	Schlange	[ʃlanə]
	Plosivierung	Sonne	[dɔnə]
	Glottale Ersetzung /r/	Roller	[hɔlɐ]
bis 3;0	Tilgung unbetonter Silben	Banane	[naːnə]
	Deaffrizierung von /pf/ u. /ts/	Apfel	[ʔafəl]
bis 3;6	Alveolarisierung (Vorverlagerung) von /g/ u. /k/	Garten Kanne	[daɐtən] [tanə]
	Rückverlagerung von /ʃ/	Schule	[çulə]
bis 4;0	Reduktion von Konsonantenverbindungen	Schnecke	[nɛkə]
	Assimilationen	Gabel Marienkäfer	[baːbəl] [mamɪənkæfɐ]
bis 4;6	Stimmgebung	Tanne	[danə]
	Entstimmung	Weg	[fek]
bis 4;11	Vorverlagerung von /ʃ/ und /ç/ zu /s/	Schule Becher	[suːlə] [bɛsɐ]

Tabelle 9: Reihenfolge der Überwindung entwicklungstypischer phonologischer Prozesse (nach Fox-Boyer 2009)

Phonologische Prozesse zeigen einerseits zwar an, dass Abweichungen von der Zielsprache in der Aussprache von Kindern nicht zufällig sind, sondern einem System folgen (z.B. Vorverlagerung der Velare oder Plosivierung von Frikativen). Dies bedeutet aber nicht, dass die Wortformen von Kindern in einer bestimmten Phase immer stabil und gleichbleibend sind (z.B. dass ›Kuchen‹ immer als [tuːxən] realisiert wird). Gerade im frühen Phonologieerwerb finden sich viele inkonsequente Wortformen, d.h. verschiedene Realisationen für dieselben Wörter, wie z.B. [fant] und [edəfant] für ›Elefant‹ (Beispiel aus Schäfer & Fox 2006). Die Phase der Inkonsequenz wird in der zweiten Hälfte des dritten Lebensjahres überwunden (Schäfer & Fox 2006), die Wortformen werden danach stabiler und konsistenter, auch wenn sie noch von zielsprachlichen Formen abweichen.

Nachdem phonologische Prozesse einen systematischen und regelbasierten Umgang mit Lauten angezeigt haben, besteht die kommende Erwerbsaufgabe darin, diese Prozesse wieder aufzugeben, bis die Wortformen den zielsprachlichen Formen entsprechen. Diese allmähliche Überwindung der phonologischen Vereinfachungsprozesse bedeutet, dass das phonologische System mehr und mehr zielsprachlich organisiert wird und die notwendigen distinktiven Merkmale berücksichtigt werden.

4.2.3 Erwerb von Konsonantenverbindungen

Bislang war vorwiegend vom Erwerb einzelner Konsonanten die Rede. Viele Sprachen, auch das Deutsche, enthalten darüber hinaus Konsonantenverbindungen. Der Erwerb von Konsonantenverbindungen geht über das einzelne Segment hinaus und erfordert eine Ausdifferenzierung der Silbenstruktur und die Berücksichtigung phonotaktischer Regeln, die festlegen, welche Konsonanten miteinander kombiniert werden können. Um Konsonantenverbindungen zu produzieren, müssen Kinder die Fähigkeit entwickeln, mehrere Konsonanten dem Ansatz oder der Koda einer Silbe zuzuweisen. McLeod und Kollegen (2001) beschreiben typische Entwicklungsphasen beim Erwerb von Mehrfachkonsonanz, die bei Kindern unterschiedlicher Muttersprachen belegt werden konnten: Konsonantenverbindungen mit Plosiven (›Blume‹) werden früher erworben als solche mit Frikativen (›Frosch‹); Konsonantenverbindungen, die aus zwei Elementen bestehen (wie ›Brot‹) früher als Verbindungen aus drei Lauten (›Strumpf‹). Als Entwicklungsreihenfolge lässt sich festhalten, dass Konsonantenverbindungen zunächst komplett getilgt oder auf einen Laut reduziert werden (›Blume‹ wird reduziert zu [luːmə] oder [buːmə]). Anschließend werden zwei Elemente realisiert, die Verbindung jedoch durch Ersetzung eines Lautes vereinfacht ([kʀɛpə] statt ›Treppe‹, [smɛtɐlɪŋ] statt ›Schmetterling‹).

Bei deutschsprachigen Kindern zwischen neun Monaten und zwei Jahren beobachteten Lleó und Prinz (1996) anhand von Spontansprachaufnahmen, dass Konsonantenverbindungen vorzugsweise auf den ersten Laut reduziert wurden; Beispiele sind [dausən] für ›draußen‹ (Alter 1;6) oder [bitə] für ›Blüte‹ (Alter 1;11). Auch die komplette Ersetzung der gesamten Verbindung durch einen anderen Laut wie in [hajn] statt ›klein‹ (Alter 1;5) konnte beobachtet werden. Hinsichtlich der Position ließ sich feststellen, dass wortfinale Konsonantenverbindungen früher erworben werden als wortinitiale. Wortfinale Konsonsantenverbindungen stellen eine notwendige Voraussetzung für die Produktion flektierter Verben dar, wie man an Formen wie ›er gibt‹ und ›du gibst‹ leicht erkennen kann (siehe dazu Grijzenhout & Penke 2005 und Kapitel 6.4.1). Der Erwerb der Silbenstruktur verläuft nach übereinstimmenden Befunden in der Abfolge KV – KVK – KVKK – KKVKK. Konsonantenverbindungen im Anlaut werden somit zuletzt korrekt realisiert (Kirk & Demuth 2005).

Zusammenfassend ist festzuhalten, dass das zielsprachliche phonologische System der Muttersprache mit etwa vier Jahren im Wesentlichen etabliert ist, sieht man von phonetischen Unsicherheiten wie der interdentalen Bildung der /s/-Laute oder von Unsicherheiten beim /ʃ/ ab. Die Vervollständigung des Phoneminventars, der Rückgang inkonsistenter Wortformen, die Überwindung phonologischer Prozesse und die Produktion von Konsonantenverbindungen sind wichtige Schritte der phonologischen Entwicklung. Werden diese Schritte verzögert durchlaufen, so kann dies ein Symptom von Aussprachestörungen sein.

4.3 Prosodieerwerb

Abschließend wird die Entwicklung prosodischer Fähigkeiten unter besonderer Berücksichtigung der Wortbetonung genauer betrachtet. Zum Prosodieerwerb zählen laut Demuth (2009) die frühe Sensitivität für prosodische Strukturen (vgl. Kapitel 3), der Aufbau von Silben- und Wortstrukturen, der den Erwerb von Finalkonsonanten und Konsonantenclustern beinhaltet (siehe Kapitel 4.2.3), der Erwerb phonotaktischer Regeln sowie der Erwerb der zielsprachlichen Wortbetonungsmuster (lexikalische Prosodie) und der Satzintonation.

Betonung führt generell zu einer Hervorhebung sprachlicher Einheiten im Verhältnis zu anderen durch Merkmale wie Tonhöhe, Lautstärke, Pausen oder Vokallängung. Die prosodische Gestalt von Wörtern wird mit dem Begriff des »Fußes« beschrieben. Der Fuß bildet eine metrische Einheit, die mindestens eine betonte Silbe und eine weitere unbetonte Silbe enthalten kann. Damit weisen Füße sprachlichen Äußerungen eine rhythmische Gestalt zu (Wiese 2011). Je nach Abfolge betonter und unbetonter Silben werden verschiedene Fußstrukturen unterschieden. Bei Füßen mit einer Abfolge betont — unbetont handelt es sich um die für das Deutsche typischen Trochäen (wie in ›ˈHase‹)[5]. Die umgekehrte Abfolge (wie in ›Spiˈnat‹) kommt im Deutschen ebenfalls, wenn auch seltener, vor. Deutschsprachige Kinder müssen also erkennen, dass einfache Wörter sehr häufig auf der vorletzten Silbe betont werden, aber auch andere Betonungsmuster möglich sind. Über die Betonung einfacher Wörter, so genannter Simplizia hinaus, muss die Betonung von zusammengesetzten Wörtern (Komposita) erlernt werden. Diese enthalten mehrere Konstituenten, die aus ein- oder mehrsilbigen Füßen bestehen, wobei die linke Konstituente den Hauptakzent, die rechte den Nebenakzent trägt, z.B. ›ˈHandˌtuch oder ›ˈPuppenˌwagen‹. Die prosodische Einheit des Fußes scheint für den Erwerb der lexikalischen Prosodie eine organisierende Rolle zu spielen, indem sie den Ausgangspunkt für die prosodische Entwicklung darstellt.

Die vorherrschenden prosodischen Muster werden von Kindern früh wahrgenommen und berücksichtigt (Gerken 1994, Demuth 2009). So entsprechen die Babbeläußerungen von Kindern ab etwa acht Monaten dem typischen (im Deutschen dem trochäischen) Betonungsmuster der Muttersprache. Ab Beginn der Wortproduktion vollzieht sich der Erwerb der zielsprachlichen Fußstrukturen in mehreren Schritten (Fikkert et al. 1998, Penner 2000,

---

5 Das Akzentzeichen [ˈ] zeigt die Hauptbetonung an, mit [ˌ] wird eine Nebenbetonung angezeigt (Wiese 2011: 77).

Grimm 2009, 2010, Schwytay 2011). Aufschlussreich sind hier die für den frühen Spracherwerb typischen systematischen Verkürzungen von längeren Wörtern zu Ein- oder Zweisilbern, die so genannten Trunkierungen (Kehoe & Stoel-Gammon 1997, Demuth 2009, Grimm 2009). Sie zeigen an, welche prosodischen Strukturen in der jeweiligen Phase des Prosodieerwerbs realisierbar sind und welche prosodische Gestalt Kinder ihren frühen Wörtern zuweisen. Dabei scheinen sich die Kinder früh am Betonungsmuster des Zielwortes zu orientieren.

In der ersten Phase kann noch kein Betonungsmuster umgesetzt werden, da Kinder meist nur Einsilber produzieren und Zielwörter auf deren betonte Silbe reduzieren ([be] für ›ˈBaby‹, Bsp. aus Fikkert et al. 1998). Im nächsten Schritt geht das Kind zu zweisilbigen Trochäen über (z.B. [ˈdɛdɛ] für ›Teddy‹, Bsp. aus Elsen 1999 oder [ˈhafə] für ›Giˈraffe‹, Bsp. aus Grimm 2010). Um den Erwerb des Trochäus auszulösen, sind besonders Wörter mit unbetonten »schwa«-Silben (wie ›ˈHase‹, ›ˈWagen‹) wichtig. Da Silben mit dem Zentralvokal schwa nicht betont werden können, wird hier der Wechsel von einer betonten zur unbetonten Silbe deutlicher als in Wörtern mit Vollvokal (wie ›ˈAuto‹ oder ›ˈOma‹). Elsen (1999) beschreibt in der bereits erwähnten Studie, dass das beobachtete Kind A. anfangs Vollvokale vorzog (z.B. [data] für ›Tasse‹), bevor die leichten Schwasilben regelmäßig auftraten. In dieser Phase werden Komposita auf eine (trochäische) Konstituente des komplexen Wortes reduziert, z.B. [ˈdɔnə] für ›ˈMüllˌtonne‹ (Beispiel aus Grimm 2009). Bei einfachen Wörtern, die in der Zielsprache endbetont sind, wird das trochäische Muster entweder übergeneralisiert oder das Wort wird weiterhin auf die betonte Silbe reduziert ([ˈmeːl] statt ›Kaˈmel‹).

In der nächsten Phase können Wörter schon mehr als einen Fuß umfassen. Nun werden mehrsilbige Simplizia mit zwei Füßen realisiert, z.B. [ˌlɔkəˈlaːlə] für ›ˌSchokoˈlade‹, wobei die Hauptbetonung manchmal auf den ersten Fuß verschoben wird (z.B. in [ˈeːlɛˌfan], Grimm 2009, zur Betonungsverschiebung siehe auch Kehoe & Stoel-Gammon 1997). Die Überschreitung der Begrenzung auf einen Fuß ermöglicht die Produktion von Komposita mit zwei Gliedern. Zunächst entspricht jedes Glied des Kompositums einem einzigen Fuß. So kann [ˈvuːpˌsaʊbɐ] für ›ˈHubˌschrauber‹ produziert werden, während ›Toˈmatenˌsoße‹, zu [ˈmatəˌsɔsə] reduziert wird (Beispiele aus Grimm 2010). Bei Komposita kann es in einer Zwischenphase vorkommen, dass eine gleichförmige Betonung realisiert wird, d.h. es wird noch nicht erkannt, dass das erste (linke) Glied eines Kompositums den Hauptakzent trägt (Fikkert et al. 1998).

Erst am Ende der Entwicklung der Wortbetonung überwinden Kinder diese Unsicherheiten und es gelingt ihnen, mehrsilbige Simplizia und Komposita mit zielsprachlicher Betonung und ohne Trunkierungen zu realisieren. Einfache Wörter wie ›ˌPapaˈgei‹, die aus zwei Füßen bestehen, fallen den Kindern zunächst leichter als Wörter mit einer unbetonten Initialsilbe wie ›Giˈraffe‹, da die erste unbetonte Silbe hier nicht in den Fuß integriert werden kann. Schließlich werden auch Wörter, die über das trochäische Grundmuster hinausgehen, z.B. ›Spiˈnat‹, mit der zielsprachlichen Betonung versehen. In Komposita wie ›Toˈmatenˌsoße‹ und ›Kaˈssettenreˌcorder‹ werden nun auch die initialen unbetonten Silben der Glieder realisiert.

Im Laufe der Entwicklung hat das Kind entdeckt, dass Wörter bei gleicher Silbenanzahl unterschiedliche Betonungsmuster aufweisen können (›ˌKapiˈtän‹ versus ›ˈKänguru‹) und wie das Betonungsmuster mit der morphologischen Komplexität von Wörtern (Simplizia versus Komposita) in Verbindung steht. Mit spätestens zweieinhalb Jahren ist die prosodische Entwicklung auf Wortebene weitestgehend abgeschlossen.

5 Erwerb lexikalischer und semantischer Fähigkeiten

War bislang von der Erkennung und der Form von Wörtern die Rede, geht es nun um die Verknüpfung von sprachlichen Einheiten mit Bedeutungen. Das Verstehen und Verwenden von Wörtern als Symbole, d.h. als arbiträre, aber konventionell festgelegte Zeichen für außersprachliche Sachverhalte und kommunikative Funktionen, ist als ein zentraler Meilenstein des Spracherwerbs zu werten. Der Lexikonerwerb umfasst den Erwerb von Wortformen und Wortbedeutungen, den Aufbau eines umfangreichen lexikalischen Repertoires in der rezeptiven und produktiven Modalität für unterschiedliche Wortarten, die Organisation von Wörtern in einem gegliederten Netzwerk und den Zugriff auf gespeicherte Lexikoneinheiten in der aktuellen Sprachproduktion (für einen Überblick zum Lexikonerwerb siehe Kauschke 2000, Rothweiler 2001, Rothweiler & Kauschke, 2007a). Der Begriff Lexikonerwerb bezieht sich nicht nur auf das Anwachsen des Wortschatzes, sondern auf den Aufbau des mentalen Lexikons als Bestandteil des kognitiv-sprachlichen Systems. Das mentale Lexikon ist ein organisiertes und aktives Speichersystem, das eine Komponente des Langzeitgedächtnisses darstellt. In ihm sind die Wörter einer Sprache repräsentiert (Schwarz 2008: 105). Das mentale Lexikon ist veränderlich, da lebenslang Auf- und Umbauprozesse stattfinden, es besitzt somit ein hohes Maß an Flexibilität (Engelkamp & Rummer 1999). Zu jeder lexikalischen Einheit müssen eine Reihe von Informationen berücksichtigt werden, die in ihrer Gesamtheit den Lexikoneintrag ausmachen. Eine Vielzahl von Informationen wird mit einer Einheit gelernt, dazu gehören:

- die Wortbedeutung, (in der kognitiven Linguistik verstanden als sprachlich relevanter Ausschnitt eines Konzeptes, in funktionalen Auffassungen verstanden als Kenntnis der Gebrauchsbedingungen eines Wortes, vgl. Kapitel 5.3 und Keller 1995)
- Aussprache, Silbenzahl und Wortakzent
- Informationen zur morphologischen Struktur des Wortes
- Informationen zur Wortart und weitere grammatische Informationen (z.B. das Genus von Nomen)
- Angaben darüber, welche semantischen Rollen die Argumente eines Verbs tragen (vgl. Kapitel 5.4.2)
- Informationen zur Verwendung der lexikalischen Einheit (z.B. umgangssprachlicher versus gehobener Stil oder mit einem Wort verbundene Konnotationen)
- nach dem Schriftspracherwerb orthographische Informationen.

Damit wird deutlich, dass der Erwerb eines Wortes in seiner Gesamtheit die aufeinander bezogene Speicherung von phonologischen, syntaktischen, morphologischen, semantischen und pragmatischen Informationen erfordert.

5.1 Wortverständnis

Um im Folgenden darzustellen, wie der Wortschatz des Kindes wächst, ist zunächst die Unterscheidung der Modalitäten wichtig. Die rezeptive Modalität bezieht sich auf das Wortverständnis, also auf das Wissen des Kindes über Wörter. In Bezug auf die produktive Modalität wird fokussiert, welchen Gebrauch das Kind von den erworbenen Wörtern macht. Diskrepanzen zwischen rezeptiven und produktiven Leistungen zeigen sich unter zeitlichen und quantitativen Aspekten: Zum einen geht das Wortverständnis der Wortproduktion zeitlich voraus, zum anderen ist der rezeptive Wortschatz umfangreicher als der expressive (Bates et al. 1995).

Welche Fähigkeiten erfordert das Verständnis eines Wortes? Wortverstehen wäre nicht möglich, wenn das Kind nicht in der Lage wäre, lautliche Einheiten, die die potentielle Gestalt eines Wortes darstellen könnten, aus dem Input herauszulösen. In den frühen Phasen der Sprachwahrnehmung (siehe Kapitel 3) hat das Kind bereits erkannt, dass es abgrenzbare Einheiten im Lautstrom gibt, die häufiger wiederkehren. Hat es derartige »akustische Pakete« extrahiert und gespeichert, ist eine Voraussetzung für das Wortverstehen erfüllt: Es stehen lautliche Einheiten zur Verfügung, die nun an eine Bedeutung gekoppelt werden können. Dazu ist die zweite Voraussetzung nötig, die über den Spracherwerb im engeren Sinne hinausgeht und in die kognitive Entwicklung hinein reicht: Der Aufbau von Konzepten durch Erfahrungen (siehe dazu auch Weinert 2004). Ebenfalls im ersten Lebensjahr hat das Kind fortlaufend Eindrücke aus der Umwelt verarbeitet und Repräsentationen von Objekten und Ereignissen aufgebaut (Hennon et al. 2000). Diese intern gespeicherten Repräsentationen der ereignisbezogenen kindlichen Erfahrungen bilden das konzeptuelle Wissen. Wird nun eine kognitive, konzeptuelle Einheit (bzw. ein Teil des Konzepts) mit einer sprachlichen Gestalt verbunden, also eine Koppelung zwischen einer Wortform mit einem ersten Bedeutungskonzept hergestellt, so ist der Grundstein für den Lexikonerwerb gelegt. Einfach gesagt: Auf der einen Seite hat das Kind eine lautliche Form wie ›Ball‹ häufig im Input gehört und diese als Einheit wahrgenommen und abgespeichert. Auf der anderen Seite hat es Erfahrungen mit runden Spielzeugen gemacht und auch dieses Wissen mental repräsentiert. Bringt es nun relevante Teile des Konzeptes und die Form zusammen, so entsteht ein Wort als sprachliches Zeichen mit einer Ausdrucks- und einer Inhaltsseite. Der Prozess des Zusammenbringens dieser beiden Komponenten wird als ›Zuordnung‹ oder *mapping* bezeichnet. Im Spracherwerb markiert er den Übergang von der akustischen zur linguistischen Analyse.

In den letzten Monaten des ersten Lebensjahres setzt das Wortverständnis in diesem Sinne ein, nun erkennt das Kind nicht mehr nur die Wortform wieder, sondern es verknüpft sie mit Bedeutung. Bates et al. (1995) stellten durch Elternbefragungsmethoden fest, dass Kinder mit acht Monaten 36 Wörter und mit 16 Monaten bereits 190 Wörter verstanden, wobei die individuelle Varianz recht groß war (mit 16 Monaten Spannweite 78 bis 303 Wörter). Der rezeptive Wortschatz von sechsjährigen Kindern wird auf 9000 bis 14000 Wörter geschätzt. Diese quantitative Entwicklung des rezeptiven Vokabulars zeugt für die beachtliche Fähigkeit von Kindern, schnell und effektiv eine wachsende Vokabularmenge zu erwerben. Für die Fähigkeit, neue Wörter schnell mit Bedeutungen zu koppeln, auch wenn der Bedeutungsgehalt noch nicht voll ausdifferenziert ist, führte Carey (1978) die Bezeichnung *fast mapping* ein. Dieser wirksame Mechanismus ermöglicht, dass Kinder sofort nach möglichen Bedeutungen suchen, wenn sie auf eine neue Wortform treffen. Sie legen dann einen ersten, rudimentären Lexikoneintrag an, der im Laufe der Zeit weiter ausdifferenziert und durch weitere Informationen angereichert wird.

Für die hier geschilderten Prozesse spielen natürlich auch Gedächtnisfähigkeiten eine Rolle. Bevor Informationen ins Langzeitgedächtnis gelangen, werden sie im Arbeitsgedächtnis, auch Kurzzeitgedächtnis genannt (Schwarz 2008: 102f), zwischengespeichert. Bezogen auf das Wortlernen bedeutet dies, dass dem phonologischen Kurzzeitgedächtnis eine große Bedeutung für den Wortschatzerwerb zukommt, denn Wortformen müssen hier zunächst verarbeitet werden, bevor sie in das mentale Lexikon, d.h. in den Langzeitspeicher für Wörter, eingehen (zur Rolle des phonologischen Gedächtnisses für den Lexikonerwerb siehe auch Rothweiler 2001 und Weinert 2004). Das phonologische Arbeitsgedächtnis stellt damit einerseits eine Voraussetzung für den Erwerb und die Speicherung von Wortformen dar, wird aber andererseits selbst durch zunehmendes Sprachwissen beeinflusst. So zeigt Weinert (2004), dass die Arbeitsgedächtnisleistung sechsjähriger Kinder durch den Wortschatzumfang mit fünf Jahren vorhergesagt werden kann.

5.2 Wortproduktion

5.2.1 Lexikalischer Zuwachs

Die Wortproduktion beginnt gegen Ende des ersten Lebensjahres mit Vorläuferformen, den so genannten Protowörtern (zu deren Charakteristika siehe Kapitel 5.3). Mit etwa 13 Monaten erscheinen dann die ersten »echten« Wörter, die sich durch eine stärkere Loslösung von einem festen Situationskontext auszeichnen (vgl. Kapitel 5.3). In dieser ersten Phase, die etwa ein halbes Jahr lang anhalten kann, wächst der Wortschatz des Kindes recht langsam an, schrittweise und allmählich werden einzelne neue Wörter hinzugewonnen.

Mit 18 bis 19 Monaten ist der Umfang des produktiven Vokabulars bei den meisten Kindern auf etwa 50 Wörter angestiegen. So ermittelten Menyuk und Kollegen (1995) bei 53 Kindern ein Durchschnittsalter von 18;4 Monaten für das Erreichen des 50-Wörter-Stadiums, mit einer individuellen Variation zwischen 15;8 und 20;9 Monaten. Das Ausmaß der Variabilität in der Vokabulargröße lässt sich anhand der Werte aus einer umfangreichen Querschnittsstudie von Bates und andere (1994) veranschaulichen, in die die Daten (Elternbefragung über Vokabularchecklisten) von mehr als 1800 Kindern eingingen. Im Alter von 1;4 verfügten die Kinder im Durchschnitt über 44 Wörter, die Spannbreite lag zwischen 0 und 347 Wörtern. Mit 1;8 Jahren betrug die durchschnittliche Vokabulargröße 170 Wörter, wobei es sowohl Kinder mit einem Vokabular von 3, aber auch von 544 Wörtern gab. Das

Vokabular eines in Robinson und Mervis (1998) beschriebenen Jungen umfasste mit 18 Monaten sogar 637 Wörter.

Zum Umfang des Wortschatzes im Deutschen führte Szagun (Szagun et al. 2006, Szagun 2007) eine Studie durch, die auf einem Elternfragebogen (FRAKIS, siehe Kapitel 2) beruhte. Für das Alter von 18 Monaten werden durchschnittlich 65 Wörter berichtet. Zweijährige Kinder erreichten einen Mittelwert von 214 Wörtern mit einer Streubreite zwischen 46 und 458 Wörtern. Mit einer etwas weniger umfangreichen Wortliste stellte von Suchodoletz (http://www.kjp.med.uni-muenchen.de/sprachstoerungen/DzS.php) durch Befragung von 683 Eltern fest, dass Kinder mit 20 Monaten im Mittel 134 Wörter produzieren (Spanne 4–406) und mit 24 Monaten bereits 214 Wörter, womit der gleiche Mittelwert wie bei Szagun (2007) gefunden wurde. Vorsichtig verallgemeinert ist somit von einer Entwicklungssequenz im ungestörten Lexikonerwerb auszugehen, nach der erste Wörter ungefähr mit dem ersten Geburtstag auftreten und der Wortschatz auf etwa 50 Wörter mit eineinhalb Jahren und etwa 200 Wörter mit zwei Jahren anwächst. Bei dieser Generalisierung sind die massiven interindividuellen Schwankungen nicht abgebildet. Dass der Wortschatz im zweiten Lebensjahr enorm anwächst, ist jedoch unstrittig und für verschiedene Sprachen belegt.

5.2.2 Wachstumsmuster

Wesentlich kontroverser als die schlichte Feststellung des quantitativen Wachstums wird die Frage nach dem Wachstumsmuster behandelt. Vielfach wurde beobachtet, dass nach der ersten Phase des eher langsamen Wachstums eine merkliche Beschleunigung stattfindet, in der die Geschwindigkeit, mit der neue Wörter erworben werden, deutlich zunimmt. Diese Beschleunigung, die zu einem sprunghaften Anstieg der Wortschatzumfangs führt, wurde unter dem Begriff »Vokabularspurt« Gegenstand zahlreicher Studien und Erklärungsversuche. Während die 50-Wort-Grenze eine punktuelle Größe ist, die sich auf einen festgelegten Vokabularumfang in einem bestimmten Alter bezieht, wird mit dem Vokabularspurt die zeitliche Dimension und damit die Wachstumsdynamik stärker beachtet. Durch die Ermittlung der Menge neu erworbener Wörter zu aufeinander folgenden Zeitpunkten können Veränderungen im Wachstumsprofil festgestellt werden, die im Falle des Spurts als plötzliche Beschleunigung der Wachstumsgeschwindigkeit erscheinen. Wie viele neue Wörter in welcher Zeit gelernt werden müssen, um als Beleg für einen Vokabularspurt zu gelten, wird sehr unterschiedlich gehandhabt; eine Zusammenstellung der bislang verwendeten Maße findet sich in Ganger und Brent (2004). Meist wurden etwa 10 neue Wörter in zwei bis drei Wochen verlangt, um einen Spurt zu identifizieren. Die 14 in Bloom und Kollegen (1993) untersuchten Kinder durchliefen den Vokabularspurt mit durchschnittlich 19;7 Monaten bei einer individuellen Variation von 15;2 bis 25;6 Monaten. Diese Studie zeigte auch, dass zwischen dem Auftretenszeitpunkt der ersten Wörter und dem Spurt ein Intervall zwischen einem und acht Monaten liegen kann. Im Einzelfall kann das sprunghafte Wachstum sehr drastisch ausfallen, wie das bemerkenswerte Beispiel eines

Jungen mit fortgeschrittener Sprachentwicklung zeigt, der im Alter von etwa 19 Monaten innerhalb einer Woche 83 neue Wörter erwarb (Robinson & Mervis 1998). Die Lexikonentwicklung dieses Kindes zeigte nach einem anfänglich langsamen Wachstum diesen markanten Spurt, worauf ein andauerndes, aber weniger starkes Anwachsen folgte. Nach einem weiteren Abflachen des Neuerwerbs von Wörtern kam es gegen Ende des zweiten Lebensjahres zu einer neuen Beschleunigungsphase, die mit 24 Monaten nochmals zu einem Zuwachs von 62 Wörtern in einer Woche führte. Dromi (1987) zeigte das sprunghafte Wachstum detailliert an einem weiteren Einzelfall auf.

Diese Beobachtungen ließen zunächst vermuten, dass die Lexikonentwicklung aller Kinder grundsätzlich durch einen Vokabularspurt gekennzeichnet sei. In einer einflussreichen Studie wiesen Goldfield und Reznick (1990) jedoch nach, dass ein abruptes Vokabularwachstum nicht bei allen Kindern zu beobachten ist. In ihrer Studie fanden sich sowohl 13 Kinder, die ihr Lexikon sprunghaft erweiterten als auch fünf Kinder mit einem graduellen Anstieg des Wortschatzes bis auf 99 Wörter. Mervis und Bertrand (1995) dagegen sehen den Spurt als grundsätzlich vorliegendes Wachstumsmuster im Spracherwerb an. Da sie in drei Fällen zeigen konnten, dass ein deutlicher Zuwachs auch später als zuvor angenommen einsetzte (durchschnittliches Alter 1;8 bei einer mittleren Wortschatzgröße von 112 Wörtern), gehen sie von einem universellen Entwicklungsverlauf mit individueller Variation hinsichtlich des Zeitpunktes aus. Anisfield und andere (1998) fanden ebenfalls spätere Phasen eines beschleunigten Zuwachses bei vier Kindern, deren Spurt bei Vokabulargrößen zwischen 71 und 213 Wörtern erfolgte.

Einen weiteren Beleg für ein spurtartiges Muster im spontanen Wortgebrauch im Deutschen liefern die Daten von Kauschke (2000, siehe auch Kauschke & Hofmeister 2002). In einer längsschnittlichen Beobachtungsstudie wurden spontansprachliche Daten von 32 Kindern im Alter von 13, 15, 21 und 36 Monaten analysiert. Alle Wörter, die während einer zehnminütigen Spielsequenz von den Kindern geäußert wurden, wurden ermittelt, wobei die Anzahl unterschiedlicher Wörter (Types) und die Anzahl sämtlicher Wörter (Tokens) separat berechnet wurden. Die Ergebnisse belegten, dass die Anzahl der von den Kindern produzierten Wörter mit zunehmendem Alter anstieg. Um das Wachstumsmuster genauer zu bestimmen, wurden Trendanalysen durchgeführt, die auf einen nonlinearen, exponentiellen Anstieg der Types und der Tokens zwischen 13 und 21 Monaten hinwiesen. Im Laufe des zweiten Lebensjahres war somit eine beschleunigte Zunahme auszumachen. Trotz einer anschließenden Abflachung der Zuwachsgeschwindigkeit nahm die Anzahl produzierter Wörter bis zum Alter von drei Jahren weiterhin deutlich zu, nun jedoch nach einem eher linearen Muster. Abbildung 2 auf der folgenden Seite illustriert den exponentiellen Anstieg des Wortgebrauchs im zweiten Lebensjahr. Zu bedenken ist, dass in dieser Studie nicht die Menge sämtlicher neu erworbener Wörter erfragt wurde, sondern die Anzahl aller Wörter ermittelt wurde, die in einem begrenzten Zeitausschnitt tatsächlich produziert wurden.

Wie umfangreich das Lexikon der Kinder insgesamt war, lässt sich durch diese Beobachtungsdaten nicht feststellen. Die Ergebnisse legen aber nahe, dass sich Zuwächse im Gesamtlexikon auch in der aktuellen Wortverwendung niederschlagen.

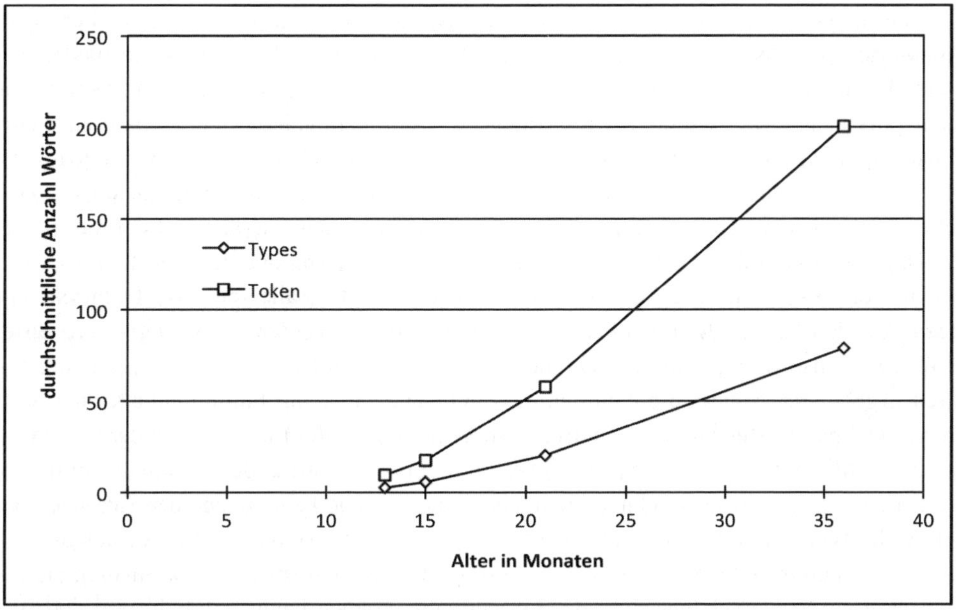

Abbildung 2: Wortschatzwachstum in der Spontansprache (aus Kauschke 2000)

Zusammengefasst konnten in empirischen Studien bislang verschiedene Zuwachsmuster an Einzelfällen oder Gruppen belegt werden: Ein schnelles und sprunghaftes Anwachsen (z.B. Goldfield & Reznick 1990, Bloom 1993, Robinson & Mervis 1998, Dromi 1999), ein treppenförmiges Muster mit mehreren kleinen Sprüngen zu verschiedenen Zeitpunkten (z.B. Clark 1993, Anisfield et al. 1998), eine ausgedehnte Spurtphase (Goldfield & Reznick 1990), eine exponentielle Wachstumskurve (z.B. Bates et al. 1995, Kauschke & Hofmeister 2002), ein graduelles, lineares Wachstum (z.B. Goldfield & Reznick 1990, Bloom 1993, Fenson et al. 1994) oder ein ein abwechselnder Verlauf von mehr oder weniger ausgedehnten Spurtintervallen und Plateaus (z.B. Menyuk et al. 1995, Goldfield & Reznick 1996, Robinson & Mervis 1998).

Diese unterschiedlichen Befunde sprechen dafür, dass es eine große Variation hinsichtlich der Wachstumsmuster des Lexikon gibt, die zum Teil sicherlich auf unterschiedliche Erhebungs- und Auswertungsmethoden zurückzuführen ist. Je länger das Intervall zwischen den Messzeitpunkten ist, umso deutlicher sichtbar können Veränderungen der Erwerbsgeschwindigkeit hervortreten. Goldfield und Reznick (1996) weisen darauf hin, dass selbst die von ihnen untersuchten Kinder mit graduellem Verlauf kurze Spurtintervalle gefolgt von längeren Plateauphasen mit einem langsamen Zuwachs zeigten. Über den gesamten Untersuchungszeitraum hinweg hatten diese Kinder jedoch ein eher inkrementelles als abrupt verändertes Wachstumsmuster. Dies bringt die Autoren zu der Vermutung, dass alle Kinder während ihrer Lexikonentwicklung sowohl sprunghafte als auch graduelle Perioden durchlaufen.

Allerdings wird das Vorliegen eines Vokabularspurts in einigen neueren, mathematisch motivierten Ansätzen gänzlich in Frage gestellt. Ganger und Brent (2004) kritisieren die methodischen Kriterien, nach denen in den meisten der oben genannten Studien ein Vokabularspurt identifiziert wurde, als unzureichend. Bei einem echten Spurt müsse ein klarer Umschlagpunkt ausgemacht werden, der die langsame Lernphase deutlich von der folgenden schnelleren abgrenzt. Mit Hilfe einer neuen Berechnungsprozedur, die diesen Umschlagpunkt erfassen kann, wurden Daten von 20 Kindern ausgewertet und darüber hinaus die Daten von Goldfield und Reznick (1990) sowie die Einzelfalldaten von Dromi (1987) reanalysiert. Es stellte sich heraus, dass nur zwei der 13 Fälle, die von Goldfield und Reznick (1990) als Kinder mit Vokabularspurt klassifiziert wurden, die strengeren Kriterien erfüllten; ebenso wenig bestätigte sich der Spurt für das von Dromi beschriebene Kind. Aus ihren Ergebnissen folgern die Autoren, dass nur bei etwa einem Fünftel aller Kinder überhaupt ein Spurtmuster im Lexikonerwerb vorliege. Auch McMurray und andere (McMurray 2007, Mitchell & McMurray 2008) bezweifeln das Konstrukt des Vokabularspurts und werten die vermeintliche Beschleunigung als mathematische Konsequenz der Tatsache, dass zahlreiche Wörter mit unterschiedlichem Schwierigkeitsgrad parallel gelernt werden müssen. Über Simulationsmodelle wurde nachgewiesen, dass sich ein sprunghafter Anstieg als statistisch erwartbares Nebenprodukt der Lernaufgabe ergeben kann. Folglich wird dem Vokabularspurt auch keine besondere Qualität im Entwicklungsprozess zugesprochen. Angesichts der Diskussion schlagen Mayor und Plunkett (2010) eine mildere Definition vor: Der Vokabularspurt ist durch ein supralineares lexikalisches Wachstum gekennzeichnet, d.h. auf eine Phase des langsamen Lernens folgt eine beschleunigte Lernrate. Ein eindeutiger Umschlagpunkt muss dafür nicht unbedingt auszumachen sein, lediglich ein Wachstum, das schneller als linear ist.

5.2.3 Interpretationen des Vokabularspurts

Das Vorliegen von – wie auch immer im Detail gearteten – spurtähnlichen Verläufen führte zu der Sichtweise, dass das Wortlernen vor und nach dem Vokabularspurt von qualitativ andersartigen Mechanismen gesteuert wird (Nazzi & Bertoncini 2003), d.h., dass ein neuer Modus des Wortlernens einsetzt, der den rapiden Neuerwerb von Wörtern auslöst. Geht man davon aus, dass das Phänomen eines supralinearen Wortschatzwachstums existiert und dass der Spurt tatsächlich eine qualitative Veränderung der Lernkapazitäten reflektiert, so muss erklärt werden, welche neuartige Fähigkeit zu diesem Umschwung führt. So unterscheiden beispielsweise Plunkett (1993) und Dapretto und Bjork (2000) die Phasen des Prä- und Postspurts und suchen nach Veränderungen in der linguistischen oder kognitiven Entwicklung von Kindern, die diesen Umschwung bedingen könnten.

Entwicklungspsychologisch motivierte Interpretationen des Vokabularspurts betonen kognitive Veränderungen, die zum Zeitpunkt des Vokabularspurts in der kindlichen Entwicklung beobachtbar sind und stellen diese in einen direkten Zusammenhang mit dem

Worterwerb. Vor allem der Fähigkeit zur Objektkategorisierung wurde dabei besondere Beachtung zuteil. Die Fähigkeit, Objekte in klar voneinander getrennte Kategorien zu sortieren, wird nach Gopnik und Meltzoff (1987) mit knapp 18 Monaten erworben. Zeitgleich oder kurz darauf war in ihrer Studie ein klarer Zuwachs an neu erworbenen Wörtern zu verzeichnen. Bei keinem Kind wurde ein Vokabularspurt berichtet, bevor es die Kategorisierungsfähigkeit erlangt hatte. Zudem zeigte sich eine hohe Korrelation zwischen dem Alter bei Erreichen der Kategorisierungsfähigkeit und dem Alter bei Erreichen des Spurts. In einer weiteren Querschnittsstudie mit 32 Kindern (Gopnik & Meltzoff 1992) wurden die Zusammenhänge zwischen Kategorisierung und Vokabularwachstum auch mit einer Variation der Kategorisierungsaufgabe bestätigt. So wurde gefolgert, dass spezifische Zusammenhänge zwischen der nichtsprachlichen Fähigkeit der Sortierung von Objekten und dem rapiden Anwachsen des Wortschatzes bestehen. Beide Phänomene werden als ein Anzeichen für die generelle Einsicht in die Tatsache, dass Objekte Kategorien zugehören, interpretiert.

Unklar bleibt die Frage nach der zeitlichen Abfolge des Erwerbs der beiden Fähigkeiten. Während Gopnik und Meltzoff (1987) zunächst annahmen, dass die Kategorisierungsfähigkeit grundsätzlich vor dem Wortschatzspurt einsetzt, räumten sie später ein (Gopnik & Meltzoff 1992), dass die zeitliche Sequenz des Erreichens der beiden Schritte aufgrund der Anlage der Studie nicht eindeutig zu bestimmen sei. In Studien von Gershkoff-Stowe und Kollegen (1997) gelang es dagegen nicht, die Befunde von Assoziationen zwischen Kategorisierungsfähigkeit und Wortschatzwachstum zu replizieren. Hinsichtlich der Reihenfolge des Erreichens der beiden Entwicklungsschritte und hinsichtlich des zeitlichen Abstandes, der zwischen beiden Leistungen lag, bestand eine starke interindividuelle Variabilität. Fortgeschrittene Fähigkeiten bei der Klassifikation wurden nicht unbedingt von einem korrespondierenden Vokabularanstieg begleitet; die Kinder mit dem höchsten Vokabular hatten nicht zwingend die besten Leistungen bei der Objektsortierung. Bei einigen Kindern erschien die Kategorisierungsfähigkeit sogar nach dem Beobachten des Vokabularspurts. Somit können die beiden Fähigkeiten nicht in einen kausalen Zusammenhang gestellt werden.

Kritik am kognitiven Erklärungsansatz äußern auch Goldfield und Reznick (1990, 1996). Träfe es zu, dass der Vokabularspurt das erworbene Wissen über Kategorien reflektiere, müsste gefolgert werden, dass Kinder ohne dieses Wachstumsmuster noch nicht über diese kognitive Einsicht verfügen. Dann stellt sich jedoch die Frage, wie manche Kinder auf kontinuierlichem Wege ein recht umfangreiches Vokabular aufbauen, ohne zu verstehen, dass Entitäten klassifiziert werden können. Der Blick auf die vorliegenden Befunde macht deutlich, dass die kognitive Fähigkeit zur Objektkategorisierung zur Erklärung des Vokabularspurts nicht ausreichen kann. Da es Kinder gibt, die den Spurt zeitlich vor der Sortierungsleistung zeigen, kann es sich bei der Kategorisierungsleistung nicht um eine notwendige Voraussetzung handeln. Andererseits ist die kognitive Erklärung nicht hinreichend, wie Fälle von Kindern mit guten Kategorisierungsleistungen ohne korrespondierende lexikalische Beschleunigung zeigen. Entwicklungspsychologisch ist die Fähigkeit zur Objektsortierung eine wichtige nichtsprachliche kognitive Funktion, die es erlaubt, Objekte aufgrund von Ähnlichkeiten als zusammengehörig zu erkennen; wobei fraglich ist, ob diese Fähigkeit in einem engen Zusammenhang zum Lexikonerwerb steht.

Smith (2000) fokussiert das Lernen von Objektbegriffen und geht davon aus, dass die Bildung von sprachlichen Kategorien für Objekte zum schnellen Wortlernen beiträgt. Mit Gattungsbegriffen als sprachlichen Kategorien wird auf eine Gruppe von Objekten (z.B. auf Hunde, Stühle etc.) referiert, die aufgrund gemeinsamer Merkmale sprachlich zusammengefasst und mit einer Bezeichnung versehen werden. In der ersten Phase des langsamen Wortlernens werden Wörter oft nur auf einen Vertreter einer Gattung bezogen (siehe Kapitel 5.3.2); allmählich lernt das Kind dann, dass sich Wörter auf ganze Kategorien beziehen. Nach dem Modell von Smith erkennen Kinder auf der Basis der Form (›Bälle sind rund, Tassen sind tassenförmig‹) Ähnlichkeiten zwischen Objekten. Die Form ist das ausschlaggebende Merkmal, um alle gleichförmigen Objekte zu einer Kategorie zusammenzuführen und diese mit einem Wort zu bezeichnen. Ein neues Wort wird auf Objekte mit gleicher Form übertragen, auch wenn sich diese in Größe, Farbe und Oberflächenbeschaffenheit deutlich unterscheiden (Landau et al. 1988). Die Ausrichtung auf die Form führt dann zu einem Lernprinzip, das das Kind dazu bringt, Objekte mit gleicher Form gleich zu benennen und auch bei neuen Wörtern auf der Basis der Form Kategorien zu bilden. Bei Wörtern für Substanzen wirkt das Material als entscheidendes Merkmal für die Kategoriebildung. Der Schritt zum Erkennen sprachlicher Objektkategorien wird als Auslöser des Vokabularspurts interpretiert.

Weitere sprachliche Entwicklungsschritte wurden auf ihren Zusammenhang zum Vokabularspurt untersucht. Als erstes wären Einflüsse phonetischer oder phonologischer Art zu nennen. Clark (1993) nimmt an, dass der Spurt zumindest teilweise durch eine Ausdifferenzierung artikulatorischer Steuerprogramme erklärt werden kann, die zu einer leichteren und schnelleren motorischen Koordination führt. Elsen (1999) weist in ihrer Tagebuchstudie auf Zusammenhänge zwischen phonetisch-phonologischen und lexikalischen Entwicklungsschritten hin, denn bei dem von ihr beobachteten Kind waren ein plötzlicher Vokabularanstieg einerseits und Verbesserungen der phonologischen Fähigkeiten andererseits zeitgleich zu beobachten (vgl. Kapitel 3). Fortschritte im Lautinventar und im Bereich der Silbenstrukturen ermöglichten, dass vereinfachte kindersprachliche Wortformen aufgegeben und neue Wörter ins Lexikon aufgenommen werden konnten. Plunkett (1993) postuliert, dass Fortschritte in der Wortsegmentation und damit verbundene Verbesserungen in der Repräsentation von Wortformen den Vokabularspurt auslösen.

Für Anisfield und andere (1998) sind syntaktische Entwicklungsprozesse entscheidend, da die lexikalische Beschleunigung häufig mit dem Beginn kombinatorischer Äußerungen zeitlich zusammentreffe. Die wachsende syntaktische Aktivität erzeuge die Notwendigkeit, komplexere und spezifischere Inhalte auszudrücken als in der Phase der Einwortäußerungen, so dass sich ein erhöhter Bedarf an neuen Lexikoneinträgen ergebe. In diesem Sinne motiviere die Fähigkeit, Wortkombinationen zu produzieren, wiederum den schnellen Erwerb neuer Wörter. Gegen das Zurückführen des Spurts auf den Beginn von Wortkombinationen sprechen allerdings Einzelbeispiele von Kindern (z.B. in Clark 1993: 22ff.), die die beiden Meilensteine sukzessive durchlaufen und erst nach einem sprunghaften Wortschatzwachstum mit Kombinationen beginnen.

Auch Veränderungen und Mechanismen in der lexikalischen bzw. semantischen Entwicklung selbst wurden hinsichtlich ihrer Bedeutung für den Vokabularspurt untersucht. Für Goldfield und Reznick (1996) ist der Spurt möglich, wenn zuvor eine kritische Menge an Wörtern gespeichert wurde. Der Erwerb der ersten symbolischen Wörter könnte noch schrittweise, an einzelne Lexeme gebunden, erfolgen und die frühen kontextgebundenen Vorformen allmählich ablösen (vgl. Kapitel 5.3.1). Erst ein bestimmter Umfang des Lexikons bewirke dann, dass die Symbolfunktion als generelle Eigenschaft von Wörtern in den Vordergrund rücke. Auch für Bloom (1993) ist der Erwerb einer kritischen Menge früher Wörter ein Einstieg in und Auslöser für sprachsystematische Prozesse, die zum allmählichen Aufbau des mentalen Lexikons führen. Faktoren im Lexikon selbst treiben hier die weitere lexikalische Entwicklung voran (auch Gershkoff-Stowe et al. 1997). Auf der lexikalischen Ebene heben Mayor und Plunkett (2010) besonders die Fähigkeit zum *fast mapping* hervor, die zu einem leichteren und damit schnelleren Worterwerb führen könne. Woodward und andere (1994) zeigten aber in einer Experimentserie, dass die generelle Fähigkeit, neue Objekte mit einem neuen Namen zu verbinden und diese Form-Bedeutungs-Verknüpfung zu speichern, schon mit 13 Monaten, also lange vor dem Vokabularspurt nachweisbar ist. Angesichts der guten frühen Wortlernfähigkeiten in der rezeptiven Modalität müsse ein nichtlineares Wachstumsmuster in der Wortproduktion andere Gründe haben.

Schließlich brachten Mills und Kollegen (1997, 2005) neurobiologische Aspekte in die Diskussion ein (siehe auch Friederici 2005). Mit Kindern zwischen 13 und 20 Monaten wurden EKP-Studien zum Erkennen von bekannten und unbekannten Wörtern durchgeführt. Bei Kindern zwischen 13 und 17 Monaten wurden beim Hören von Wörtern Reaktionen des Gehirns bilateral (auf beiden Hemisphären) nachgewiesen. Mit 20 Monaten dagegen wurden die Effekte nur noch in spezifischen Regionen der linken Hemisphäre gefunden. Für das frühe Wortlernen scheint also die rechte Hemisphäre eine bedeutende Rolle zu spielen, später findet eine Umorganisation statt. Die altersabhängigen Effekte deuten darauf hin, dass im zweiten Lebensjahr markante Veränderungen in der neuronalen Aktivität stattfinden, die in Zusammenhang mit dem Vokabularspurt gesehen werden. In einem späteren Wortlernexperiment mit Objektbegriffen konnten Mills und andere (2005) präzisieren, dass die rechte Hemisphäre vor allem dann involviert ist, wenn neue Verbindungen zwischen Wortformen und Bedeutungen gelernt werden, auch noch mit 20 Monaten. Mit zunehmender Vertrautheit mit den Wörtern werden die Verbindungen zwischen Wort und Objekt offenbar gestärkt und stärker linksseitig verarbeitet. Die entstehende neuronale Spezialisierung ist somit möglicherweise weniger ein Effekt des Alters als der Vertrautheit mit Wörtern.

Der hier aufgezeigte Diskussionsstand vermittelt, dass es derzeit keine einhellige Position dazu gibt, ob der Vokabularspurt überhaupt ein erklärungsbedürftiges Phänomen darstellt und wenn ja, welches die adäquate Interpretation ist. Sicherlich kann zu gegenwärtigen Zeitpunkt kein einzelner Faktor ausgemacht werden; plausibler ist, dass kognitive, linguistische und neurobiologische Faktoren interagieren und den Verlauf des Lexikonerwerbs beeinflussen.

5.3 Bedeutungsentwicklung

Bislang war vorrangig vom Wortschatzwachstums in quantitativer Hinsicht die Rede, d.h. es ging darum, in welchem Alter und in welchem Umfang Kinder Wörter verstehen und produzieren. Als nächstes wird der Blick auf die Bedeutungsentwicklung im engeren Sinne gerichtet: Mit welchem Bedeutungsinhalt verbindet das Kind die Wortformen und wie verändern sich die kindlichen Bedeutungen im Verlauf der Entwicklung?

Bei der Auseinandersetzung mit diesen Fragen gilt es zu bedenken, dass zum theoretischen Konstrukt ›Bedeutung‹ sehr unterschiedliche Auffassungen bestehen (Kuczaj 1999). Keller (1995) unterscheidet diesbezüglich repräsentationale und instrumentalistische Ansätze. Repräsentationale Auffassungen definieren sprachliche Zeichen als Mittel zur mentalen Repräsentation von Gegenständen oder Sachverhalten und fragen damit nach dem Bezug eines (sprachlichen) Zeichens zur Welt der Dinge bzw. zur Domäne der kognitiven Einheiten. Theorien der kognitiven Linguistik und Semantik basieren meist auf repräsentationalen Bedeutungsauffassungen. Dementsprechend werden Wortbedeutungen im Rahmen der kognitiven Linguistik als einzelsprachspezifische Ausschnitte des konzeptuellen Wissens (Schwarz 2008: 113f) verstanden. Während ein Konzept die gesamte mentale Repräsentation der Erfahrungen mit Objekten, Handlungen oder Ereignissen umfasst, bezieht sich die sprachliche Bedeutung auf die Anteile des Konzepts, die in der jeweiligen Sprache kodiert werden. Was den Kern der Wortbedeutung ausmacht, wird theoretisch unterschiedlich modelliert. Bedeutung kann anhand typischer semantischer Merkmale der Referenzobjekte oder unter Bezug auf Prototypen erfasst werden. Andere Modelle gehen davon aus, dass Bedeutung stärker erfahrungsabhängig auf der Basis von mental gespeicherten Situations- und Handlungsschemata entsteht: Das Wissen über Wörter wird an Weltwissen über bekannte Standardsituationen geknüpft.[6]

In Abgrenzung von repräsentationalen Ansätzen steht in funktionalistischen oder instrumentalistischen Bedeutungsauffassungen der Gebrauch von Wörtern in der kommunikativen Praxis im Vordergrund. Wörter erhalten Bedeutung, da ihr geregelter Gebrauch in einer bestimmten Sprache ihnen kommunikative Funktion verleiht. Erst aufgrund der Summe der individuell erfahrenen Gebrauchsbedingungen entstehen Begriffe als mentale Korrelate (Keller 1995: 82). Keller (1995: 73) weist darauf hin, dass die beiden konträren Auffassungen sich nicht vollständig gegenseitig ausschließen, sondern Antworten auf unterschiedliche Fragen geben: Die Frage, wie sich ein Wort auf ein kognitives Konzept über Phänomene der außersprachlichen Welt beziehe, sei ebenso berechtigt wie die Frage, wie

---

[6] Vgl. z.B. Schwarz (2008) zu verschiedenen Bedeutungstheorien.

dieser Bezug zur Welt von den Sprechern hergestellt und realisiert werde. Die Erklärungsansätze zum Lexikonerwerb, die in Kapitel 5.5 erörtert werden, lassen sich in diesem Sinne als Versuche verstehen, unterschiedliche Aspekte des Bedeutungserwerbs zu erklären.

5.3.1 Eigenschaften früher Wörter

Wenn Wörter als arbiträre und konventionelle Symbole verstanden werden, dann beruht der Bedeutungserwerb darauf, dass das Kind versteht, dass ein Wort eine bedeutungsvolle Lautkette ist, die verwendet werden kann, um etwas anderes zu repräsentieren (Kuczaj 1999: 139) bzw. um bestimmte kommunikative Funktionen zu erfüllen. Wie bereits in Kapitel 5.2.1 angedeutet wurde, ist der Symbolgehalt von Wörtern bei Kindern in der frühen Phase des Lexikonerwerbs noch nicht voll ausgeprägt. Häufig beginnt das Kind mit Protowörtern, mit denen es sich (im Gegensatz zu Formen des Babbelns) erkennbar auf Gegenstände oder Situationen bezieht. Allerdings sind solche Protowörter noch in spezifische Handlungs- und Situationszusammenhänge eingebettet. Die Äußerungen ähneln in ihrer Form konventionellen Wörtern der Muttersprache und werden mit einer gewissen phonetischen Konsistenz geäußert. Betrachtet man jedoch ihre Verwendung genauer, so fällt auf, dass sie nicht aus ihrem zugehörigen Handlungskontext gelöst und in anderen Situationen gebraucht werden können. Barrett (1995) nennt als Beispiele für den kontextgebundenen Protowortgebrauch ein Kind, das das Wort ENTE nur dann produziert, wenn es gleichzeitig seine Spielzeugente über den Badewannenrand wirft. Hier wird ein Wort an eine Situation gekoppelt, die für den korrekten Gebrauch dieses Wortes nicht zwingend ist. Ein weiteres Beispiel von Barrett (1995) ist ein Kind, welches das Wort BYE nur während des Auflegens eines Telefonhörers äußert.[7] In diesem Fall hat das Kind noch nicht die Gesamtheit der Ereignisse erfasst, in denen das Wort ›bye‹ sinnvoll gebraucht werden kann. Beide Beispiele machen deutlich, dass derartige Wortproduktionen dem aktuellen Kontext durchaus angemessen sind, das Kind jedoch noch keine Abkopplung von einem festgelegten Handlungszusammenhang vollzogen hat. Ein Kennzeichen für symbolischen Wortgebrauch ist dagegen die kontextflexible Verwendung. Die Protowörter zeigen somit aufkeimende referentielle bzw. sprachlich-kommunikative Fähigkeiten an, ohne die Kriterien echter Wörter zu erfüllen.

Nach oder auch parallel zu der Phase der Protowörter erscheinen die ersten »echten« Wörter, d.h. eine konventionell festgelegte Wortform tritt als Zeichen situationsunabhängig (d.h. nicht notwendigerweise auf einen bestimmten situativen Zusammenhang beschränkt)

---

7 Tatsächlich belegte kindliche Äußerungen, die der Literatur entnommen sind oder eigene Belege darstellen, werden im laufenden Text in KAPITÄLCHEN notiert. Da die lautliche Form in diesen Zusammenhängen nicht ausschlaggebend ist, wird auf eine phonetische Transkription verzichtet. Längere Transkripte kindlicher Äußerungen bzw. von Mutter-Kind-Dialogen werden in einem eigenen Absatz aufgeführt.

und mit einem festen inhaltlichen Bezug auf (Kauschke 2000). Nazzi und Bertoncini (2003) definieren genuine Wörter als Verbindungen eines phonologisch spezifizierten Lautmusters mit einem Konzept. Kamhi (1986) nennt als Kriterien für »echte« Wörter, dass diese symbolisch autonom, semantisch kohärent und phonetisch konsistent verwendet werden. Mit symbolischer Autonomie ist die Ablösung vom unmittelbaren Kontext gemeint. Semantische Kohärenz ist gegeben, wenn das Kind eine Wortform nicht mit beliebigen Inhalten verbindet, sondern erkennbar an bestimmte Konzepte von Objekten oder Ereignissen knüpft, zwischen denen eine Verbindung besteht. Diese Bedeutungszuweisung ist durchaus noch vorläufig und muss nicht mit der exakten Bedeutung in der Muttersprache übereinstimmen. Phonetische Konsistenz meint, dass eine wiedererkennbare Wortform produziert wird. Dies schließt nicht aus, dass die frühen Wortformen noch gewisse Inkonsequenzen zeigen (vgl. Kapitel 4).

Strittig ist in der Forschung, ob die Kriterien für echte Wörter bereits in der ersten Phase des langsamen Worterwerbs oder erst in der Phase des Vokabularspurts vollständig erfüllt werden (vgl. Kapitel 5.2.3). Wahrscheinlich existieren im frühen Lexikon kontextgebundene Protowörter und Wörter, die von Anfang an situationsunabhängig gebraucht werden, nebeneinander. Für die verbleibenden kontextgebundenen Formen geschieht eine allmähliche Dekontextualisierung. Die Möglichkeit, Wörter referentiell zu verwenden, wird offenbar nicht gleichzeitig und plötzlich auf sämtliche Items übertragen, sondern Wort für Wort verwirklicht (Lucariello 1987, Harris et al. 1988, Dromi 1999). Kinder nehmen allmähliche Modifikationen im Wortgebrauch vor, die schließlich in die konstante Fähigkeit zum kontextflexiblen und symbolischen Wortgebrauch münden.

Barrett (1995) postuliert in seinem *multiroute model*, dass der Weg zum zielsprachlichen Wortgebrauch für kontextgebundene und sozial- pragmatische Wörter (wie z.B. ›nein‹ oder ›bitte‹) auf der einen und für referentielle Wörter (z.B. Nomen wie ›Ente‹) auf der anderen Seite unterschiedlich verläuft. Die erste Kategorie von Wörtern ist eng an eine ganzheitliche Ereignisrepräsentation gekoppelt, die allmählich in einzelne Bestandteile aufgegliedert und modifiziert wird. Referentielle Wörter dagegen werden anfangs mit einem prototypischen Referenten verbunden und nach und nach reorganisiert, bis die Bedeutung und Gebrauchsweise mit der konventionell festgelegten übereinstimmt. Dieses Modell berücksichtigt die Tatsache, dass referentielle Wörter (z.B. Gattungsbegriffe) und sozialpragmatische Wörter (z.B. Grüße) in unterschiedlicher Weise an außersprachliche Konzepte bzw. an spezifische Situationen gebunden sind und daher unterschiedlichen Entwicklungswegen folgen müssen.

5.3.2 Veränderungen der extensionalen Reichweite

Wesentlich für den Bedeutungserwerb ist die Feststellung, dass die Bedeutungen, die Kinder mit Wörtern verbinden, nicht deckungsgleich mit den erwachsenensprachlichen Wortbedeutungen sind. Für referentielle Wörter im frühen Lexikon ist charakteristisch, dass die Intension (die semantischen Merkmale, die mit dem Lexikoneintrag gespeichert werden) und die Extension (die Menge von Referenten, auf die mit dem Wort Bezug genommen werden kann) noch nicht der Zielsprache entsprechen. Vor allem Verletzungen der extensionalen Reichweite sind vielfach beschrieben worden (Barrett 1995).

Wird die Extension zu eng angesetzt, wendet das Kind ein Wort nicht auf alle oder mehrere Vertreter der Gattung an, sondern nur auf spezifische Vertreter, z.B. wird das Wort ›Hund‹ nur für den eigenen Hund oder nur für kleine, schwarze Hunde gebraucht oder das Wort ›Flasche‹ nur für Kinderfläschchen, nicht jedoch für andere Arten von Flaschen. Zu beachten ist, dass diese Wörter zwar in einem eingeschränkten Sinn verwendet, in diesem aber bereits kontextflexibel eingesetzt werden. Es handelt sich somit nicht um Protowörter, sondern um echte, referentielle Wörter, denen in der Terminologie der Merkmalssemantik zu viele Bedeutungsmerkmale zugeschrieben werden (z.B. Hund = Tier, vier Beine, Fell, klein, schwarz) und die daher nur auf einen begrenzten Ausschnitt der möglichen Referenten bezogen werden. Oft ist der erste Wortgebrauch durch derartige Bedeutungsverengungen gekennzeichnet.

Das konträre Phänomen, die Übergeneralisierung oder Überdehnung, ist ebenfalls typisch für die frühe Lexikonentwicklung. Nach merkmalstheoretischer Sichtweise werden hier zu wenige semantische Merkmale abgespeichert (z.B. Hund = Tier, vier Beine, Fell), so dass die Menge der Referenten ausgeweitet wird (z.B. HUND als Bezeichnung auch für Schafe, Kühe und Katzen). Bei Übergeneralisierungen wird ein hervorstechendes Bedeutungsmerkmal auf ähnliche Referenten ausgedehnt, obwohl diese in der Zielsprache nicht mehr unter diesen Gattungsbegriff fallen. Beispielsweise bezieht sich ein Kind mit dem lautmalerischen Wort SCH auf alle sich bewegenden Maschinen oder mit dem Wort BALL auf der Basis der Formähnlichkeit auf andere runde Objekte wie Äpfel (Beispiele aus Szagun 2006: 137).

Wenn derartige Übergeneralisierungen auf unzureichend ausdifferenziertes Kategoriewissen zurückgehen, müssten sie sich ebenfalls in der rezeptiven Modalität zeigen. Nur dann handelt es sich nach Barrett (1995) um ›kategoriale‹ Übergeneralisierungen. Übergeneralisierungen sind jedoch häufig produktive kommunikative Strategien, die sich nicht in der rezeptiven Modalität spiegeln müssen. Vielmehr dienen sie dazu, mit aktuellen Problemen des lexikalischen Zugriffs oder der Aussprache umzugehen. Obwohl ein Kind beispielsweise KUH zu einem Pferd sagt, wird es möglicherweise die Frage »Ist das ein Pferd?« beim Anblick einer Kuh verneinen (Naigles & Gelman 1995). Mit anderen Worten, aus sprachproduktiven Übergeneralisierungen lässt sich nicht direkt auf das Kategorienwissen des Kindes schließen (zum Status von Übergeneralisierungen siehe auch Gershkoff-Stowe et al. 2006).

Eine weitere Art der extensionalen Verletzung ist nach Barrett (1995) die Überlappung: Hier wird ein Wort gleichzeitig zu eng und zu weit gefasst (das Wort SCHIRM wird nur auf offene, nicht auf geschlossene Schirme bezogen, aber auch auf große Blätter und Drachen, Beispiel aus Barrett 1995).

Einen allmählichen Wandel von einem zunächst eingeengten Wortgebrauch über eine anschließende Übergeneralisierung hin zum zielsprachlichen Bedeutungskern beschrieben

Stern und Stern (1928: 22) anhand der Verwendung des Wortes WAUWAU, das von der Tochter Hilde erstmals mit 1;2 Jahren geäußert wurde, und zwar »zuerst für grauen Stoffhund, darauf für graue Stoffkatze und für kleinen Gummihund. Bald auch zu lebendigen Hunden, seit 1;3 auch beim bloßen Hören von Hundegebell und beim Anblick abgebildeter Hunde«. Barrett (1995) gibt weitere Beispiele für derartige dynamische Veränderungen der extensionalen Reichweite. So benennt ein Kind mit dem Wort CAR zunächst sowohl Autos als auch Lastwagen, nach dem Erwerb des Wortes TRUCK verwendet es dann kurzzeitig beide Begriffe gleichbedeutend im Wechsel, bevor sich die Wörter gegenseitig ausschließen und nur auf ihre jeweiligen Referenten bezogen werden.

Am Ende dieser Entwicklung hat das Kind die Gebrauchskriterien für die Wörter in seiner Sprache erfasst und gelernt, wie und wofür die Wörter zielorientiert und korrekt verwendet werden.

5.3.3 Inhalte und Strukturierung des kindlichen Lexikons

Inhaltlich spiegelt sich im frühen Lexikon die konkrete Erfahrungswelt des Kindes wider, d.h. das Kind bezieht sich auf direkt wahrnehmbare Phänomene seines Alltagslebens, wie schon Stern und Stern beschrieben:

> Das Kind wählt naturgemäß pädozentrisch: seine Umgebung, seine Interessen: Eltern, Geschwister, Wärterin, Spielsachen und Tiere, Eßbares und Trinkbares, Tönendes und Bewegtes, bilden das ausschließliche Material für seinen ersten Wortschatz. (Stern & Stern 1928: 195)

In Zuge der fortschreitenden Lexikon- und Bedeutungsentwicklung erschließt das Kind eine wachsende Anzahl semantischer Felder und differenziert seinen Wortschatz innerhalb dieser Felder weiter aus. Der Wortschatz wächst »in die Breite«, da stetig neue Wörter hinzukommen. Obwohl die Inhalte des Wortschatzes weiterhin überwiegend auf die direkt wahrnehmbare Erfahrungswelt ausgerichtet sind, treten durchaus auch nicht-dingliche Inhalte auf (siehe unten). Typische konkrete Inhaltskategorien sind Menschen, Objekte (aus Feldern wie Tiere, Spielzeug, Kleidung, Lebensmittel, Haushaltsgegenstände, Fahrzeuge), Aktivitäten, Bewegungen, Orte und Ereignisse. Objektbegriffe sind in dieser Phase meist auf der Basisebene angesiedelt, zum Beispiel produzieren Kinder das Wort ›Hund‹ früher als das übergeordnete Wort ›Tier‹ oder das untergeordnete Wort ›Dackel‹. Eine starke Neigung zu Basisbegriffen, d.h. von Begriffen mit einem mittleren Allgemeinheitsgrad, wurde vielfach als Charakteristikum des frühen Wortschatzes beschrieben (Waxman et al. 1991, Siegler et al. 2005). Kinder empfinden es als einfacher und natürlicher, Basisbegriffe zu erlernen als Oberbegriffe (P. Bloom 2000). Dies ist nicht verwunderlich, da Basisbegriffe auch bei Erwachsenen privilegiert sind, denn sie sind leichter vorstellbar, tragen einen hohen Informationsgehalt und die Wortformen sind oft morphologisch einfach und hochfrequent.

Ein wichtiger weiterer Schritt der Lexikonentwicklung ist daher das Wachstum des Wortschatzes »in die Tiefe« durch den Erwerb von Begriffen auch auf über- und untergeordneten hierarchischen Ebenen (Hyperonyme und Hyponyme). Trotz der Bevorzugung der

Basisebene tauchen vereinzelte Oberbegriffe früh in der Spontansprache auf (Waxman & Gelman 1986). Drei- bis vierjährige Kinder können super- und subordinierte Begriffe gezielt produzieren, wenn diese elizitiert werden (Waxman 1990, Waxman et al. 1991, Waxman & Hatch 1992). Altersabhängige Veränderungen in der Struktur des Nomenlexikons im Deutschen zeigen Kauschke und andere (2010) auf, die die Verwendung von Begriffen unterschiedlicher hierarchischer Ebenen in der Spontansprache bei zwei Gruppen von Kindern im Alter von vier und neun Jahren in einer Querschnittsstudie untersuchten. Wie Abbildung 3 illustriert, nahmen konkrete Objektbezeichnungen auf der Basisebene den größten Anteil des Nomenlexikons ein, aber auch übergeordnete Begriffe waren schon mit vier Jahren vorhanden. Bei den älteren Kindern dominierten die Basisbegriffe nicht mehr ganz so stark, weil subordinierte, aber auch abstrakte Begriffe hinzutraten. Das Nomenlexikon wird somit im Laufe des Vorschul- und Schulalters zunehmend differenzierter.

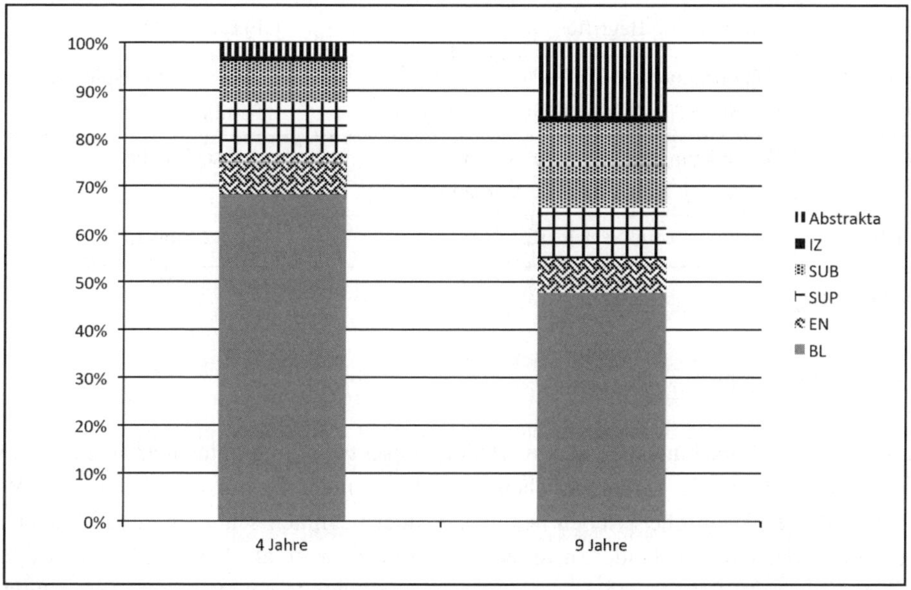

Abbildung 3: Struktur des Nomenlexikons (eine Legende zur Abbildung findet sich in der Tabelle auf der folgenden Seite)

Neben der taxonomischen, hierarchisch gegliederten Struktur des Nomenlexikons (Beispiel: Möbel – Tisch – Schreibtisch) erwirbt das Kind Wörter, die in weiteren semantischen Zusammenhängen stehen. Dazu gehören die Bedeutungsgleichheit (Synonymie: Karotte – Möhre), Oppositionsbeziehungen (Antonymie: heiß – kalt; Kontradiktion: tot – lebendig und Konversion: ziehen – schieben) oder die Teil-Ganzes-Beziehung (Meronymie: Ärmel – Pullover). Beim Erwerb von Adjektiven, die in Oppositionsbeziehungen zueinander stehen, lernen Kinder Wörter, die für die Extrempole eines Kontinuums stehen (z.B. ›heiß‹ und ›kalt‹) vor Wörtern, die Zwischenstufen anzeigen (z.B. ›warm‹ und ›kühl‹, Kuczaj 1999).

Damit verfügt das Kind nicht nur über neue Wörter und Wortbedeutungen, sondern es beherrscht zunehmend strukturelle Beziehungen zwischen Wörtern, speichert Einträge im mentalen Lexikon dementsprechend ab und baut damit ein gegliedertes Netzwerk auf (Aitchison 1994, Kuczaj 1999). Mit wachsendem Vokabularumfang gewinnt dieser Aspekt an Bedeutung. Um effektiv auf Wörter zuzugreifen und in der aktuellen Sprechsituation schnell das passende Wort abzurufen, ist die Gliederung des Lexikons hinsichtlich semantischer Relationen eine enorme Hilfe.

Abkürzung	Kategorie	Beispiele aus dem Korpus
BL	Begriffe der Basisebene: Gattungs- und Stoffbezeichnungen	Topf, Mann, Milch
EN	Eigennamen	Tini
SUB	Subordinierte Begriffe	Erdbeereis, Exmann
SUP	Superordinierte Begriffe: Oberbegriffe und Sammelbezeichnungen	Lebensmittel, Spielzeug, Familie
IZ	Bezeichnungen für innere Zustände z.B. Gefühle oder mentale Vorgänge	Angst, Glaube
Abstrakta	Sonstige abstrakte Begriffe	Krieg, Freiheit

Tabelle 10: Legende zur Abbildung 3

5.3.4 Wörter und innere Zustände

Ein interessanter Forschungsbereich zur Bedeutungsentwicklung untersucht, wann und wie Kinder innere Zustände versprachlichen und damit nicht Bezug auf die äußere Welt, sondern auf das psychische Erleben nehmen. Kinder beginnen schon ab etwa 18 Monaten über innerpsychische Zustände zu sprechen (Bretherton et al. 1981). Mit 20 Monaten wenden 30%, mit 30 Monaten bereits 90% aller Kinder Benennungen für verschiedene gefühlsmäßige und körperlich wahrnehmbare Zustände an (Bretherton & Beeghly 1982). Nach den Ergebnissen verschiedener Studien verfügen Kinder ab dem dritten Lebensjahr über Wörter für Emotionsausdrucksverhalten (z.B. ›weinen‹), für Absichten und Wünsche (›wollen‹), für physiologische Zustände (wie Hunger oder Müdigkeit) und für Emotionen (z.B. ›freuen‹, ›Angst‹). Damit drücken sie innere Zustände von sich selbst oder von anderen aus (Bretherton et al. 1981, 1986, Bretherton & Beeghly 1982, Ridgeway & Waters 1985, Brown & Dunn 1991). Wörter, die sich auf mentale oder kognitive Zustände beziehen (vor allem mentale Verben wie ›denken‹ oder ›wissen‹), werden etwas später, etwa ab einem Alter von 2;8 Jahren beobachtet. Kinder produzieren laut einer Studie von Shatz und anderen (1983) zwar schon früher einige mentale Verben, dann jedoch in idiomatisierten Wendungen (*I don't know*) oder als Floskeln zur Aufrechterhaltung der Interaktion (*you know*).

Das Sprechen über Inneres wurde auch bei Deutsch sprechenden Kindern längsschnittlich untersucht, indem alle in der Spontansprache auftretenden Ausdrücke, die mit innerpsychischen Zuständen in Verbindung stehen, klassifiziert wurden. Dazu liegen Ergebnisse aus verschiedenen Teilstudien vor, die auf jeweils unterschiedlichen Ausschnitten des selben Korpus beruhen.[8] Zunächst zeigen die Ergebnisse klar, dass Wörter für innerpsychische Zustände im Laufe des zweiten und dritten Lebensjahres zwar eine Minderheit des kindlichen Wortschatzes ausmachen, ihr Anteil am Gesamtlexikon aber ansteigt. In der Studie von Klann-Delius und Kauschke (1996) wurden Anteile von knapp 2% mit 23 Monaten, von 3,4% mit 30 Monaten auf und von 6,6% mit 36 Monaten ermittelt. In einer späteren Untersuchung (Kauschke 2007b), die auch Partikeln mit berücksichtigte, deren Bedeutungsgehalt zwar nicht direkt auf Inneres verweist, die aber durchaus die gefühlsmäßige Haltung oder die Sprechersicherheit zu einem Sachverhalt vermitteln, stieg der Anteil von Ausdrücken, die sich auf Inneres beziehen, bei den Kindern von 2% mit 15 Monaten auf 9% mit 36 Monaten an. Mütter verwendeten zu diesen Zeitpunkten 7% bzw. 18%.

Die Äußerungen wurden Kategorien von Ausdrucksweisen zugeordnet (siehe Tabelle 11). Die Ergebnisse, die in Abbildung 4 dargestellt sind, zeigen, dass die Kinder mit wenigen Kategorien starteten, wobei Ausdrücke für physiologische, körperlich wahrnehmbare Zustände überwogen (Beispiele: WACH, SONST FRIERN DIE DOCH). Nach und nach differenzierte sich das Vokabular für innere Zustände aus. Ab 18 Monaten sprachen Kinder über Wünsche (Beispiel: WILL NICH LESN) und Emotionen (Beispiel: MAMA ANGST); ab zwei Jahren stiegen Wörter für intentionale Zustände (Kategorie »Modalität«, Beispiel: DU DARFST DAS) an. Partikeln, die eine Perspektive auf den Sachverhalt vermitteln, machten insgesamt einen großen Teil aus, ebenso Wörter aus der Kategorie »Modalität«. Nur wenige Wörter bezogen sich auf mentale, kognitive Inhalte (Beispiel: HABS VERGESSEN).

Physiologie und Perzeption	Wahrnehmungen und körperliche Zustände z.B. ›Hunger haben‹, schmecken‹
Emotion	Emotionen und Emotionsausdrucksverhalten z.B. ›traurig‹
Modalität	Fähigkeit, Volition, Obligation, Moral z.B. ›können‹, ›sollen‹, ›dürfen‹, ›richtig/falsch‹
Kognition	Mentale Zustände z.B. ›wissen‹, glauben‹
Partikeln	Gewissheit der Aussage, z.B. ›eigentlich‹, tatsächlich‹ Graduierung, z.B. ›ganz‹, ›sehr‹

Tabelle 11: Klassifizierung von Ausdrucksweisen innerer Zustände

8 Explorative Studie mit neun Kindern im Alter von 23, 21 und 36 Monaten: Klann-Delius & Kauschke 1996, Kauschke & Klann-Delius 1997; Daten von 32 Kindern im Alter von 13, 15, 21 und 36 Monaten: Kauschke 2000 und schließlich ein umfangreicherer Datensatz von 33 Kindern und Müttern im Alter von 15, 18, 24, 30 und 36 Monaten: Kauschke 2007b. Zur Datenbasis, die allen Teilstudien zugrunde liegt, siehe Fußnote 2.

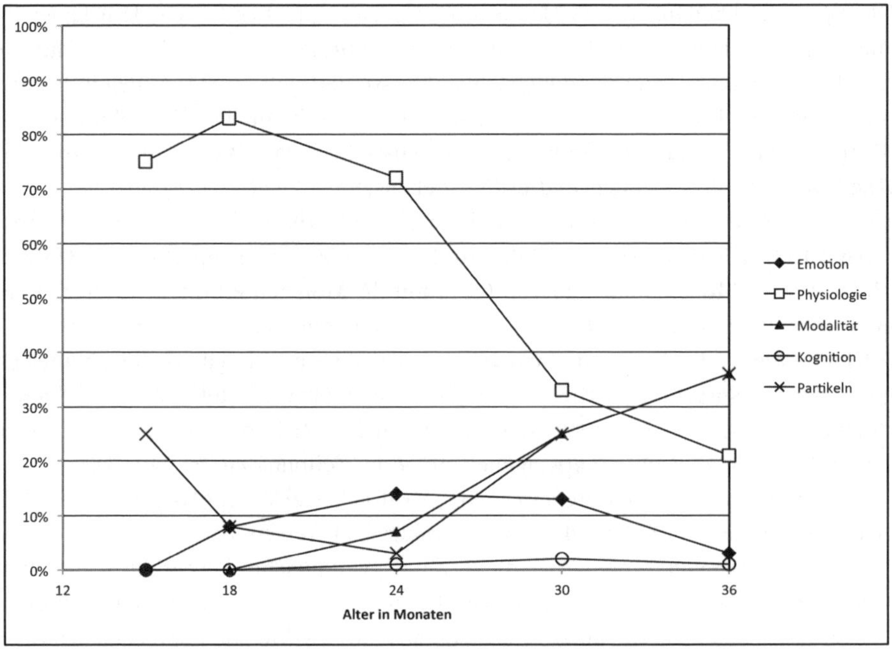

Abbildung 4: Entwicklung von Ausdrucksweisen innerer Zustände

Im Ganzen bestätigte sich die auch für andere Sprachen gefundene Entwicklungssequenz vom körperlich Wahrnehmbaren zum Vorgestellten. Worauf sich die innerpsychischen Ausdrücke bezogen, war bei den Kindern anfangs oft unklar, allmählich bezogen sie sich dann eindeutiger auf innere Zustände von sich selbst, von Spielobjekten oder von ihren Müttern. Die Mütter dagegen sprachen überwiegend über die inneren Zustände ihrer Kinder, sie versetzten sich offensichtlich in die Wünsche und Bedürfnisse der Kinder hinein und verbalisierten diese.

5.4 Erwerb der Wortarten

Bis hierher wurde gezeigt, dass der Wortschatz von Kindern rapide anwächst, indem Wörter aus unterschiedlichen semantischen Feldern erworben werden, die sich sowohl auf die äußere Welt als auch auf das innere Erleben beziehen. Dabei verändert sich der Bedeutungsgehalt von Lexikoneinträgen allmählich, bis die Bedeutungen der Muttersprache etabliert sind. Gleichzeitig wird das mentale Lexikon als gegliedertes Netzwerk organisiert. Ein weiterer relevanter Aspekt des Lexikonerwerbs ist die Entwicklung von Wortarten. Jeder Lexikoneintrag enthält neben Informationen über die Wortform und die Bedeutung auch Informationen über die syntaktische Kategorie, der das Wort angehört. Wortarten ergeben sich durch die Einteilung des lexikalischen Inventars in Klassen von Wörtern mit ähnlichen Eigenschaften. Obwohl alle Sprachen Wörter unterschiedlicher Kategorien enthalten, ist eine sprachübergreifende Klassifikation kaum möglich (Rauh 2000), da sich das Wortarteninventar von Sprachen in Abhängigkeit von der grammatischen Struktur der Sprache unterscheidet. Aufgrund dieser engen Verzahnung mit dem Grammatikerwerb sind hinsichtlich der Wortartenentwicklung mehr einzelsprachspezifische Besonderheiten erwartbar als hinsichtlich der allgemeinen Vokabularentwicklung.

Die aus der deskriptiven Linguistik bekannten, traditionellen Wortarten sind Klassifikationsangebote für die Wörter der Erwachsenensprache, die von der Verwendung von Wörtern im Satz ausgehen (Vogel & Thieroff 2009). Diese Klassifikation stößt an ihre Grenzen, wenn sie auf den kindlichen Wortschatz in der Einwortphase oder in der Phase kurzer Wortkombinationen übertragen werden soll. Das Wort ›auf‹ könnte in der klassischen Wortartenlehre als Präposition (Funktionswort in der Präpositionalphrase ›auf dem Tisch‹) oder Verbpartikel (in ›aufschließen‹) klassifiziert werden. Ist jedoch in der kindlichen Einwortäußerung AUF weder ein Verbstamm noch eine Nominalphrase vorhanden, so wird diese Eingruppierung fraglich. Aus diesem Grund wurden in der Spracherwerbsforschung Wortkategorien vorgeschlagen, die für die Beschreibung des sich entwickelnden Lexikons adäquat erscheinen; sie werden im Folgenden in diesem Sinne als ›Wortarten‹ bezeichnet.

5.4.1 Wortartenentwicklung

Zur Auftretensreihenfolge der Wortarten und zur Komposition des Lexikons in der Kindersprache wurden zahlreiche empirische Studien durchgeführt. Als sprachübergreifende Tendenz lässt sich festhalten, dass zu Beginn interaktive Wörter (z.B. Grüße wie HALLO, oder auch JA und NEIN), relationale Wörter (z.B. DA oder AUF) sowie Lautmalereien (wie BRUMM BRUMM) und Eigennamen (wie MAMA) dominierende Kategorien des frühen Lexikons darstellen (z.B. Gopnik 1988 für Englisch, Caselli et al. 1995, Bassano et al. 1998 für Französisch, Kauschke 2000 für Deutsch und D'Odorico et al. 2001 für Italienisch). In Übereinstimmung mit den Überlegungen in Kapitel 5.3 zeigt sich hier, dass die genannten frühen Wortkategorien Wörter mit geringerem Symbolgehalt umfassen: Interaktive Wörter (in Kapitel 5.3 auch sozialpragmatisch genannt) sind eng an spezifische Situationen geknüpft, Lautmalereien sind nicht vollständig arbiträr, Eigennamen beziehen sich nicht auf eine Klasse von Gegenständen, sondern auf einzelne Vertreter. Im weiteren Verlauf nimmt der Anteil dieser für die frühe Phase typischen Wortarten ab, denn die Komposition des Lexikons wird durch weitere Wortarten ergänzt und vervollständigt. Für das Englische (Bates et al. 1994, Pine et al. 1997), das Französische (Bassano et al. 2005) und das Deutsche (Kauschke 2000, Kauschke & Hofmeister 2002) wurde ein ähnlicher, wellenförmiger Verlauf der Wortartenentwicklung im zweiten und dritten Lebensjahr belegt. Danach treten Nomen (Gattungsbegriffe) früh auf und expandieren gerade in den frühen Stadien des Lexikonerwerbs, gefolgt von einem linearen Anstieg von Verben. Ein Anstieg der Funktionswörter markiert die letzte Welle in der Wortartenentwicklung.

Abbildung 5 illustriert diese Entwicklung im Deutschen anhand spontansprachlicher Daten von 32 Kindern zu vier Zeitpunkten: Das frühe Lexikon wurde stark von relationalen Wörtern (die auch Partikeln wie AUF enthielten) und interaktiven Wörtern dominiert, deren Anteil anfangs abrupt, dann stetig weiter abnahm. Nomen fanden bis zu 21 Monaten bei den meisten Kindern Einzug in das Lexikon, ihr Anteil wuchs bis zu 21 Monaten deutlich an und nahm anschließend wieder ab. Die Verben wuchsen konstant nach einem eindeutig linearen Muster an, zuletzt zeigte sich ein später Anstieg der Funktionswörter.

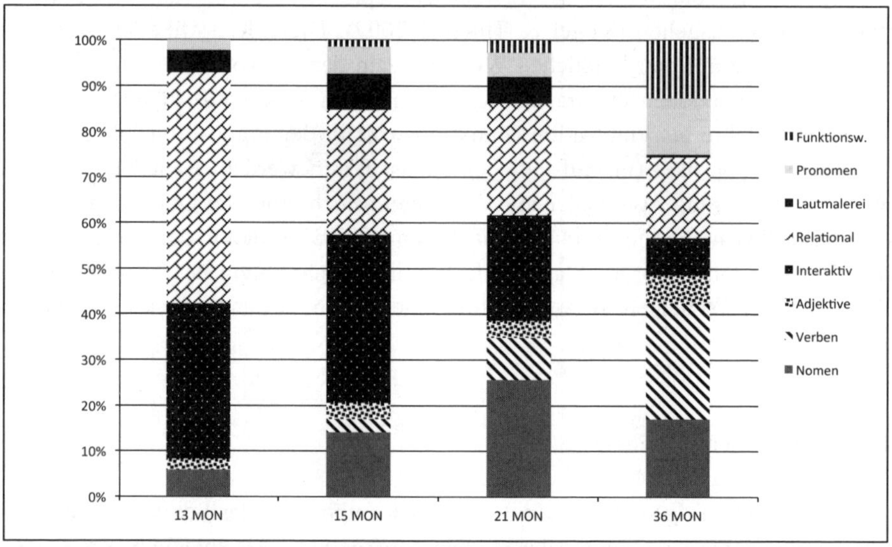

Abbildung 5: Wortartenentwicklung im Deutschen (bezogen auf Types, nach Kauschke 2000, Kauschke & Hofmeister 2002)

Die Ergebnisse dieser Gruppenstudie decken sich weitgehend mit den Befunden aus der in Kapitel 2 bereits eingeführten Einzelfallstudie von Behrens (2006), in der die Wortartenverteilung des deutschsprachigen Jungen Leo in der Spontansprache für die Altersspanne von 1;11 bis 4;11 Jahren engmaschig dargestellt wird. Zwischen 2;11 und 2;5 Jahren überwogen die Nomen in Leos Lexikon, auch Adverbien (vergleichbar mit der zuvor als »relationale Wörter« bezeichneten Wortkategorie) nahmen einen recht großen Anteil ein. Verben waren bereits ab 1;11 in geringem Umfang vertreten, ihr Anteil wuchs bis zum Alter von 2;5 weiter an. Ab etwa 2;7 wurde das Lexikon durch Funktionswörter wie Präpositionen, Artikel und Konjunktionen sowie Auxiliar- und Kopulaverben vervollständigt. Die Komposition des Lexikons blieb bei Leo ab 2;7 relativ stabil und unterschied sich nicht wesentlich von der Wortartenverteilung, die für die Spontansprache seiner Mutter ermittelt wurde. Diese Beobachtung stimmt mit dem Ergebnis von Kauschke und Klann-Delius (2007) überein, denn auch in ihrer Studie glich die Komposition des Lexikons von dreijährigen Kindern der Zusammensetzung bei ihren Müttern stark, bis auf einen Unterschied im Anteil interaktiver Wörter (siehe dazu Abbildung 6). Gegen Ende des dritten Lebensjahres herrscht in der Spontansprache von Kindern offensichtlich die Wortartenverteilung vor, die sie auch im Input vorfinden.

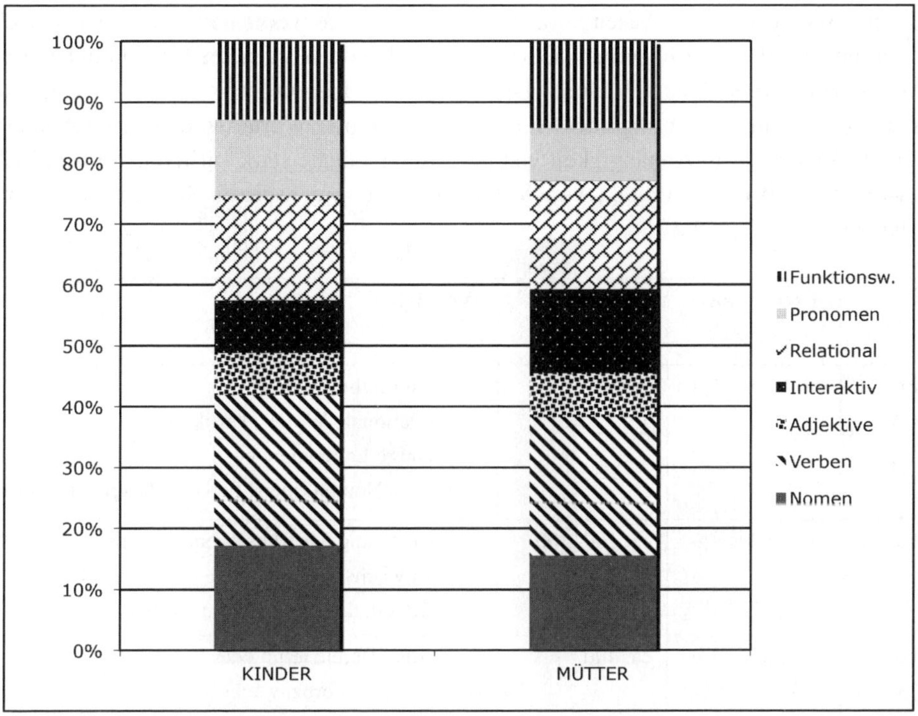

Abbildung 6: Wortartenverteilung im Deutschen bei Kindern und Müttern (bezogen auf Tokens, nach Kauschke & Klann-Delius 2007)

Die Daten zum Deutschen und zu anderen Sprachen machten deutlich, dass die frühe Wortartenentwicklung dynamisch verläuft, da sie durch ein Abnehmen der früh bestimmenden Wortarten und eine komplementäre Zunahme neu hinzukommender Kategorien gekennzeichnet ist. Die groben Phasen der Wortartenentwicklung werden in Tabelle 12 auf der folgenden Seite zusammengefasst. Da diese Entwicklungstrends mit dem Wachstum des Lexikonumfangs zusammen fallen, ist das Durchlaufen der Phasen eher an die Wortschatzgröße als an das Alter geknüpft, die Altersangaben sind daher nur als ungefähre Richtwerte zu verstehen.

Die hier berichteten Ergebnisse erwecken den Eindruck, dass Nomen sprachübergreifend eine früh auftretende und quantitativ vorherrschende Wortart im Lexikonerwerb darstellen. Dies entspricht der so genannten *noun bias*-Hypothese (Gentner 1981, 1982, Gentner und Boroditsky 2000, Gentner 2006), nach der Kinder zunächst Nomen präferieren und sich vornehmlich auf Objekte beziehen. Empirische Evidenz für die dominierende Rolle von Nomen wurde tatsächlich in vielen Sprachen gefunden (Bornstein et al. 2004, für einen detaillierten Überblick siehe auch Kauschke 2007a). Dennoch ließen sprachvergleichende

Untersuchungen Zweifel an der Gültigkeit einer strengen Version der *noun bias*-Hypothese aufkommen. Eine besondere Herausforderung stellte eine Reihe von empirischen Studien dar, die sich vor allem auf asiatische Sprachen, insbesondere auf Chinesisch, Koreanisch und Japanisch bezogen. In diesen Sprachen wurden Nomen weder notwendigerweise früher als Verben erworben, noch stellten sie die vorherrschende Wortart des frühkindlichen Lexikons dar (ein Überblick zum Forschungsstand findet sich in Kauschke 2007a). Es lässt sich festhalten, dass die Reihenfolge des Auftretens bestimmter Wortarten und deren Anteil am gesamten Vokabular in Abhängigkeit von der Muttersprache stark variieren können. Insbesondere der Auftretenszeitpunkt von Verben scheint sprachspezifischer Variation unterworfen zu sein.

	Altersspanne	**Wortschatz-Umfang**	**Wortarten**
Phase 1	ca. 1;0 bis 1;6	ca. 50	– interaktive Wörter – relationale Wörter, Partikeln – einige Lautmalereien – erste Nomen (meist Personenbezeichnungen)
Phase 2	ca. 1;6 bis 2;6	ca. 100–300	– Rückgang der frühen Kategorien – Anwachsen der Nomen – Beginn des Erwerbs von Verben
Phase 3	ca. 2;6 bis 3;0	ca. 400	– Ausdifferenzierung des Lexikons – weiterer Verbzuwachs – Anstieg der Funktionswörter

Tabelle 12: Wortartenentwicklung im zweiten und dritten Lebensjahr mit ungefähren Altersangaben

5.4.2 Rolle von Verben im Spracherwerb

Unabhängig vom genauen Zeitpunkt ihres Erwerbs kommt der Wortart der Verben eine besondere Bedeutung zu, da Verben als Schnittstelle zur Grammatik fungieren. Inhaltlich beziehen sich Verben auf Handlungen, Ereignisse und Zustände. Zu Beginn des Spracherwerbs erfassen Kinder vor allem die Ereignisstruktur: Wird durch das Verb ein Zustand oder ein Vorgang bezeichnet und impliziert dieser Vorgang das Erreichen eines Endzustandes (wie z.B. bei ›öffnen‹) oder nicht (wie z.B. bei ›fegen‹)? Anfangs scheinen Kinder endzustandsorientierte Verben zu präferieren (Schulz et al. 2001). Produziert wird in dieser Phase oft noch nicht das gesamte Verb, sondern nur die Partikel, die den erreichten Endzustand anzeigt (AUF für ›aufmachen‹). Diese Verbpartikeln, oben der Wortart der relationalen Wörter zugeordnet, sind damit Vorläufer der Verbproduktion.

Die ersten »echten« Verben sind grundlegend für den Aufbau grammatischer Strukturen. Kontrovers ist, zu welchem Zeitpunkt Kinder Verben als abstrakte grammatische Kategorie erfassen, der bestimmte Eigenschaften und Kombinationsmöglichkeiten inhärent sind. Laut Tomasello (1992) ist dies ein längerer Weg. Verben tauchen zunächst nur in ganz spezifischen, eingeschränkten Kontexten auf, die direkt aus dem Input übernommen werden. Daher bezeichnet Tomasello die ersten Verben als Inseln (*verb islands*), die für sich stehen und noch keine zugrunde liegende Struktur repräsentieren. Erst nach dem Erwerb einer kritischen Menge können Abstraktionen und syntaktische Schemata entstehen.

Mit dem Konzept der *pathbreaking verbs* betont Ninio (1999) ebenfalls die essentielle Rolle von Verben für den Grammatikerwerb, geht aber von einer früheren Etablierung von grammatischen Strukturformaten mit Hilfe von Verben aus. Demnach starten Kinder zunächst mit einem Wegbereiterverb, mit dem sie ein Regelformat erschließen. Wegbereiterverben sind typische Vertreter, die ein grammatisches Konzept deutlich verkörpern. So können Verben wie ›wollen‹ oder ›essen‹ den Einstieg in Kombinationen von Verb und Objekt bieten (z.B. WILL ARM, APFEL ESSEN). Damit wird ein prototypisches objektbezogenes Ereignis (hier: das Verlangen nach einem Objekt) ausgedrückt und eine transitive Struktur exemplarisch angebahnt. Daraufhin kann ein Ausbreitungseffekt entstehen, so dass weitere Verbkonstruktionen nach demselben Schema gebildet werden. Die Einstiegsverben sind oft hochfrequent und allgemein (z.B. ›machen‹ als typisches transitives Verb sowie ›kommen‹ und ›gehen‹ als erste intransitive Verben), da sie die Grundstruktur sehr gut illustrieren und noch relativ wenig semantischen Gehalt tragen. Ein häufiger Gebrauch allgemeiner, hochfrequenter Verben wird auch von Thordardottir und Ellis Weismer (2001) als effektive Strategie in der Sprachentwicklung bewertet, da diese als »semantische und syntaktische Prototypen« zunächst leichter zu verarbeiten sind. Mit zunehmender Beherrschung der Grundstrukturen können dann spezifische Verben an die Stelle der allgemeinen treten.

Eine Eigenschaft von Verben ist es festzulegen, welche weiteren Konstituenten als »Mitspieler« benötigt werden, um Ereignisse sprachlich zu vermitteln (Argumentselektion). So erfordert z.B. das Verb ›wandern‹ nur einen Mitspieler, der die Rolle des Handelnden (AGENS) trägt, während das Verb ›schubsen‹ mit einem Handelnden und einem Betroffenen der Handlung (PATIENS) realisiert wird. Aufgrund dieser organisierenden Kraft beeinflussen Verben die syntaktische und morphologische Ausgestaltung von Sätzen maßgeblich. Dementsprechend ist der Auf- und Ausbau des Verblexikons eine wichtige Voraussetzung für den fortschreitenden Grammatikerwerb. Ohne eine ausreichende Anzahl an Verben im mentalen Lexikon mit ihren morphologischen und syntaktischen Informationen wäre die Entfaltung vollständiger Sätze nicht möglich. Der Schnittstellencharakter der Verben erweist sich auch in einem weiteren Phänomen, dem genannten syntaktischen *bootstrapping* (zum Begriff siehe Kapitel 1). Um die mögliche Bedeutung eines Verbs zu erschließen, nutzen Kinder unter anderem den syntaktischen Rahmen, in dem das Verb auftritt (Naigles 1990). Experimentelle Studien mit Nichtwörtern (vgl. Kapitel 1) zeigten, dass Kinder andere Annahmen über Bedeutung eines bislang unbekannten Verbs (wie ›gorpen‹) machten, je nachdem ob es in einem transitiven Satzkontext (›Ernie gorpt Bert‹) oder aber in einem intransitiven Kontext (›Ernie und Bert gorpen‹) angeboten wurde. Im ersten Fall orientierten sie sich zu einer filmisch dargestellten Szene, in der Ernie etwas mit Bert macht, im zweiten Fall zu einer Szene, in der beide Figuren für sich eine bestimmte Bewegung ausführen. Der Satzkontext kann damit einige, aber nicht ausreichende Hinweise auf die Bedeutung von Verben liefern (Behrens 1999). Da Verben einerseits eine Basis für die Grammatikentwicklung darstellen und Verbbedeutungen andererseits auch durch syntaktische Hinweise aufgebaut werden, tritt der Schnittstellencharakter von Verben für den Spracherwerb deutlich zutage.

5.5 Erklärungsansätze zum Lexikonerwerb

Einige spezifische Überlegungen zur Erklärung des Wachstumsmusters des Vokabularspurts wurden im Abschnitt zur Wortproduktion bereits erörtert. Versuche den vielschichtigen Prozesses des Lexikonerwerbs grundlegender zu erklären, also die Frage zu beantworten, warum Kinder in der Lage sind, schnell eine Vielzahl von Wörtern zu erwerben, haben in der Spracherwerbsforschung lebhafte Kontroversen ausgelöst (vgl. Pruden et al. 2006 und die Beiträge in Golinkoff et al. 2000). Diese entzünden sich schon an der scheinbar einfachen Frage, wie eine typische Wortlernsituation für referentiell verwendbare Ausdrücke charakterisiert werden sollte. Ist die Verknüpfung zwischen einem neuen Wort und seiner Referenz und Bedeutung so schwierig zu ermitteln, dass das Kind recht umfangreiche und spezifische Vorkenntnisse dazu mitbringen bzw. aufbauen muss oder werden Wörter vielmehr in der Interaktion so vermittelt, dass das Kind zahlreiche und wertvolle Hinweise auf die mögliche Bedeutung erhält?

Diese Ausgangssituation hat der Sprachphilosoph Quine (1960) mit seinem berühmten »Gavagai«-Beispiel illustriert. Quine entwirft hypothetisch ein Szenario, in dem sich ein Sprachforscher in ein fernes Gebiet begibt, um eine bislang völlig unbekannte Sprache zu übersetzen. Dort »huscht ein Kaninchen vorbei, der Eingeborene sagt ›gavagai‹, der Sprachforscher notiert den Satz: ›sieh da – ein Kaninchen‹ als vorläufige Übersetzung, als Arbeitshypothese« (Quine 1960: 63). Quine führt nun aus, dass die Bedeutung des Wortes ›gavagai‹ unerforschbar sei und dieses Wort nicht ohne weiteres als ›Kaninchen‹ übersetzt werden könne, denn der Sprachforscher wisse nicht, ob der Sprecher mit ›gavagai‹ dieses spezielle Kaninchen oder die Klasse aller Kaninchen meinte oder aber die Farbe, bestimmte Teile oder Verhaltensweisen des Tieres. Das Problem oder Quine'sche Dilemma ist also, dass das Wort ›gavagai‹ prinzipiell sehr viele Bedeutungen haben kann und sich aufgrund einer einzigen Gebrauchssituation nicht zweifelsfrei erschließen lässt, welche Bedeutung der Ausdruck in der Sprachgemeinschaft tatsächlich hat. An dieser Stelle von Quines Argumentation wird nun von Spracherwerbsforschern eine Parallele zur Situation eines Kindes gezogen, das erstmalig Wörter in seiner Umgebung hört und mit genau dieser Unbestimmtheit der Bedeutung konfrontiert wird. Wie ermitteln Kinder die zutreffenden Verknüpfungen zwischen Wort und Bedeutung?

5.5.1 Erwerbsbeschränkungen

Eine mögliche Antwort wird von Theoriefamilien angeboten, die Quines Szenario als passendes Bild für die Lernaufgabe des Kindes akzeptieren und davon ausgehen, dass ein Kind die Bedeutung von Wörtern nie korrekt erschließen könnte, wenn es nicht von Anfang an spezifische Vorannahmen über den Zusammenhang zwischen Wörtern und deren Bedeutung machen und damit den unendlichen Hypothesenraum einschränken würde (Golinkoff et al. 1992, 1994, Markman 1993, 1994, Hirsh-Pasek et al. 1994, Woodward 2000). Diesen Ansätzen zufolge gehen Kinder an die Erwerbsaufgabe mit bestimmten Lernstrategien – so genannten *constraints* – heran, die die Vielzahl möglicher Hypothesen begrenzen. Kinder ziehen gar nicht alle logisch möglichen Hypothesen in Erwägung, sondern räumen bestimmten Möglichkeiten von vornherein Priorität ein. Vertreter dieser Erklärungsansätze beschäftigen sich also vor allem mit den repräsenationalen Aspekten des Bedeutungserwerbs.

Vor allem drei derartige Erwerbsprinzipien oder -beschränkungen wurden postuliert und vielfältig experimentell erforscht: Nach der Annahme des ganzen Objekts (*whole-object constraint*) gehen Kinder davon aus, dass sich ein neues Wort stets auf das ganze Objekt (z.B. ein Kaninchen) bezieht und nicht auf Teile (z.B. die Ohren), das Material, die Farbe oder andere Eigenschaften des Objektes. In Lernexperimenten beziehen Kinder bereits zwischen 18 und 24 Monaten neue Wörter auf neue Objekte in ihrer Ganzheit (Markman 1993). Die Annahme des gegenseitigen Ausschlusses (*mutual exclusivity constraint*) lässt Kinder vermuten, dass sich Wörter in ihrer Bedeutung generell unterscheiden. Daher ordnen sie ein unbekanntes Wort einem neuen Objekt zu und fassen es nicht als Synonym zu einem bestehenden Wort auf. Die Taxonomiebeschränkung (*taxonomic constraint*) schließlich führt Kinder zu der Vermutung, dass sich Wörter auf Klassen gleich gearteter Einheiten und damit auf taxonomisch organisierte Kategorien, nicht auf thematische Zusammenhänge beziehen.

Mit einer Kombination dieser Strategien würden Kinder in vielen Fällen zu einer korrekten Bedeutungszuweisung gelangen. Im ›gavagai‹-Beispiel würden sie annehmen, dass sich das Wort ›gavagai‹ erstens auf das ganze Kaninchen und nicht auf einzelne Teile und zweitens auf die ganze Klasse derartiger Tiere, nicht nur auf diesen einzelnen Vertreter bezieht. Kennen sie dagegen schon ein Wort für diesen Referenten, so suchen sie nach einer weiteren Bedeutungsmöglichkeit, z.B. könnte ›gavagai‹ dann die Farbe oder die Fortbewegungsart des Kaninchens meinen. Auf diese Weise führen die Erwerbsbeschränkungen oft schnell zur richtigen Bedeutungszuweisung und steuern und beschleunigen damit den Lexikonerwerb (Woodward 2000).

Problematisch erscheint in vielen Fällen die Reichweite der Beschränkungen. Während die *constraints* bei konkreten Objektbegriffen auf der Basisebene korrekte Schlussfolgerungen erlauben, stehen Wörter, die entweder Merkmale, Teile oder Eigenschaften von Objekten bezeichnen, auf übergeordnete oder untergeordnete Klassen bezogen sind (z.B. ›Nagetier‹, ›Zwergkaninchen‹) oder gar keine Objektbezüge enthalten (z.B. Abstrakta), im Widerspruch zur Annahme des Bezugs auf ganze Objekte. Die Taxonomieannahme lässt sich nicht auf Eigennamen anwenden; die Annahme des gegenseitigen Ausschlusses führt bei Synonymen zum falschen Ergebnis. Ein oft geäußerter Kritikpunkt ist, dass auf Erwerbsbeschränkungen basierende Erklärungsansätze im Wesentlichen auf objektbezogene Nomen ausgerichtet sind und den Erwerb anderer Arten von Wörtern kaum erklären können. Erklärungsansätze, die Erwerbsbeschränkungen postulieren, bestehen in unterschiedlichen Ausprägungen. Über Anzahl, Bezeichnung und die genaue Definition der einzelnen Prinzipien sowie über den Zeitpunkt in der kindlichen Entwicklung, an dem sie wirksam werden, finden sich leicht variierende Aussagen (Golinkoff et al. 1994, 2000). Nicht einstimmig sind die Ansätze auch in Bezug auf die Frage, ob die Beschränkungen als angeborene Mechanismen a priori zur Verfügung stehen, vom Kind selbst entwickelt werden oder eine Kombination aus angeborenen Prinzipien und Lernerfahrung darstellen.

5.5.2 Pragmatisch orientierte Erklärungen

Eine dazu konträre Haltung nehmen Ansätze ein, die Quines Szenario als Ausgangspunkt für den Worterwerb zurückweisen. Die Situation des Kindes sei nicht mit der des Sprachforschers zu vergleichen, der einer kontextfreien Situation ausgeliefert sei. Vielmehr enthalte der soziale und sprachliche Kontext zahlreiche Hinweise auf die Bedeutungszuweisung. Das natürliche Wortlernen vollziehe sich unter Bedingungen, die sich von der Situation in Wortlernexperimenten deutlich unterscheide (L. Bloom 2000). Die alternativen Erklärungsmodelle betonen daher die Rolle sozial-pragmatischer Faktoren für den Lexikonerwerb. Tomasello und Akhtar (2000: 183) beantworten die Frage, ob es Erwerbsbeschränkungen gebe, mit einem klaren Nein. Die referentielle Unbestimmtheit, die in den oben beschriebenen Erklärungsansätzen die Notwendigkeit von Erwerbsbeschränkungen motivierte, wird nach Ansicht von Vertretern sozial-pragmatischer Modellen im Kontext aufgelöst. Diese Erklärungsrichtung betont die Entstehung von Bedeutung durch den Gebrauch von Wörtern im kommunikativen Austausch und folgt damit einer gebrauchsorientierten Semantikauffassung (vgl. Kapitel 5.3). Wenn Gebrauchsregeln durch kulturelle Vemittlung entstehen (Keller 1995), so ist der Erwerb von Wörtern und Wortbedeutung ein vorrangig kommunikativer und kultureller, weniger ein rein kognitiv-repräsentationaler Lernprozess.

Das Kind erschließt die Referenz eines neu angebotenen Wortes durch sein Verständnis der Situation und durch die gemeinsame Aufmerksamkeitslenkung mit dem Gesprächspartner (siehe Kapitel 8 zur Entwicklung pragmatischer Fähigkeiten). Es folgt der Blickrichtung seines Gesprächspartners und nimmt dessen kommunikative Intentionen wahr. Tomasello und Akthtar (1995) stellten fest, dass zweijährige Kinder aus der vermuteten Intention eines Sprechers und aus dem Diskurskontext Schlüsse darüber ziehen, ob sich ein neues Wort auf ein Objekt oder auf eine Handlung bezieht. Sozial-pragmatische Hinweise werden von Kindern somit auch genutzt, um Wörter den Wortarten Nomen oder Verb zuzuordnen. Was ›gavagai‹ bedeuten mag, hängt also von der Situation ab, in der sich das Kind mit einer Bezugsperson in dem Moment befindet, in dem das Wort erstmals erscheint, sowie von den kommunikativen und sprachlichen Hinweisen, die der Sprecher zusammen mit der Bezeichnung anbietet.

Clark (2010) sowie Kauschke und Klann-Delius (2010) untersuchten, wie Erwachsene ihren Kindern neue, bislang unbekannte Wörter in einem natürlichen Kontext präsentieren. In Clarks Studie wurden Eltern gebeten, beim gemeinsamen Anschauen eines Bilderbuchs vorgegebene, neue Wörter einzubringen. Um ein neues Wort einzuführen, benannten es die Eltern nicht einfach nur, sondern sie setzten diverse Strategien ein, die dem Kind halfen, das Wort an eine passende Stelle in seinem zunehmend komplexen Netzwerk von Bedeutungen einzubetten. Neue Wörter wurden häufig an die finale Position gesetzt, deutlich betont und mehrmals wiederholt, so dass sie besonders gut wahrnehmbar waren. Außerdem stellten die Eltern Verbindungen zu bereits bekannten Wörtern her, indem sie auf ähnliche oder kontrastierende Begriffe hinwiesen. Zu spezifischen Begriffen nannten sie den Oberbegriff, was die Einordnung auf der passenden hierarchischen Ebene erleichtert (z.B. »eine Seeschwalbe ist eine Vogelart«). Durch den syntaktischen Rahmen, in den das neue Wort eingebettet wurde, wurde die Wortart hervorgehoben (z.B. Verbkontext: »Was macht denn der Vogel? Er zirpt.«; Adjektivkontext: »Manche Dinge sind glatt und andere Dinge sind rau.«). Oft knüpften die Eltern an vorangegangene Erfahrungen und Erlebnisse des Kindes an, um das neue Wort in einen nachvollziehbaren Kontext zu stellen. Kauschke und Klann-Delius (2010) untersuchten, wie Mütter sprachlich reagierten, wenn unerwartet ein unbekanntes Objekt, ein ferngesteuerter Roboter, im gemeinsamen Spielfeld auftauchte. Es stellte sich heraus, dass die Mütter nur in sehr geringem Ausmaß isolierte Benennungen anboten. Dagegen verbanden sie die Nennung des neuen Wortes mit zahlreichen Merkmalsbeschreibungen und handlungsbezogenen Hinweisen (»der kann laufen und blinken und Arme hochmachen«). Weiterhin bewerteten die Mütter das Objekt und sprachen an, welche Gefühle bei dem Kind im Zusammenhang mit dem Roboter auftreten (»fühlste dich verwirrt vom Roboter«). Wie auch Clark (2010) beobachtete, wurden Bezüge zu bereits bekannten Wörtern hergestellt (»das ist so was wie ne Puppe«, »ein Männchen was sich bewegt«).

Die beiden ausgewählten Studien zeigen, dass die Worteinführung in einen Handlungskontext eingebettet, von einem strukturierten Sprachangebot begleitet und mit Erlebnissen und Empfindungen des Kindes verbunden wird. Offensichtlich befinden sich Kinder im Gegensatz zu dem von Quine erfundenen Sprachforscher nicht in einer Situation, in der der Lernende ohne Vorwissen über die Sprache und ohne weitere Anhaltspunkte mit einem neuen Begriff konfrontiert wird. Wesentliche Unterschiede zwischen der »Gavagai«-Situation und dem kindlichen Wortlernen bestehen darin, dass das Kind über Vorwissen verfügt, da es die Sprache bereits zeit seines Lebens gehört und verarbeitet hat. Darüber hinaus will und kann es nachvollziehen, was gerade im Zentrum der Aufmerksamkeit seines Gesprächspartners steht. Dieser wiederum ist bereit, das Verstehen zu erleichtern und zu unterstützen, indem er das neue Wort mit vielfältigen Kontextinformationen anreichert. Im folgenden Dialogausschnitt (siehe Kauschke & Klann-Delius 2010) zwischen einer Mutter und ihrem knapp zweijährigen Kind beim Erscheinen des Roboters wird deutlich, wie Referenz und Bedeutung gemeinsam ausgehandelt werden, bis das Kind den neuen Begriff übernimmt:

```
@Begin
@Language:          German
@Participants:      CHI Kind Julia; INT Mutter
@Age of Learner:    21;0
@Sex of Learner:    female
@Filename:
@Transcriber:       AW
*CHI:          &he auto.
*INT:          ja das is(t) n [:ein] bisschen wie n [: ein] auto, ne [: nicht]?
*CHI:          auto [>].
*INT:          kann ganz alleine fahr(e)n [<].
*INT:          alleine laufen.
*CHI:          laufen [>].
*INT:             und noch blinken [<].
(...)
*INT:          is(t) gar kein auto, ne [: nicht ]?
*CHI:          hein [*] [: kein] auto.
*INT:          weg is(t) er, der roboter.
(...)
*CHI:          auto [x 2].
*INT:          is(t) weggefahr(e)n wieder der roboter.
%pho:          ss                          robota.
*CHI:          &roppa.
@End
```

Sozial-pragmatischen Ansätzen wird entgegengehalten, dass Kinder erst ab ca. 18 Monaten in der Lage sind, soziale Hinweise zu interpretieren (Hirsh-Pasek & Golinkoff 2000). Für die Phase des frühen Wortlernens reiche diese Erklärung daher nicht aus.

In neueren Ansätzen wird postuliert, dass das Kind eine Vielzahl verschiedener Hinweisreize für den Worterwerb nutzt, deren Gewichtung sich im Laufe der Entwicklung verändert (Pruden et al. 2006, siehe auch Kapitel 12 zu Emergenzmodellen). Diesem Grundgedanken ist auch das »Koalitionsmodell« des Wortlernens verpflichtet (Hirsh-Pasek et al. 2000, Hollich et al. 2000). Demnach verlassen sich Kinder zu Beginn des Lexikonerwerbs vorrangig auf perzeptuelle Aspekte (z.B. auf wahrnehmbare Charakteristika von Objekten) und beziehen infolgedessen ein neues Wort auf das Objekt, das sie am meisten interessiert. Später werden Blickrichtung oder Gesten des Sprechers berücksichtigt. Wörter werden auf das Objekt bezogen, auf das der Sprecher blickt oder zeigt, selbst wenn dies nicht das interessantere Objekt ist. Zuletzt werden sprachliche Hinweise auf die Wortbedeutung zur Kenntnis genommen (z.B.: ein Wort, dem ein Artikel vorausgeht, ist wahrscheinlich ein Objektbegriff). Allmählich lernen Kinder, all diese verschiedenen Hinweisreize zu kombinieren um die korrekte Wortbedeutung abzuleiten.

6 Erwerb morphologischer Fähigkeiten

Mit der Hinwendung zu morphologischen Fähigkeiten wird nun die Ebene der einfachen Wörter überschritten und betrachtet, wie Kinder die internen Aufbauprinzipien von komplexen Wörtern erwerben. Dazu werden die Wortbildung sowie die Flexion von Wörtern behandelt. Während durch Wortbildungsprozesse ein neuer lexikalischer Eintrag entsteht, verändern Flexionsprozesse die syntaktischen Eigenschaften eines Wortes, so dass keine neues Wort, sondern eine syntaktische Variante desselben Wortstamms erzeugt wird. So werden Wörter mit grammatischen Merkmalen versehen und für den Satz, in dem sie auftreten, spezifiziert. Im Verlauf dieses Kapitels werden zunächst der Erwerb der Wortbildung und anschließend der Erwerb der Flexion dargestellt. Als relevante Lerngegenstände der deutschen Nominalflexion werden der Plural- und der Kasuserwerb vertieft. Der Schwerpunkt der Darstellung im Bereich der Verbflexion liegt auf dem Erwerb der Subjekt-Verb-Kongruenz, außerdem wird der Erwerb des Tempus angesprochen. Da die Möglichkeiten und Regularitäten der Bildung komplexer Wörter auch von prosodischen Faktoren beeinflusst werden, wird in den einzelnen Subkapiteln auf diese Schnittstellenphänomene verwiesen.

6.1 Erwerb der Wortbildung

In Bezug auf den Wortbildungserwerb im Deutschen sind insbesondere die verkettenden Verfahren der Komposition und Derivation relevant. Bei der Komposition handelt es sich um die Zusammensetzung von mindestens zwei freien Morphemen zu einem neuen Wort mit eigenständiger Bedeutung. Bei der Derivation wird aus einem bestehenden Wort mit Hilfe von gebundenen Derivationsmorphemen ein neues Wort abgeleitet. Durch die regelhafte Verwendung von Wortbildungsmorphemen wird die Bedeutung oder die Wortart des Basiswortes verändert (semantische Modifikation wie in ›Hund‹ → ›Hündchen‹ oder Transposition wie in ›heiz(en)‹ → ›Heizung‹). Ein weiteres Verfahren ist die Konversion, bei der eine Wortartveränderung ohne Wortbildungsmorpheme hergestellt wird (z.B. ›Geige‹ → ›geigen‹ oder ›treffen‹ → ›der Treff‹). Mit dem Erwerb der Wortbildung gewinnt das Kind neue und effektive Möglichkeiten zur Erweiterung seines Lexikons. Besondere Aussagekraft haben innovative Neubildungen, die zeigen, dass Kinder produktiv mit den Prozessen der Komposition und Derivation umgehen, um bestehende lexikalische Lücken zu füllen (z.B. SCHWIMMLÖFFEL für ›Ruder‹; FESTHALTER für ›Henkel‹). Derartige Neuschöpfungen auf der Basis bereits bekannter Wörter zeigen an, dass das Kind die Regularitäten der Wortbildung erkannt hat und produktiv einsetzt, um Inhalte zu versprachlichen, für die noch kein spezifisches Wort im Lexikon zur Verfügung steht. Die kindlichen Wortneuschöpfungen bleiben nicht langfristig im Lexikon erhalten, da sie vom Erwerb der konventionellen Wörter abgelöst werden.

Empirische Studien zum Erwerb der Wortbildung im Deutschen sind relativ rar und meist auf nur wenige Einzelfälle bezogen. Ein nicht unerheblicher Teil von Beobachtungen zum Wortbildungserwerb stammt vom Ende des 19. bzw. Anfang des 20. Jahrhunderts (z.B. Lindner 1898 und Neugebauer-Kostenblut 1914). Übereinstimmend treten demnach Kompositionen häufiger als Derivationen auf. Belege für Kompositionen finden sich etwa in der zweiten Hälfte des zweiten Lebensjahres, gefolgt von Derivationen ab etwa zwei Jahren. Die umgekehrte Erwerbsreihenfolge berichten Stern und Stern (1928), deren Tochter im Alter von 1;8 eine Derivation (LEIBCHEN) und mit 1;10 eine Komposition (TASCHENTUCH) produzierte. Anhand von Daten von Kindern mit verschiedenen Muttersprachen, darunter auch dem Deutschen, stellte Clark (1993, 1998) Erwerbssequenzen auf, die wiederum auf bestimmte Strategien oder Prinzipien schließen lassen. So führt das Prinzip der Transparenz (»eine neue Bedeutung ergibt sich aus der Bedeutung der einzelnen Teile«, vgl. Clark 1993: 116) zur anfänglichen Präferenz der Komposition gegenüber der Derivation. Da sich die Bedeutung von einzelnen Wörtern, die in der Komposition zusammentreten, leichter fassen lässt als die Bedeutung bzw. Funktion von Suffixen, gilt die Derivation als weniger transparent und damit schwerer erwerbbar. Das Prinzip der Einfachheit besagt, dass ein Wort umso einfacher zu lernen ist, je weniger seine Form verändert wird. In dieser Hinsicht ist die Komposition einfacher als die Derivation und damit privilegiert für den frühen Erwerb. Auch die Konversion sollte als Mittel mit geringer Stammveränderung einfach sein. Schließlich bringt das Prinzip der Konventionalität (»finde ein Wort, das normalerweise verwendet wird, um diese Bedeutung auszudrücken und gib diesem Priorität gegenüber anderen Formen«, vgl. Clark 1993: 67) mit sich, dass die Neubildungen durch konventionelle Formen abgelöst werden. Anhand von zwei Längsschnittstudien zur Wortbildungsentwicklung im Deutschen lässt sich überprüfen, ob Daten aus dem Spracherwerb im Deutschen die postulierten Prinzipien bestätigen.

Schipke und Kauschke (2010) untersuchten Wortbildungen, die in der Spontansprache von 32 Kindern produziert wurden. Dabei wurden Untersuchungszeitpunkte in einem Alter von 21, 23, 30 und 36 Monaten herangezogen. Sämtliche auftretenden Wortbildungsprodukte wurden erfasst und hinsichtlich des Wortstatus (konventionelles Wort oder Wortneubildung), des Wortbildungstyps und der Wortart klassifiziert. Die Ergebnisse zeigten, dass erste Wortbildungen bereits zum ersten Zeitpunkt, also noch vor dem zweiten Geburtstag, zu beobachten waren und mit zunehmendem Alter anstiegen. Der Anteil von Wortbildungen am Gesamtlexikon verdoppelte sich im Beobachtungszeitraum annähernd: Während mit 21 Monaten knapp 4,6% aller geäußerten Wörter (Tokens) Wortbildungen waren, so lag ihr Anteil mit drei Jahren bei 8,7%. Der Anteil von Wortbildungen an allen unterschiedlichen Wörtern (Types) stieg von 7,5% auf 17%. Bereits zum ersten Untersuchungszeitpunkt waren sowohl Kompositionen als auch Derivationen vertreten, beide Wortbildungstypen nahmen zu. Die von Clark (1993) angenommene Präferenz der Komposition ließ sich in den Daten nicht bestätigen. Unter den frühen Derivationstypen stachen die Diminutivbildungen (eine Form semantischer Modifikation) hervor, während Transpositionen, also Wortartveränderungen, seltener waren. Weitere Typen der Wortbildung wie Konversionen (ROLLERN) und implizite Ableitungen traten später auf und waren selten zu finden. Im Gegensatz zu Clarks Annahmen (1993) scheint die Konversion im Deutschen trotz ihrer oberflächlichen Einfachheit kein bevorzugtes Mittel der Wortbildung zu sein. Ein häufiger Wortbildungstyp bestand in der Verknüpfung von Verbstämmen mit Adverbien (wie HOCHHALTEN, AUFMACHEN, RAUFMACHEN). Erst mit drei Jahren waren mehrgliedrige, komplexe Wortbasen zu beobachten. Über 90% aller Wortbildungsprodukte waren konventionelle Wörter, innovative Neubildungen machten einen deutlichen geringeren Anteil aus (Beispiele: AUTOMENSCH für ›Roboter‹, MURMELTREPPE, EINKLOPFEN, ANLEITERN). Im Vergleich zu Clarks (1993) Sequenzen fand sich bei Schipke und Kauschke (2010) ein früheres Auftreten von Derivationen und von Verben als Bestandteil der Wortbildungen. Die hier vorgestellte Studie gibt einen allgemeinen Überblick über die Entwicklung der spontansprachlichen Verwendung von Wortbildungsprozessen im Deutschen.

Eine Längsschnittsstudie von Meibauer (1995, 1999) fokussiert dagegen eine spezifische Wortbildungsart: die Derivation mit dem –er-Suffix, das im Deutschen sehr produktiv ist und Wörter mit verschiedenen Lesarten erzeugen kann. Bekannte Lesarten sind das Nomen agentis (wie ›Fahrer‹ als Personenbezeichnung, hier abgeleitet aus einer verbalen Basis) und das Nomen instrumenti (wie ›Stecker‹ als Bezeichnung eines Instruments, hier ebenfalls ableitet aus einer verbalen Basis, Beispiele aus Meibauer 1995). Meibauer (1995) vollzieht in seiner detaillierten Einzelfallstudie die Verwendung des –er-Suffixes während der ersten fünf Lebensjahre seines Sohnes nach. Dazu erfasste und analysierte er sämtliche geäußerten Neubildungen des Kindes. Jeder Beleg wurde einem Wortbildungstyp und einer Lesart zugeordnet. Da vorwiegend innovative Wortbildungen betrachtet wurden, lässt sich hier erkennen, welche zugrunde liegenden Regeln der –er-Derivation in welchem Alter berücksichtigt wurden. Die ersten konventionellen Ableitungen mit dem –er-Suffix traten im Alter von zwei Jahren auf. Im dritten Lebensjahr fanden sich dann innovative –er-Derivationen meist mit verbalen (SCHIEẞER), aber auch mit nominalen Stämmen als Basis (LADER für ›Verkäufer‹). Damit wurden nicht nur Nomina agentis, sondern vereinzelt auch bereits Nomina instrumenti ausgedrückt (KURVER für ›Fahrradlenkstange‹). Dies spricht gegen Clarks Annahme, dass aufgrund des Transparenzprinzips zunächst nur eine Bedeutung pro Suffix realisiert werden kann. Im vierten Lebensjahr wurden deverbale Ableitungen häufiger (REIBER, KLAUER); neue Derivationsmuster mit unterschiedlichen und auch komplexen Basen entstanden (WALZERFAHRER, NETTRICHTER, DURCHEINANDER-MACHER). Movierte Formen (FRECHERIN) tauchten ebenfalls in dieser Zeit auf. Im fünften Lebensjahr erweiterte sich das Repertoire der –er-Produktionen um Diminutivformen (SCHWERHÖRERCHEN) und deverbale Nomina acti (ABSCHIEDSPFEIFER für ›Pfiff‹).

Es zeigt sich, dass deutschsprachige Kinder ab dem Alter von zwei Jahren häufig und produktiv von den Mitteln der Wortbildung Gebrauch machen und diese zur Lexikonerweiterung oder zur Bewältigung einzelner kommunikativer Situationen nutzen. Dabei sind Komposition und Derivation die meistgebrauchten Verfahren. Um Komposita korrekt zu produzieren, benötigt das Kind nicht nur Kenntnisse über die Möglichkeiten der regelhaften Verbindung von freien Wortstämmen zu zusammengesetzten Wörtern, es muss darüber hinaus die spezifische Betonungsstruktur von Komposita realisieren. Die Zwischenschritte, die während des Erwerbs der Kompositabetonung durchlaufen werden, wurden in Kapitel 4.3 dargestellt. Dass der Erwerb der Wortbildung nicht ohne Beachtung prosodischer Aspekte verlaufen kann, zeigt sich auch in der Derivation. So richtet sich der Einsatz einiger Derivationsmorpheme (z.B. –heit und –keit) nach dem Betonungsmuster des Wortstammes. Außerdem erfordert die Fähigkeit zur Wortbildung die Verfügbarkeit unterschiedlicher Wortarten. Da Verben häufig Bestandteile von Wortbildungsprozessen sind, wird deutlich, dass Kinder Verben schon früh produktiv verwenden und Beziehungen zwischen Nomen und Verben etablieren, indem sie – z.B. mittels der –er-Derivation – Verben in Nomen umwandeln (Meibauer 1999). Die Wortbildungsfähigkeiten im Spracherwerb zeugen insgesamt von einer relativ frühen Einsicht in die Funktion von Morphemen und in die Regeln ihrer Verknüpfung.

6.2 Erwerb des Pluralsystems

Das Pluralsystem des Deutschen ist ein komplexes System mit multiplen Regelhaftigkeiten (Penke & Krause 2002, Szagun 2001, 2006), das keine trennscharfe Unterscheidung zwischen regulären und irregulären Pluralformen erlaubt. Ein Blick auf das System der Pluralbildung ist daher notwendig, um sich die Erwerbsaufgabe, vor der Kinder stehen, zu vergegenwärtigen. Um die Funktion »Plural« an einem Nomen zu markieren, stehen sechs verschiedene Suffixe zur Verfügung: –n, –en, –e, –s, –er und –ø (Nullmarkierung). Drei dieser Suffixe (–ø, –e, –er) können mit einer Veränderung des Stammvokals, dem Umlaut, einhergehen, so dass neun verschiedene Arten der Pluralmarkierung entstehen. Welche Pluralmarkierung bei welchem Nomen gewählt wird, ist weder völlig vorhersagbar noch völlig willkürlich. Ausschlaggebend sind vor allem die phonologische Form (der Wortauslaut) und die Genuszugehörigkeit des Nomens. Eine Klassifikation der Pluraltypen im Deutschen (basierend auf Wegener 1995, 1999 und Eisenberg 2004) wird in Tabelle 13 gezeigt:

<table>
<tr><th>Maskulinum</th><th>Neutrum</th><th>Femininum</th></tr>
<tr><td colspan="2">Typ 1a: –e (Schwein-e, Buss-e)
Typ 1b: –e + UML (Bäll-e)
Typ 1c: –ø (Sessel, Roller, Wagen)
Typ 1d: –ø + UML (Väter, Fäden)</td><td>Typ 2a: –en (Tür-en)
Typ 2b: –n (Nase-n)</td></tr>
<tr><td>Typ 3a: –en (Held-en)
Typ 3b: –n (Hase-n)</td><td>Typ 4: –er + UML
(Kind-er, Häus-er)</td><td>Typ 5: –e + UML (Händ-e)</td></tr>
<tr><td colspan="3">Typ 6: –s (Auto-s, LKW-s, Lok-s)</td></tr>
</table>

Tabelle 13: Klassifikation der Pluraltypen im Deutschen (basierend auf Wegener 1995, 1999 und Eisenberg 2004)

Typ 1 enthält die typische Markierung maskuliner und neutraler Nomen, die in mehr als 70% aller Fälle durch ein –e markiert werden. Ob zusätzlich ein Umlaut auftritt (1b), ist lexikalisiert, muss also wortspezifisch gelernt werden. Nach den so genannten »Pseudosuffixen« (1c und 1d) erfolgt keine overte Markierung, jedoch manchmal eine Umlautung (1d, reine Umlaute). 96% der femininen Nomen erhalten –n oder bei vorangehender Schwasilbe –en als Pluralsuffixe. Während die Typen 1 und 2 als eher regulär gelten, handelt es sich bei 3 und 5 um ungewöhnlichere Kombinationen zwischen Suffix und Genus (in Typ 3 wird das für Feminina typische –(e)n mit maskulinen Nomen verbunden, in Typ 5 das für Maskulina und Neutra typische –e mit femininen Nomen). Der seltene –er-Plural (Typ 4) ist auf neutrale, einsilbige Nomen beschränkt. Einen besonderen Status nimmt der –s-Plural ein, der mit Nomen jeglicher Genuskategorie kombiniert werden kann. Außerdem wird er bei Wörtern mit Vollvokal am Wortende sowie bei Namen, Kurzwörtern und Fremdwörtern eingesetzt. Obwohl er sehr selten vorkommt, wird er von einigen Autoren als regelmäßige Pluralform bewertet (Clahsen et al. 1990, 1992, Bartke 1998). Eine Besonderheit des deutschen Pluralsystems ist sicherlich das Auftreten des Umlauts, der in manchen Kontexten obligatorisch (Typ 4 und 5), in anderen jedoch optional (Typ 1) oder nicht möglich (Typ 2, 3 und 6) ist.

Meist führt die Pluralmarkierung dazu, dass einsilbige Wortstämme in zweisilbige Formen mit trochäischem Betonungsmuster umgewandelt werden (z.B. ›Ball‹ - ›Bälle‹) bzw. dazu, dass mehrsilbige Wörter in einem Trochäus enden (z.B. ›Elefant‹ - ›Elefanten‹). Der sichere Erwerb des trochäischen Fußes (vgl. Kapitel 4.3.) ist somit eine Voraussetzung für einen erfolgreichen Pluralerwerb.

Kinder stehen vor der Herausforderung, die Regularitäten für die Verbindung zwischen den Suffixen und der phonologischen Form sowie der Genuszugehörigkeit des Nomens zu entdecken. Dies zu erreichen erfordert offensichtlich Zeit, denn der Pluralerwerb zieht sich nach einem frühen Beginn über mehrere Jahre hin und durchläuft eine längere Phase der Instabilität. Szagun (2001) zeigte, dass pluralmarkierte Nomen schon ab 1;4 Jahren in der Spontansprache von Kindern auftraten, aber zwischen 1;4 und 3;8 Jahren eine Fehlerrate von bis zu 16% vorlag. In einer direkten Pluralaufgabe (Kauschke et al. 2011) machten Kinder zwischen drei und vier Jahren noch bei 30% der Testwörter Fehler, die Fehlerrate sank auf 15% im Alter von fünf bis sechs Jahren.

Dabei ist es nicht beliebig, welche Suffixe den Kindern leichter bzw. schwerer fallen. Für die verschiedenen Pluralsuffixe ermittelte Szagun (2001) unterschiedliche Wachstumsraten: –n wurde sehr schnell beherrscht, gefolgt von –e, während für –s, –er und den reinen Umlaut langsame Zuwachsraten auffielen. Dabei gab es eine Entsprechung zwischen der Häufigkeit der Pluralklassen in der Erwachsenensprache und der Wachstumsrate der jeweiligen Pluralklassen bei Kindern (Szagun 2001, 2006), d.h. häufig vorkommende Pluralsuffixe wurden schneller erworben. Nach den Ergebnissen von Bittner (2000a) wurde –(e)n vor –s und schließlich –e erworben. In einer Elizitationsstudie mit Kindern zwischen zwei und sechs Jahren stellten Laaha und andere (2006) fest, dass die meisten korrekten Pluralbildungen bei –e auftraten, gefolgt von –e + Umlaut, –er, –s und –(e)n, die schlechtesten Werte erzielten die Kinder bei reinen Umlaut. Kauschke und andere (2011) führten eine

Studie durch, in der die Pluralbildung bei 60 Kindern zwischen drei und sechs Jahren elizitiert wurde. Bei den Suffixen –n und –e traten auch bei den jüngsten Kindern nur wenige Fehler auf, gefolgt von –en, –er und –e plus Umlaut, während –s länger fehleranfällig blieb. Hervorstechend waren die Probleme bei den Formen, die kein Suffix, aber einen Umlaut erfordern (wie in ›Väter‹), hier waren auch bei den älteren Kindern noch über 70% der Reaktionen falsch. Aus den vorliegenden Befunden lässt sich als Erwerbsreihenfolge ableiten, dass –(e)n und –e früh erworben werden (hier divergieren die einzelnen Studien jedoch etwas), während –s und –er erst später gemeistert werden. Übereinstimmend belegten alle Studien, dass die reinen Umlaute ein besonderes Erwerbsproblem darstellen. Eine Vokalveränderung innerhalb des Wortes ohne gleichzeitig auftretendes Suffix kommt im Deutschen selten vor und wird von Kindern offenbar nur mühsam erworben.

Blickt man nun auf die Art der Fehler, die Kinder bei der Pluralbildung machen, so lassen sich Rückschlüsse auf ihre Verarbeitung der Pluralregularitäten ziehen. Fehlerarten, die in verschiedenen Studien gefunden wurden, sind das Ausbleiben von Pluralmarkierungen (*die Fisch), die Addition von Suffixen (*Messers, *Tigern), die Substitution (*Prinze, *Hüten, *Zelter) und die partielle Markierung, wenn Umlaut plus Suffix erforderlich sind (*Kuhe). Schaut man sich an, welche Suffixe für Additionen und Substitutionen verwendet werden, so ergibt sich der interessante Befund, dass dies nicht willkürlich, sondern systematisch erfolgt (Kauschke et al. 2011, siehe auch Szagun 2006).

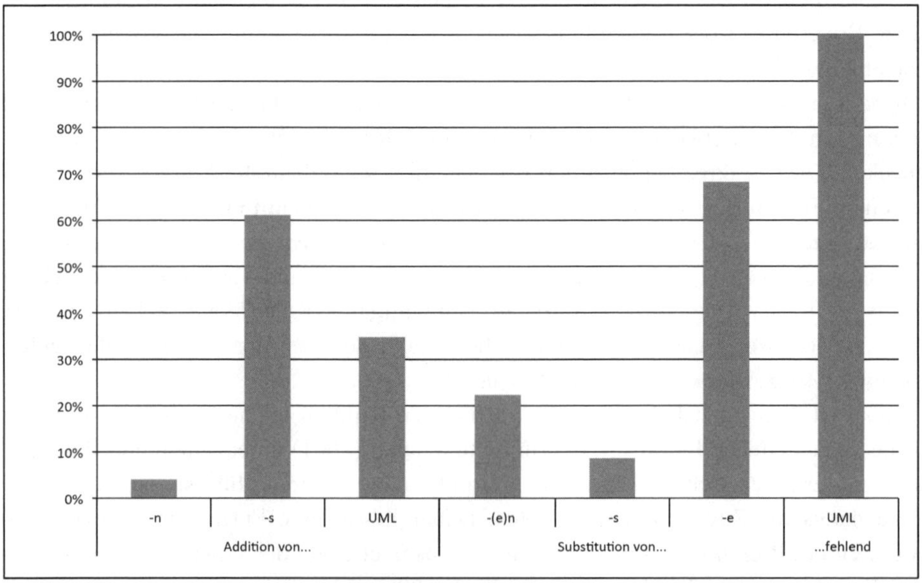

Abbildung 7: Übergeneralisierungsmuster bei der Pluralbildung (in Anlehnung an Kauschke et al. 2011)

Wie Abbildung 7 zeigt, war –s das bevorzugte Suffix für Additionen. Insbesondere wurde –s an Nomen hinzugefügt, die kein Suffix erfordern, was zu Reaktionen wie *VATERS oder *ROLLERS führte. Diese Additionen könnten das Bestreben des Kindes widerspiegeln, die

Funktion »Plural« durch die Verwendung eines Suffixes klar anzuzeigen. Dass dazu das –s gewählt wurde, bezeugt eine Sensitivität für die zielsprachlichen Wortstrukturen, denn die Hinzufügung von –e oder –en würde zu prosodisch auffälligen Formen führen (wie *Rollere oder *Vateren, derartige Formen kamen jedoch nie vor). Fehlte bei einer partiellen Markierung ein Bestandteil, so war dies immer der Umlaut, wie in *HUHNEN. Wurde ein Suffix durch ein anderes ersetzt, so handelte es sich in fast 70% der Fälle um die Übergeneralisierung von –e (*BÄRE). Auch dieser Befund, der mit den Ergebnissen von Laaha und Kollegen (2006) übereinstimmt, legt eine Berücksichtigung des Pluralsystems nahe: Im Beispiel ›Bäre‹ wird der Sonderfall 3a (›Bären‹) vermieden und durch den typischen Fall (*Bäre) ersetzt.

Zusammenfassend zeigt sich, dass Kinder einige Zeit brauchen, um das komplexe System der deutschen Pluralbildung Schritt für Schritt zu erlernen. Selten vorkommende Suffixe und die wenig transparenten reinen Umlautplurale bleiben lange fehleranfällig. Die Fehlermuster der Kinder weisen darauf hin, dass sie sich aktiv die Regularitäten des Systems erarbeiten.

6.3 Erwerb des Kasussystems

Auch der Kasuserwerb ist ein Lerngegenstand, der deutschsprachigen Kindern relativ lange Probleme bereitet. Durch die Kasusmarkierung wird die syntaktische Funktion einer Nominalphrase bestimmt (struktureller Kasus), d.h. in der Regel markiert der Nominativ das Subjekt, der Akkusativ das direkte und der Dativ das indirekte Objekt. Beim lexikalischen Kasus ist die Vergabe des Kasus von einem spezifischen Lexem abhängig (z.B. vom Verb wie ›jemandem helfen‹ oder von der Präposition wie z.B. ›mit ihm‹ versus ›ohne ihn‹). Im Deutschen wird der Kasus an Artikeln, Pronomen, Adjektiven und in geringerem Maße am Nomen markiert; die Kasusmarkierung erfolgt gemeinsam mit und abhängig von der Genus- bzw. Numerusspezifikation des Nomens. Tabelle 14 listet das Formensystem zur Unterscheidung der vier verschiedenen Kasus im Deutschen am bestimmten und unbestimmten Artikel auf.

	Singular						**Plural**
	Maskulinum		**Neutrum**		**Femininum**		
Nominativ	der	ein	das	ein	die	eine	die
Akkusativ	den	einen	das	ein	die	eine	die
Dativ	dem	einem	dem	einem	der	einer	den
Genitiv	des	eines	des	eines	der	einer	der

Tabelle 14: Unterscheidung der vier Kasus im Deutschen am bestimmten und unbestimmten Artikel

Die Schwierigkeit beim Erwerb liegt nun darin, dass keine 1:1-Beziehung zwischen Form und Funktion vorliegt. Ein Blick auf die Tabelle 14 lässt schnell erkennen, dass nicht alle Kasus am Artikel ersichtlich werden, z.B. gibt es keinen Unterschied zwischen Nominativ und Akkusativ bei femininen und neutralen Artikeln. Zahlreiche homonyme Formen erschweren die Transparenz des Systems. Beispielsweise kann der Artikel ›der‹ verschiedene Funktionen ausdrücken, nämlich Nominativ maskulinum (›der Mann‹), aber auch Dativ femininum (›der Mann winkt der Frau‹) oder Genitiv (›das Auto der Frau / Frauen‹). Bei anderen Kontrasten liegt zwar ein Unterschied vor, dieser ist jedoch minimal und damit schwer wahrnehmbar (z.B. Akkusativ und Dativ maskulinum: ›den‹ versus ›dem‹ oder Nominativ und Akkusativ maskulinum: ›ein‹ versus ›einen‹). Bei den indefiniten Artikeln ergibt sich die zusätzliche Schwierigkeit, dass die phonetischen Realisierungen der Formen in der Umgangssprache oft verkürzt werden und damit noch schwerer erkennbar sind (›einen‹ kann zu ›ein'n‹, ›nen‹ oder ›n‹ gekürzt werden, ›einem‹ zu ›ein'm‹, ›nem‹ oder ›m‹ usw., vgl. Tracy 1986). Ungeachtet des wenig transparenten Systems und der schweren Wahrnehmbarkeit ist die Kasusmarkierung unumgänglich, um die Satzgliedfunktion von Nominalphrasen klar zu bestimmen (z.B. ›der Mann sieht die Frau‹ versus ›den Mann sieht die Frau‹) oder um die lokale oder direktionale Bedeutung einer Präpositionalphrase zu markieren (z.B. ›auf dem Tisch springen‹ versus ›auf den Tisch springen‹, vgl. Tracy 1986).

Wie meistern nun Kinder diese Erwerbsaufgabe? Bei der empirischen Untersuchung dieser Frage wird meist nur der Erwerb von Akkusativ und Dativ berücksichtigt, da der Genitiv als Objektkasus in der Kindersprache keine Rolle spielt. Clahsen (1984) stellte nach einer Untersuchung der Spontansprache von drei Kindern fest, dass beim Erwerb des Kasussystems mehrere Phasen durchlaufen wurden. Anfangs wurden nominale Satzglieder gar nicht markiert, da Artikel noch gänzlich fehlten (Beispiel aus Szagun 2006: SCHAF IS FERTIG). Artikel erschienen dann zunächst kasusneutral, d.h. im Nominativ (Beispiel aus Szagun 2006: ICH MAL DOCH EIN VOGEL). In einer Zwischenphase verwendeten Kinder häufig phonologisch neutrale Formen, auch Protoformen genannt (siehe auch Tracy 1986), an denen die Kasusmarkierung nicht ersichtlich wird (Beispiele aus Szagun 2006: AUCH E EIS HABEN und ICH GEH ZU DE AUTO). Erst in der nächsten Phase traten eindeutige Markierungen am Objekt auf. Jedoch wurde zunächst der Akkusativ auch in Dativkontexten verwendet (Beispiel aus Szagun 2006: DER STEHT AUF DEN ABSTELLGLEIS). Zuletzt wurde der Dativ korrekt markiert. Die Verwendung von Dativmarkierungen im Akkusativkontext wurde von Clahsen (1984) nicht beobachtet.

Szagun (2004, 2006) bestätigt in ihrer Beobachtungsstudie mit sechs Kindern zwischen 1;4 und 3;8, dass der Nominativ eher problemlos erworben wurde, während Akkusativ und Dativ länger fehleranfällig blieben und bis zum Ende der Beobachtungsperiode mit 3;8 noch nicht vollständig beherrscht wurden. Erste Artikelformen traten bereits mit etwa eineinhalb Jahren auf. Der Nominativ wurde früh und schnell erworben, da Auslassungen und Protoformen nur in geringem Ausmaß vorkamen und Genusfehler bald abnahmen. Der Akkusativ wurde dagegen nur zu 70% korrekt markiert, der Dativ sogar nur zu 50%. Um die spezielle Problematik dieser beiden Fälle einzugrenzen, arbeitete Szagun (2006) uneinheitliche Verläufe heraus. So wurde der Akkusativ bei definiten Artikeln besser beherrscht als bei indefiniten. Bei letzteren war der Gebrauch von ›ein‹ statt ›einen‹ bei maskulinen Nomen der häufigste Fehler. Die Fehler beim Dativ dagegen gingen vor allem auf die Verwendung von ›den‹ statt ›dem‹ bei Maskulina zurück, während wesentlich seltener ›die‹ statt ›das‹ bei Feminina oder ›das‹ statt ›dem‹ bei Neutra gebraucht wurde. Diese Beobachtungen legen nahe, dass die länger anhaltenden Kasusfehler bei Kindern nicht vorrangig auf Probleme mit der grammatischen Kategorie an sich zurückgehen, denn in diesem Fall müssten sich Kasusfehler beim Dativ in allen drei Genusformen gleichermaßen zeigen, und Kasusfehler beim Akkusativ sollten definite und indefinite maskuline Artikel ähnlich betreffen. Offensichtlich bestehen aber gerade dann Probleme, wenn zu differenzierende Formen sehr ähnlich klingen (wie im Fall von ›den-dem‹ und ›ein-einen‹). Der Kasuserwerb wird also durch die akustische Wahrnehmbarkeit der Form mit beeinflusst.

Dass auch sprachstrukturelle Aspekte eine Rolle spielen und wiederum zu einem uneinheitlichen Erwerbsmuster führen, zeigt eine weitere Studie zum Kasuserwerb. Eisenbeiss et al. (2005) fanden in der Spontansprache von 5 Kindern zwischen 2;6 und 3;6 Jahren, dass Fehler beim strukturellen Kasus (Markierung von Subjekt sowie direktem und indirektem Objekt, Beispiel: DAS SAG ICH DIE MAMA) seltener auftraten als beim lexikalischen Kasus (Dativmarkierung bei spezifischen Verben und Kasus nach Präpositionen, Beispiel: MIT DIE BIRNE).

Zusammenfassend lässt sich festhalten, dass die Komplexität, die geringe Transparenz und die erschwerte akustische Wahrnehmbarkeit des deutschen Kasussystems offensichtlich zu langwierigen Lernprozessen führen. Allerdings ist die Evidenz aus verfügbaren empirischen Studien begrenzt, da die bislang vorliegenden Studien nur wenige Kinder einbezogen und nicht über das Alter von vier Jahren hinausgehen.

6.4 Erwerb der Verbflexion

6.4.1 Erwerb der Personalflexion

Beim Erwerb der Verbflexion ist vor allem die grammatische Kategorie der Person in Verbindung mit der Kategorie Numerus relevant. Durch die Flexionssuffixe –e, –st, –t und –en werden im Deutschen die erste, zweite und dritte Person im Singular und im Plural markiert. Ein Blick auf den Formenbestand macht gleich deutlich, dass Mehrdeutigkeiten bestehen. So ist das Suffix –en für die erste und dritte Person Plural gleichlautend mit dem Infinitiv (›wir/sie lachen‹); –t erscheint in der dritten Person Singular und der zweiten Person Plural (›er/ihr lacht‹). Da –e in der ersten Person Singular auch ausgelassen werden kann (›ich mach(e)‹), erweist sich nur –st als eindeutige Markierung der zweiten Person Singular. Besonderheiten treten bei Modalverben und bei Kopulaverben auf, z.B. bestehen im suppletiven Paradigma des Verbs ›sein‹ besondere Formen. Da sich die Verbform nach den Merkmalen des Subjekts hinsichtlich Numerus und Person richtet (Subjekt-Verb-

Kongruenz), ist der Erwerb der Verbflexion eng mit der syntaktischen Entwicklung verknüpft.

Beobachten lässt sich der Erwerb der Verbflexion ab dem Auftreten von Mehrwortäußerungen mit Verben. Flektierte Verbformen erscheinen in der frühen Phase oft zunächst als unanalysierte, ganzheitlich gespeicherte »Amalgamformen« wie DASISA (= das ist er) oder WEISINED (= weiß ich nicht, Beispiele aus Klampfer et al. 2001). Die von Clahsen (1986) erstellte Reihenfolge im Auftreten der Verbflexive konnte in neueren Studien (z.B. Bittner 2000b, Klampfer et al. 2001) im Wesentlichen bestätigt werden. Demnach werden Vollverben zunächst als Stammformen ohne Suffix (DU GEH) oder als Infinitivformen (MAMA SUCHEN, Beispiel aus Rothweiler 2002) realisiert, die auf andere Kontexte bzw. Personen übergeneralisiert werden. Vereinzelt tritt auch –t auf. Als nächstes wird –e verwendet (LEINE MACHE, Beispiel aus Rothweiler 2002) und ebenfalls übergeneralisiert (ICH WEIßE, ICH KANNE). Der Erwerb des Flexionsparadigmas schließt mit dem Auftreten des Flexivs –st für die zweite Person Singular ab. Dieses erscheint zuletzt und wird kaum auf andere Kontexte übertragen. Die beiden von Klampfer und anderen (2001) beobachteten Kinder produzierten –st im Alter von 2;4 bzw. 3 Jahren. Ein weiteres in einer Einzelfallstudie untersuchtes Kind (Köhler & Bruyère 1996) verwendete mit 2;2 Jahren 71% infinite Verbformen (darunter meist Infinitive, wenig Verbstämme), deren Anteil in den folgenden sechs Monaten auf ca. 30% zurück ging. Wurden die Verben flektiert, gab es nur selten Kongruenzfehler. Zuerst trat das Flexiv –t auf, später folgten –e für die erste Person singular sowie –st. Die dritte Person Plural wurde erst ab 2;6 häufiger markiert.

Als allgemeine Entwicklungssequenz kann festgehalten werden, dass Singularformen vor Pluralformen und die erste und dritte Person vor der zweiten Person korrekt verwendet werden. (Klampfer et al. 2001). Wenn Kinder Suppletivformen von ›sein‹ benutzen, dann geschieht dies überwiegend mit korrekter Kongruenz zum Subjekt ohne Übergeneralisierung. Innerhalb dieser generellen Sequenz wurden individuelle Differenzen gefunden, die zum einen den Beginn und zeitlichen Verlauf des Erwerb der Verbflexion betreffen und zum anderen die Flexive, die als Einstieg gewählt werden. So ist es individuell variabel, ob –t vor –e auftritt oder umgekehrt (Klampfer et al. 2001).

Grijzenhout & Penke (2005) weisen darauf hin, dass eine korrekte Personalflexion nur stattfinden kann, wenn die phonologischen, genauer gesagt die phonotaktischen Fähigkeiten des Kindes es erlauben, zunächst geschlossene Silben mit Finalkonsonanten (z.B. in ›er geht‹) und später komplexere Silbenstrukturen zu realisieren. So erfordert die Produktion von Formen wie ›du gibst‹ / ›du trankst‹ die Produktion mehrteiliger Konsonantenverbindungen im Wortauslaut (siehe auch Kapitel 4.2.3).

Bittner (2000b, 2003) untersuchte in detaillierten, längsschnittlichen Einzelfallstudien die allmähliche Entwicklung des verbalen Paradigmas. Anhand von Spontansprachdaten deutschsprachiger Kinder wird nicht nur das Auftreten von Suffixen dokumentiert, sondern auch untersucht, welche Flexive mit welchen Verbstämmen verbunden und auf welche Person bezogen werden. Die Daten verweisen auf eine Entwicklung, die durch die aufeinander folgenden Stadien der Prämorphologie, der Protomorphologie und der zielsprachlichen

Morphologie gekennzeichnet ist. Vor der Entdeckung morphologischer Paradigmen verwenden Kinder in der Phase der Prämorphologie eher ganzheitlich gespeicherte Formen und meist nur eine Flexionsform pro Verb. Wenn eine kritische Masse in Bezug auf die Größe des Verblexikons erreicht ist (laut Bittner 2000b ist diese bei etwa 100 Verben anzusetzen), werden systematische Relationen zwischen Verbformen erkannt. Nun entstehen die ersten zielsprachähnlichen Differenzierungen im Gebrauch flektierter Formen. Flexionsformen erscheinen in dieser Phase der Protomorphologie nicht mehr nur an ein Verb gekoppelt, sondern werden auf weitere Verben übertragen. Basale Oppositionen des morphologischen Systems zeigen sich in Form von »Miniparadigmen«, bei denen mindestens drei unterscheidbare Flexionsformen für dasselbe Verb gefunden werden, die spontan in unterschiedlichen Kontexten gebraucht werden (z.B. Differenzierung zwischen ›malen‹ – ›malt‹ – ›mal‹). Daraufhin wird das Paradigma aufgefüllt und eine zunehmende Annäherung an die Zielsprache erreicht. Der Flexionserwerb wird hier als Übergang von ganzheitlichen Lernmechanismen über akkumulatives Lernen zur Generalisierung und Abstraktion von Mustern modelliert.

Wie und wann sich diese Entwicklung an einem Einzelfall konkret vollzieht, stellt Bittner (2000b, 2003) am Beispiel des Kindes Anna dar. Die prämorphologische Phase, in der etwa ein Viertel aller Äußerungen ein Verb enthielten, durchlief Anna in einem Alter von 1;8 bis 1;10 Jahren. Hier herrschte das Suffix –en vor, das in vielen Kontexten eingesetzt wurde: –en konnte sich auf die erste Person beziehen wie in HAUSSCHUH AUSZIEHEN (Kontext ›ich ziehe meine Hausschuhe aus‹), auf die zweite Person wie in AUSSCHLAFEN? (Kontext ›hast Du ausgeschlafen?‹) oder auf die dritte Person wie in PUPPE ESSEN (Kontext ›die Puppe isst‹). 79% aller Verben wurden nur mit einer morphologischen Form realisiert. Zusätzlich tauchten Stammformen und mit –t flektierte Verben auf, die beide oft ambig waren. So kann der Verbstamm sowohl einen Imperativ oder ein fehlendes Suffix anzeigen (z.B. PAPA GUCK). Bei 50% der Markierungen mit –t blieb unklar, ob eine flektierte Verbform oder aber eine verkürzte Partizipform als Zielform angenommen werden kann (z.B. DU WEINT? im Kontext von ›du weinst‹ / ›hast geweint‹). Gegen Ende der prämorphologischen Phase erschienen erste Formkontraste, meist zwischen –en und –t (z.B. ›aufmachen‹ – ›aufmacht‹ mit 1;9). Ein Verbspurt mit 1;11 leitete die protomorphologische Phase ein. Nun enthielt die Hälfte aller Äußerungen ein Verb. Die Verwendung von –e wurde häufiger, am Ende der Phase tauchte vereinzelt –st auf. Die Paradigmen erweiterten sich und umfassten mindestens dreiteilige Kontraste. Unklare Form-Funktionsbeziehungen nahmen ab. Gegen Ende der Phase mit 2;0 markierte Anna die Subjekt-Verb-Kongruenz bei der Hälfte ihrer Äußerungen korrekt. In der letzten Phase kamen Modalverben und Hilfsverben hinzu und –st wurde häufiger verwendet.

6.4.2 Tempuserwerb

Eine weitere grammatische Kategorie, die im Deutschen u.a. durch Flexionsmorpheme markiert wird, ist das Tempus, das unter anderem anzeigt, in welchem zeitlichen Verhältnis der sprachlich ausgedrückte Vorgang zum Sprechzeitpunkt steht. Die Tempusformen Präsens und Präteritum werden durch Flexionssuffixe (›kauf-t-e‹) und ggf. durch Stammveränderungen (›trank‹) realisiert. Beim Perfekt und Plusquamperfekt wird eine zusammengesetzte Verbform mit den Hilfsverben ›haben‹ oder ›sein‹ und dem Partizip gebildet, wobei das Partizip meist das Präfix ge– sowie entweder das Suffix –t oder –en enthält (›hat/hatte gekauft/getrunken‹, ›ist/war geklettert/gefallen‹). Im kindlichen Spracherwerb ist eine klare Präferenz für das Präsens festzustellen. Darüber hinaus sind auch Partizipformen (die für das Perfekt benötigt werden) zu beobachten. Die Zeitformen des Futurs und des Präteritums sind in der gesprochenen Sprache von Kindern dagegen selten (Klampfer et al. 2001). Formen des Präteritums tauchten bei Bittner (2000b) nach Präsensformen und Partizipien auf und bezogen sich dann vor allem auf Formen des »sein«-Paradigmas (OMA WAR DAS mit 2;0 Beispiel Bittner 2000b). Zeitformen im Futur mit ›werden‹ als Hilfsverb fanden sich in den Einzelfalldaten von Abbot-Smith und Behrens (2006) erst ab dem Alter von 2;7, sie stiegen nur langsam an und wurden mit drei Jahren nur sehr selten verwendet.

Erste Partizipformen sind in der Spontansprache bereits vor Ende des zweiten Lebensjahres zu beobachten (Clahsen & Rothweiler 1993). Diese können vereinzelt bereits als vollständig korrekte Formen erscheinen und sind als ganzheitlich übernommene, unanalysierte Formen zu interpretieren. Häufige Fehler in der Partizipbildung bestehen in Auslassungen des Präfixes oder des Suffixes. Präfixauslassungen (AUCH EIN GELD GEBT, GESTERN HAB ICH ZUGUCKT, Beispiele aus Bittner 2003) resultieren aus der Schwierigkeit, unbetonte Initialsilben zu produzieren; sie gehen zurück, wenn die entsprechenden prosodische Muster realisiert werden können (vgl. Kapitel 4.3). Die prosodische Regel, nach der Partizipien im Deutschen mit einer unbetonten Silbe beginnen, führt zum Einen zur Notwendigkeit der ge– Präfigierung bei Verbstämmen, die mit einer betonten Silbe beginnen (z.B. ›flöten‹ – ›geflötet‹), zum Anderen erklärt sie das Fehlen von ge– bei Verstämmen, deren erste Silbe bereits unbetont ist (z.B. ›trompeten‹ – ›*getrompetet‹). Auch bei der Partizipbildung zeigt sich wieder die enge Verbindung zwischen lexikalischer Prosodie und Morphologie im Spracherwerb.

Suffixauslassungen sind noch bis ins dritte Lebensjahr zu beobachten. Noch länger halten sich die so genannten Überregularisierungen, bei denen das reguläre Suffix –t des Partizips von schwachen Verben (wie in ›gelacht‹) auf unregelmäßige Verben übertragen wird (AUSGETRINKT und ANEZIEHT, Beispiele Rothweiler 2002). Dieses Phänomen kommt bei maximal 10% aller Partizipien bei drei- bis vierjährigen Kindern vor (Clahsen & Rothweiler 1993, Rothweiler 2002) und weist darauf hin, dass das Kind begonnen hat, die Regularitäten der Partizipbildung zu erkennen und auf neues Wortmaterial zu übertragen, solange die irreguläre Partizipform noch nicht aus dem Input übernommen und gelernt wurde.

Ob eine reguläre Tempusform nicht einfach unanalysiert aus dem Input übernommen, sondern produktiv konstruiert wird, erweist sich zum einen an den bereits erwähnten Überregularisierungen, für die es kein Modell im Input gibt. Eine andere Möglichkeit bieten Experimente mit Nichtwörtern (siehe Kapitel 2). Wittek und Tomasello (2002) präsentierten Kindern im Alter von 2;6 bis 3;6 neue Handlungen, die mit Kunstverben belegt wurden (ein Beispiel findet sich in Tabelle 4 in Kapitel 2). Um die Produktion eines Partizips zu elizitieren, wurden Verben im Infinitiv vorgegeben (»Der Elefant kann auf der Brücke mieken«), die Kinder wurden daraufhin aufgefordert, das Partizip zu bilden (»Was hat der Elefant gemacht? Er hat auf der Brücke __...«). Ab einem Alter von 2;6 gelang es vielen, jedoch nicht allen Kindern, Partizipien zu bilden. Die Leistungen verbesserten sich mit dem Alter, waren aber bis zum Alter von 3;6 noch nicht stabil. In einem zweiten Experiment wurde überprüft, ob Kinder auch das Hilfsverb, das zur vollständigen Realisierung des Perfekts notwendig ist, bilden können. Dazu sollten dreieinhalbjährige Kinder nach Vorgabe eines neuen Verbs im Infinitiv das Partizip mit passendem Hilfsverb verwenden (Beispiel: »Der Clown kann auf das Kissen tammen. Du weißt doch, dass der Clown auf das Kissen ge_...«). Nur die Hälfte der Kinder verwendete überhaupt ein Auxiliar. Wurde ein Hilfsverb produziert, gab es eine starke Präferenz für ›haben‹. Die Unterscheidung zwischen den Hilfsverben in Abhängigkeit von der Verbsemantik (›haben‹ für transitive Verben und Handlungsverben und ›sein‹ für intransitive Verben, die meist Bewegungsarten oder Zustands- bzw. Ortsveränderungen beschreiben) wurde noch nicht erfasst. Offensichtlich wird die Perfektbildung in diesem Alter noch nicht vollständig beherrscht.

Der Überblick über den Erwerb wichtiger morphologischer Paradigmen des Deutschen (Numerus, Kasus, Personalflexion des Verbs und Tempus) hat verdeutlicht, dass morphologisch markierte Wortformen bereits früh in der Spontansprache von Kindern auftreten. Trotzdem wird noch eine längere Zeit benötigt, bis die Paradigmen sicher und fehlerfrei bewältigt werden. Während die Subjekt-Verb-Kongruenz mit etwa drei Jahren etabliert ist, bleiben Fehler in der Numerus- und Kasusmarkierung noch während des Vorschulalters bestehen.

7 Erwerb syntaktischer Fähigkeiten

Experimentelle Befunde zur frühen Sprachwahrnehmung konnten nachweisen, dass Vorläufer der syntaktischen Entwicklung wesentlich früher zu beobachten sind, als bis vor einiger Zeit angenommen wurde. Wie schon im dritten Kapitel ausgeführt wurde, entwickeln sich bereits im ersten Lebensjahr wichtige frühe Verarbeitungsfähigkeiten, die für den Einstieg in die Syntax relevant sind (Weissenborn 2000, Penner et al. 2006). Eine ist das Erkennen von Funktionswörtern ab etwa sieben Monaten. Die Fähigkeit, Funktionswörter im Sprachstrom wiederzukerkennen, leistet nicht nur eine Hilfsfunktion für die Wortsegmentierung, sondern kann auch die Entdeckung grammatischer Kategorien erleichtern. Mit etwa neun Monaten können Kinder Konstituenten aufgrund prosodischer Eigenschaften als zusammengehörig erkennen, was darauf hindeutet, dass syntaktische Einheiten als solche wahrgenommen werden. Auch die Fähigkeit zur syntaktischen Kategorisierung ab etwa 16 Monaten (vgl. Kapitel 3) ist eine notwendige Voraussetzung, um Wissen über Wortkategorien und Phrasen aufzubauen. Mit etwa 17 Monaten verstehen Kinder einfache Satzstrukturen, haben also grundlegende Wortstellungsregeln rezeptiv erworben. Eine Sensitivität für Verstöße gegen grammatische Regularitäten ist mit etwa 18 Monaten ausgeprägt (Weissenborn 2000). Penner und andere (2006) folgern, dass Kinder noch vor dem zweiten Geburtstag über ein umfangreiches rezeptives grammatisches Wissen verfügen. Wesentliche Strukturmerkmale der Muttersprache werden offensichtlich verarbeitet, bevor dies in den produktiven Äußerungen auch ersichtlich wird (Weissenborn 2000: 148).

7.1 Anfänge des Syntaxerwerbs

Die produktive Syntaxentwicklung setzt mit dem Auftreten von Wortkombinationen ein, die einen wichtigen Meilenstein der Sprachentwicklung markieren, der ab etwa eineinhalb Jahren einsetzt (Clahsen 1986). Bleibt dieser Entwicklungsschritt bis zum Alter von zwei Jahren aus, so kann dies auf eine Verzögerung der Sprachentwicklung hinweisen. Wahrscheinlich ist für das Einsetzen von Wortkombinationen eine Mindestmenge an Wörtern erforderlich (Thal et al. 1996, Bates et al. 1988). Häufig beginnen Kinder dann Wörter zu kombinieren, wenn ihr produktives Vokabular mindestens 50 Wörter umfasst. Darüber hinaus wird angenommen, dass ein Zuwachs an Verben den Einstieg in die Wortkombinationen begünstigt. Mit den typischen frühen Zweiwortäußerungen, die in ähnlicher Form in unterschiedlichen Sprachen erscheinen, drückt das Kind grundlegende Relationen aus (Szagun 2006: 68). Diese beziehen sich auf das Vorhandensein oder Nicht-Vorhandensein von Personen oder Objekten (AUTO DA, HUND WEG, dieses und alle folgenden Beispiele aus Szagun 2006), auf den Handlungsträger und eine Handlung (BABY WEINT) oder ein Objekt (ANNA AUTO), auf Objekte und Handlungen (WASSER HABE), auf Lokalisierungen (PFERD

REIN, BABY STUHL), auf nähere Bestimmungen (ARME KATZE) oder Besitzverhältnisse (MAMA BEIN).

Nachdem die produktive Grammatikentwicklung mit dem Auftreten von Wortkombinationen in Gang gekommen ist, ist die weitere syntaktische Entwicklung zunächst durch einen stetigen Anstieg der Äußerungslänge gekennzeichnet. Die durchschnittliche Äußerungslänge (MLU, siehe Kapitel 2.2.1) wird berechnet, indem die Anzahl aller Wörter bzw. die Anzahl aller Morpheme eines Sprachausschnitts durch die Gesamtanzahl der Äußerungen geteilt wird. Im Deutschen ist die Verwendung des MLU-Wertes in Bezug auf Wörter gebräuchlich, während Studien zum Spracherwerb im Englischen oft die Anzahl der Morpheme als Zählerwert verwenden. Die MLU korreliert mit dem Alter (Klee 1992), d.h. mit zunehmendem Alter werden die Äußerungen von Kindern länger. Sie wird als grobes Maß des Sprachentwicklungsstandes und der grammatischen Komplexität herangezogen.

Brown (1973) verfolgte das Anwachsen der Äußerungslänge bei drei Kindern längsschnittlich in der Altersspanne von 18 bis etwa 44 Monaten und wies bereits darauf hin, dass der Zeitpunkt des Einsetzens von Wortkombinationen sowie der weitere Anstieg der MLU individuell variieren. Besonders Szagun (2007) betont die große Variabilität bei zweijährigen Kindern. Zehn Prozent der Kinder ihrer Stichprobe produzierten noch gar keine Wortkombinationen, während andere bereits komplexe Sätze bildeten. Bei dreijährigen Kindern ermittelte Kauschke (2000) eine MLU von durchschnittlich drei Wörtern. Rice und andere (2010) untersuchten die Äußerungslänge in Wörtern und Morphemen bei Kindern in verschiedenen Altersklassen zwischen zweieinhalb und neun Jahren. Mit zweieinhalb umfassten die Äußerungen etwa 2,9 Wörter, die MLU stieg dann auf etwa vier Wörter mit vier Jahren. In den folgenden Jahren war ein leichter, stetiger Zuwachs zu verzeichnen, bis die Äußerungslänge ab siebeneinhalb Jahren etwa 5 Wörter umfasste.

Diese Verlängerung der kindlichen Äußerungen entsteht, weil die Anzahl der realisierten Konstituenten pro Äußerung sowie die Anzahl der Wörter innerhalb einer Phrase ansteigen. Zunehmend werden obligatorische Elemente realisiert, beispielsweise nimmt die Auslassung von Artikeln oder Subjekten allmählich ab (Weissenborn 2000). Die Weiterentwicklung syntaktischer Fähigkeiten lässt sich allerdings nur anfangs durch den MLU-Anstieg abbilden, denn in späteren Phasen des Grammatikerwerbs bestehen die Fortschritte in einer steigenden Komplexität und Flexibilität der Satzstrukturen, die sich nicht direkt auf die Satzlänge auswirken.

Bevor auf den Erwerb spezifischer syntaktischer Strukturen eingegangen wird, soll hervorgehoben werden, dass sich sowohl die Erhöhung der Äußerungslänge als auch das Wachstum der grammatischen Komplexität nicht unabhängig von der Lexikonentwicklung vollziehen (Dale et al. 2000, Devescovi et al. 2005). Dafür spricht, dass Wortkombinationen erst bei Erreichen einer ausreichenden Lexikongröße einsetzen (siehe oben). Für den Spracherwerb des Deutschen bestätigte eine Längsschnittstudie (Kauschke 2000, Kauschke im Druck), dass die Wortschatzgröße der untersuchten Kinder mit 21 Monaten mit der MLU sowie mit anderen grammatischen Variablen im Alter von 36 Monaten korrelierte. Je mehr Wörter die Kinder in der frühen Phase verwendeten, umso länger, korrekter und komplexer waren ihre Äußerungen mit drei Jahren. Diese Korrelationen unterstreichen Entwicklungszusammenhänge zwischen lexikalischen und syntaktischen Fähigkeiten.

Wie sehen nun die syntaktischen Strukturen aus, die im Laufe des Grammatikerwerbs im Deutschen von Kindern produziert werden? In den ersten Mehrwortäußerungen fehlen noch funktionale Elemente wie Artikel sowie oft auch obligatorische Konstituenten wie Subjekt oder Verb. Wie in den obigen Beispielen aus Szagun (2006) deutlich wurde, werden grundlegende Relationen ausgedrückt, indem Inhaltswörter miteinander oder mit relationalen Elementen verbunden werden. Chilla (2008: 51) klassifiziert frühe Mehrwortäußerungen unter Berücksichtigung der syntaktischen Struktur und unterscheidet Subjekt-Verb-Kombinationen (ICH MACHEN, dieses und folgende Beispiele aus Chilla 2008), subjektlose Äußerungen (AUTO SPIEL), verblose Äußerungen (MAMA SAFT) und Äußerungen ohne Subjekt und Verb (DAS LEINE für »ich will das alleine machen«). Wichtige Elemente früher Mehrwortäußerungen sind ›auch‹ und später ›nicht‹ in Äußerungen wie MAMI AUCH KETTE oder NICHT PAPA UMSCHMEIßEN (Beispiele aus Tracy 2007), die als Vorläufer von Verbzweitstrukturen interpretiert werden (Penner et al. 1999).

Ein wichtiger Meilenstein der Syntaxentwicklung ist die Verwendung des obligatorischen Artikels in der Nominalphrase. In der frühen Phase des Grammatikerwerbs werden Artikel häufig ausgelassen (MAMA BALL SUCHEN, Beispiel aus Rothweiler 2002), obwohl diese bereits rezeptiv erkannt und zum Aufbau grammatischer Kategorien und Strukturen genutzt werden. Das Fehlen von Artikeln in der Produktion liegt laut Weissenborn (2000) daran, dass die komplexen Bedingungen für den Gebrauch vor allem des bestimmten Artikels bei verschiedenen Untergruppen von Substantiven noch nicht vollständig erworben wurden. Allmählich lernt das Kind, dass der Artikel bei zählbaren Gattungsbegriffen obligatorisch ist, während er bei Eigennamen und Stoffnamen optional auftritt (›ich suche den Ball/*Ball‹, aber ›ich trinke die Milch/Milch‹). Artikel werden wie im obigen Beispiel MAMA BALL SUCHEN vor allem in der Objektposition ausgelassen (Dietrich & Weissenborn 2008). Möglicherweise werden Gattungsbegriffe hier fälschlicherweise wie Nomen behandelt, die eine Einheit mit Verben eingehen können und daher auch ohne Artikel verwendet werden können (vgl. ›Ball spielen‹ und ›*Ball suchen‹). Betrachtet man das Transkript am Ende von Kapitel 7.2.1, so ist zu sehen, dass die zweijährige Julia generisch gebrauchte Nomen wie ›Auto‹, ›Blume‹ oder ›Schnecke‹ bereits in Form einer Nominalphrase mit unbestimmtem Artikel realisiert, auch wenn in diesem Alter noch altersadäquate morphologische Verstöße in Bezug auf die Markierung von Genus, Numerus oder Kasus auftreten (EIN NECKEN).

7.2 Erwerb einfacher Satzstrukturen

Die weitere Entwicklung der Syntax umfasst den Erwerb der zielsprachlichen Wortstellung in einfachen und komplexen Sätzen und bei verschiedenen Satzarten.

7.2.1 Erwerb der Verbzweitstellung im Aussagesatz

Die Position des Verbs ist im Deutschen in Abhängigkeit von der Satzart geregelt. Es besteht eine variable, aber regelbasierte Wortstellung, die mit dem Stellungsfeldermodell beschrieben werden kann (zu einer Einführung siehe Habermann 2009, Pittner 2009). Die verschiedenen Felder des Satzes werden durch die so genannte Satzklammer strukturiert. Den linken Teil der Klammer besetzt das finite Verb (klammeröffnendes Element), während gegebenenfalls auftretende infinite Verbformen oder Verbpartikeln den rechten Teil der Klammer darstellen (klammerschließende Elemente). Ist nur der linke Klammerteil besetzt, so bleibt die Satzklammer offen, bei zweiteiligen Verbformen ist sie geschlossen. Vor dem linken Klammerteil befindet sich das Vorfeld, zwischen den Klammerteilen das Mittelfeld und hinter dem rechten Klammerteil das Nachfeld (Pittner 2009: 63). In Tabelle 15 wird das Stellungsfeldermodell veranschaulicht (siehe auch Habermann 2009: 82); Ausgangspunkt für die ausgewählten Sätze ist die Äußerung eines Kindes, das im Alter von zwei Jahren ICH HAB EIN BLUME DEMALT produziert (Transkriptausschnitt siehe unten).

	Vorfeld	**Linke Klammer**	**Mittelfeld**	**Rechte Klammer**
			Verberststellung	
1		Male	eine Blume	
2		Hast	du eine Blume	gemalt
3		Kannst	du eine Blume	malen
			Verbzweitstellung	
4	Ich	habe	eine Blume	gemalt
5	Eine Blume	male	ich heute	
6	Heute	male	ich eine Blume	aus
7	Was	hast	du heute	gemalt
			Verbletztstellung	
8		weil	ich eine Blume	gemalt habe
9		ob	sie eine Blume	malt

Tabelle 15: Stellungsfeldermodell

Das Verb stellt den syntaktischen Fixpunkt dar, um den herum sich andere Konstituenten positionieren lassen. Im Aussagesatz steht das finite Verb im linken Klammerteil, zusätzlich muss das Vorfeld besetzt sein (Beispielsätze 4–7 in Tabelle 15). Häufig, aber nicht zwangsläufig wird das Vorfeld durch das Subjekt besetzt (4), aber auch andere Satzglieder wie Objekte (5) und Adverbiale (6) können diese Position einnehmen (Pittner 2009). Während das Vorfeld nur mit einer Konstituente besetzt sein darf, kann das Mittelfeld mehrere Konstituenten (wie Subjekt, Objekt und/oder Adverbial) enthalten. Verbzweitstellung ist auch bei Informationsfragen gegeben, wobei das Fragepronomen im Vorfeld steht (7). In Entscheidungsfragen bleibt das Vorfeld leer, so dass sich eine Verberststellung ergibt (2,3). Bei Imperativsätzen bleibt das Vorfeld ebenfalls unbesetzt (1). In Nebensätzen dagegen wird die Satzklammer durch die Konjunktion im linken und das finite Verb im rechten Klammerteil realisiert. So ergibt sich die Verbend- oder Verbletztstellung (8,9).

Die Erwerbsaufgabe des Kindes liegt also darin, sowohl Regularitäten zu erlernen (z.B. dass das finite Verb im Hauptsatz in der zweiten, im Nebensatz jedoch in der letzten Position stehen muss) als gleichzeitig auch Gebrauch von den variablen Möglichkeiten der Felderbesetzung zu machen (z.B. Subjekte und Objekte flexibel ins Vorfeld oder Mittelfeld zu stellen). Ein entscheidender Meilenstein ist der Erwerb der Verbzweitstellung in Aussage- und Fragesätzen, der von Tracy (2007) als neuer qualitativer Sprung in der Syntaxentwicklung gewertet wird. Dieser vollzieht sich in einer schrittweisen Entwicklungssequenz. Für frühe Kinderäußerungen sind infinite Verben in der finalen Satzposition (rechter Klammerteil) typisch. Diese Infinitivkonstruktionen stehen in Einklang mit den syntaktischen Regularitäten des Deutschen, nach denen unflektierte Teile des Prädikates am Satzende stehen. In Äußerungen wie ICH SCHAUFEL HABEN (Beispiel aus Rothweiler 2002), HIER BUCH VORLESEN (Beispiel aus Clahsen 1986) oder MONE AUCH LUMP AUSZIEHEN (Beispiel aus Clahsen et al. 1996) werden somit bereits basale Wortstellungsregeln berücksichtigt, die Kinder sind »eigentlich von Anfang an auf dem richtigen Weg« (Tracy 2007: 80).

Clahsen und Kollegen (1996) untersuchten die Position des Verbs in Aussagesätzen in der frühen Kindersprache und stellten fest, dass etwa 98% aller infiniten Verben in der Finalposition standen. Im weiteren Verlauf wurden parallel zum Erwerb der Verbflexion finite Verben an die zweite Position (in den linken Klammerteil) bewegt. Damit wurden Aussagesätze wie DU SOLLST NICHT KOCHEN (Beispiel aus Rothweiler 2002), IMMER FÄLLT DIE UM (Beispiel aus Clahsen 1986) oder ICH BAU EIN TURM MIT EIN UHR (Beispiel aus Tracy 2007) möglich. Finite Verben wurden überwiegend (laut Clahsen et al. 1996 in etwa 90% aller Fälle) in die Zweitposition bewegt, in selteneren Fällen wurden auch flektierte Verben in der Endposition von Aussagesätzen beobachtet. Beispiele für diese in einer Übergangsphase auftretenden nicht-zielsprachlichen Verbpositionen sind: MÄUSCHEN DA REINKLETTERT (Clahsen et al. 1996), DER TEDDY ZU DICK IS (Clahsen 1986) oder WAS PAPA MACHT? (Tracy 2007). Möglicherweise orientieren sich Kinder hier an eingebetteten Sätzen (z.B. ›ich weiß was Papa macht‹), sie finden also durchaus in der Zielsprache Belege für diese Position (Tracy 2007). Wesentlich seltener (nach Clahsen et al. nur in etwa 2% der Fälle) erschienen unflektierte Verben in der linken Satzklammer, z.B. DAS DA RUTSCHEN NICHT RUNTER (Verb im Infinitiv, Beispiel aus Clahsen et al. 1996) oder HOFFENTLICH ESS DAS PIEPMATZ DAS NICHT AUF (Verbstamm, Beispiel aus Penke 2001). Diese Strukturen sind wahrscheinlich deshalb seltener als flektierte Verbletztpositionen, weil infinite Verben in der Zweitposition im Deutschen nicht vorkommen und daher gegen die Zielsprache verstoßen, während flektierte Verben in der Endposition in einer anderen Satzart (Nebensatz) möglich sind. Die Daten wurden als Beleg für eine typische Entwicklungslinie für Aussagesätze interpretiert, die von Sätzen mit unflektierten Verben in der Finalposition zu Sätzen mit flektierten Verben in der Zweitposition verläuft. In Bezug auf die Vorfeldbesetzung kann es vorkommen, dass ein Kind zunächst nur Subjekte ins Vorfeld stellt, bevor es dazu übergeht, unterschiedliche Konstituenten voranzustellen (Weissenborn 2000). Für vorangestellte Adverbiale finden sich zahlreiche Belege in kindersprachlichen Äußerungen, z.B. JETZT IS DER NICH MEHR TRAURIG (Beispiel aus Penke 2001).

Clahsen (1986) wertete die Entwicklung des Kongruenzsystems als wesentliche Voraussetzung für die Verbzweitregel, da die Bewegung des Verbs von der finalen Position in die linke Satzklammer an die Verbflexion gebunden sei. Diese Annahme wird kontrovers diskutiert. So argumentiert Weissenborn (1990) für voneinander unabhängige, aber zeitlich zusammen fallende Prozesse. Weitere Autoren betonen, dass das Variationsspektrum hinsichtlich der Verbposition im Spracherwerb größer sei als bislang angenommen wurde (Fritzenschaft et al. 1990, Tracy 1994). Eine direkte Abhängigkeit zwischen dem Erwerb des Flexionsparadigmas und der Anwendung der korrekten Verbposition könne nicht postuliert werden, da flekierte Verbendstellungen und unflektierte Verbzweitstellungen zwar nicht dominant sind, aber durchaus vorkommen. Das erste Phänomen deutet darauf hin, dass die Verbflexion nicht automatisch zur Bewegung des Verbs in die Zweitposition führt; das zweite zeigt, dass die Finitheit selbst in der linken Satzklammer entgegen der zielsprachlichen Regel noch nicht obligatorisch realisiert wird.

Eine deutliche Variabilität der Verbpositionen illustrieren detaillierte Einzelfallstudien (zur syntaktischen Entwicklung von fünf Kindern bei Fritzenschaft et al. 1990 siehe unten). Köhler und Bruyère (1996) verfolgten sechs Monate lang die syntaktische Entwicklung des Kindes Nico. Wie bereits im Kapitel zur Verbflexion beschrieben wurde, reduzierte sich der Anteil infiniter Verben bei Nico im Zeitraum zwischen 2;2 und 2;8 von 70% auf 30%. Für den Gebrauch flektierter Verbformen ließ sich erwartungsgemäß bestätigen, dass diese meist (in etwa 90%) in der Zweitposition erscheinen. Beispiele sind MAMA KOCHT SUPPE (Subjekt im Vorfeld) oder FLEISCH HAM MA AUCH (Objekt im Vorfeld). Hier zeigt sich, dass das Vorfeld flexibel besetzt und das Subjekt vor und nach dem Verb stehen kann. Flektierte Verben fanden sich vereinzelt auch in Verberstposition (Beispiele HAT EIN AUG oder FÄHRT SCHON LOK) sowie in der Endposition wie in KIRCHE AUTO FAHRT. Die Betrachtung der infiniten Verbformen entsprach jedoch nicht der bisher beschriebenen Entwicklungssequenz. Zwar standen die meisten der infiniten Verben erwartungsgemäß am Satzende, Beispiele sind POLIZIST PICKI HABEN und KIND KIRSCHEN ESSN. Überraschenderweise kamen Infinitive aber auch in der Verberstposition (Beispiele SITZN SCHIENE, HOLEN RÄDER FLUGZEUG) und zu 40% sogar in der Verbzweitposition vor (Beispiele: MANN AUSSTEIGN TRAKTOR, VORNE SITZEN MANN, MAMA HOLEN BUCHSTABEN). Wie variabel der Zusammenhang zwischen Verbflexion und Verbstellung sein kann, verdeutlicht die Beobachtung, dass Nico im

Alter von 2;6 parallel die Äußerungen MAMA TRINKEN KAFFEE, MAMA TRINKT KAFFEE und MAMA KAFFEE TRINKT produzierte.

Offenbar durchlaufen Kinder verschiedene Phasen auf dem Weg zur zielsprachlichen Verbstellung in Aussagesätzen. Dabei ist eine Bewegung von Infinitiven am Satzende hin zu flektierten Verben in der Zweiposition typisch. Gleichzeitig sind Zwischenphasen mit flektierten Verben am Satzende und infiniten Verbformen in Zweitstellung möglich, die individuell unterschiedlich sind und bislang nicht erschöpfend erklärt werden konnten.

Im Alter von zweieinhalb Jahren beherrschen die meisten Kinder die grundlegenden Regularitäten, die zur Verwendung korrekter und flexibler Aussagesätze führen, sie haben also die generalisierte Verbzweitregel erworben. Der folgende Transkriptausschnitt zeigt, dass das Kind Julia im Alter von zwei Jahren Aussagesätze korrekt mit dem flektierten Verb in der Zweitposition bildet. Bei zweiteiligen Verben erscheint das Hilfsverb im linken, das Partizip im rechten Klammerteil. Im Vorfeld kann ein Subjekt oder auch ein Objekt stehen. Obwohl Belege für die Auslassung von Subjekten und Hilfsverben (NOCH EIN MOLT) und für Verstöße gegen die Subjekt-Verb-Kongruenz (ICH HAT) zu finden sind, werden die Grundzüge der zielsprachlichen Syntax hier bereits umgesetzt.[9]

```
@Begin
@Language:           German
@Participants:       CHI Kind Julia; INT Mutter
@Age of Learner:     24;2
@Sex of Learner:     female
@Filename:           13_13_01 ganze Sätze
@Transcriber:        AW
*CHI:          oh@i, noch ein [*] [: eine] gemalt.
%pho:                                 molt.
*CHI:          ich hat [*] [: habe] einde [: eine] &necken gemalt.
%pho:                                                   demalt.
*INT:          du hast eine schnecke gema +... [>].
*CHI:          ich hat [*] [: habe] auch einde [eine] +/. [>].
*INT:                              du auch [<>].
*CHI:                            +, gemalt[<].
%pho:                              demalt.
*CHI:          ich will so eine.
%com:          Kind nimmt eine Figur aus einer Schachtel.
*INT:          ja, malst du noch eine.
*CHI:          ich mal auch eine.
*INT:          und ich mal noch +...
*CHI:          ich hab(e) ein(e) blume gemalt.
%pho:                                 demalt.
*INT:          ne [: eine] blume? #
*INT:          gut.
*CHI:          und du [?] da unten.
%pho:                    hanuntn.
```

---

[9] Zur Datenbasis siehe Fußnote 2. Das Transkript ist außerdem unter http://www.geisteswissenschaften.fu-berlin.de/v/spracherwerb/index.html zu finden).

*CHI: n [=?ein] aude [=?auge] hab(e) ich gemalt.
%pho: demalt.
*INT: n [: ein] auge?
*INT: das is(t) gut [>].
*CHI: nein, ein auto [<].
@End

7.2.2 Erwerb von Fragestrukturen

Neben Aussagesätzen sind vor allem Informationsfragesätze eine weitere Satzart, die die Berücksichtigung der Verbzweitregel erfordert. Durch Informations- oder Ergänzungsfragen, auch als W-Fragesätze bezeichnet, wird eine fehlende Teilinformation eines Sachverhaltes erfragt. Dabei wird das Vorfeld mit dem Fragepronomen besetzt, das Verb folgt in der linken Satzklammer, so dass sich eine Subjekt-Verb-Inversion ergibt. Zu Beginn werden Informationsfragen unanalysiert als feststehende Äußerungen wie ›was ist das?‹ oder ›wo ist...?‹ verwendet. Außerdem finden sich Strukturen, in denen das Fragepronomen ausgelassen wird, die Äußerung jedoch unter Berücksichtigung von Kontext und Satzmelodie als Informationsfrage aufgefasst werden kann (MACHT DU DENN? Beispiel aus Weissenborn et al. 1995, ähnlich SITZ DU DENN? aus Felix 1980). Penke (2001) findet etwa 70% Auslassungen des Fragepronomens in der frühen Phase (Beispiel: HUND MACH? im Alter von 1;11). Zwischenzeitlich kann auch ein undifferenziertes Element an die Stelle des Fragepronomens treten. Wenn ab etwa zweieinhalb Jahren Informationsfragen mit Fragepronomen gebildet werden (z.B. WER KAUFT EIN EIS? Beispiel aus Weissenborn 1990), wird die Verbzweitposition von vielen Kindern gleich korrekt realisiert. Aber auch hier bestehen Ausnahmen: Fritzenschaft und Kollegen (1990) berichten über drei Kinder, die W-Fragen phasenweise mit Verbendstellung realisieren (WARUM DER AUCH EIN KEKS ESST?). Felix (1980) setzt die Produktion korrekter W-Fragen mit Subjekt-Verb-Inversion bei etwa 2;7 Jahren an. Damit zeigt sich eine zeitliche Verbindung zum Erwerb der Verbzweitregel in Aussagesätzen.

Außer der syntaktischen Struktur müssen die verschiedenen Fragepronomen erworben werden, was eine eher lexikalische Erwerbsaufgabe darstellt. Die Reihenfolge des Erwerbs der einzelnen Fragepronomen ist individuell variabel, häufig sind Fragen mit ›wo‹ die ersten Informationsfragen. Als Tendenz lässt sich festhalten (Mills 1985), dass Fragepronomen, die nach Subjekt und Objekt fragen (›wer‹, ›was‹, ›wen‹, ›wem‹) früher produziert werden als Fragepronomen, die nach adverbialen Bestimmungen fragen (z.B. ›wann‹, ›wie‹, ›womit‹). Dieses Muster zeigt sich auch beim Verstehen von W-Fragen (Siegmüller et al. 2005). Den Abschluss der Entwicklung von Fragestrukturen bilden lange W-Fragen (WAS HAT ER GESAGT WIE ER DEN KUCHEN BACKEN WILL, Beispiel von Weissenborn et al. 1995), die laut Guasti (2004) ab etwa dreieinhalb Jahren verstanden und produziert werden.

7.3 Erwerb komplexer Satzstrukturen

7.3.1 Erwerb von Nebensätzen

Mit dem Auftreten von Nebensätzen ab circa drei Jahren steigt die syntaktische Komplexität weiter an. Das heißt nicht, dass Nebensätze erst nach abgeschlossenem Erwerb syntaktisch einfacher Sätze erstmalig auftauchen. Ansätze zur Bildung von Nebensätzen finden sich bereits in Phasen, in denen Verbflexion und Verbposition in Aussagesätzen noch nicht sicher etabliert sind (Fritzenschaft et al. 1990). Als Vorläufer treten zunächst uneingeleitete Sätze mit flektierter Verbendstellung auf, die aufgrund des Kontextes als Nebensatz interpretiert werden könnten. Ein Beispiel (aus Rothweiler 2002) ist die Äußerung _ICH GEBURTSTAG HAB als Antwort auf eine Warum-Frage. Klarere Belege für Nebensätze sind gegeben, wenn Satzeinbettungen vorgenommen werden. Rothweiler (1993, 2002) beschreibt, dass bei einigen Kindern Satzeinbettungen mit finiten Verben in der Finalposition vorkommen, die einleitende Konjunktion jedoch noch ausgelassen wird. So produzierte ein Kind im Alter von 3;2 den Satz DU SOLLS DIE MAMA SANG _ ICH IMMER EINEN UNFALL MACH (Beispiel aus Rothweiler 2002). Die Auslassung von Konjunktionen ist nach Penke (2001) zu Beginn der Nebensatzproduktion vorherrschend. Auch phonetisch undifferenzierte Platzhalterformen können die Stelle von Konjunktionen einnehmen. Später treten einleitende Konjunktionen wie ›weil‹, ›wenn‹, ›dass‹ und ›ob‹ auf (DE PUPPE LACHT IMMER WENN DE HILDE KOMMT, Beispiel von Stern & Stern, zitiert nach Rothweiler 2002). Zuletzt werden Relativsätze gebildet. Die für Nebensätze charakteristische Verbendstellung wird von vielen Kindern von Anfang an korrekt realisiert. Fritzenschaft und Kollegen (1990) zeigen jedoch, dass dies nicht generalisierbar ist, denn im Einzelfall können durchaus Verbzweitstellungen im Nebensatz auftreten (Beispiel WENN HAB I AUCH MAL BURTSTAG HABT). Im nachfolgenden Transkriptausschnitt finden sich Belege für den Gebrauch von Nebensätzen mit flektierten Verben in der rechten Satzklammer und den einleitenden Konjunktionen ›weil‹ und ›wenn‹ bei einem dreijährigen Kind.[10]

```
@Begin
@Language:            German
@Participants:        CHI Kind Vanessa; INT Mutter
@Age of Learner:      36;4
@Sex of Learner:      female
@Filename:            01_20_04 Nebensätze 1
@Transcriber:         AW
*INT:        vielleicht möchte die dame auch murmel kaufen.
*CHI:        ne [: nein], die möchte nich(t), weil sie vorher nei(n) [*] (ge)sagt [*].
*INT:        achso, hat sie vorher nein gesagt.
(...)
*INT:        darf ich mal was bei dir einkaufen, hm@ii?
*CHI:        ja, xxx du darfst meine tüte voller murmeln kriegen.
%pho:                                                  triegn.
```

---

[10] Zur Datenbasis siehe Fußnote 2, mehr zu Vanessas Sprachentwicklung in Kapitel 9.

*INT: ich soll deine tüte voller murmeln kriegen?
*CHI: ja, <weil &de> [//] <wenn &i> [//] <wenn die> &murme [//] murmeln alle sind.
*CHI: wenn keiner [*] [: keine] murmel da [//] mehr da (d)rauf [*] sind.
*CHI: ich <&mei da> [/] <&mei da> drin sind.
@End

Bis hierher wurden empirische Befunde zu Entwicklungstendenzen und -sequenzen beim Erwerb der Verbposition in Aussage-, Frage- und Nebensätzen dargestellt. Von Fritzenschaft und Kolleginnen (1990) wird für fünf Kinder detailliert aufgezeigt, wie sich diese syntaktischen Strukturformate entwickeln und welche individuellen Differenzen dabei bestehen. Bei dem Kind Paul war das dominante Muster in Aussagesätzen und in Informationsfragen die flektierte Verbzweitstellung, finite Verbendstrukturen kamen nicht vor. Dementsprechend war der Übergang zu Nebensätzen mit flektierten Verbendstellungen von einer Phase der Unsicherheit und von Satzabbrüchen gekennzeichnet; erst ab dreieinhalb Jahren gelang die Bildung von eingeleiteten Nebensätzen sicher. Max dagegen produzierte von Anfang an vielfältige Strukturformate, neben Verbzweitstellungen fanden sich Aussagesätze mit unflektierter und flektierter Verbendstellung (HIER FLEISCH GIBT) sowie Verberststellungen. Als erstes Fragepronomen trat ›wo‹ in ›wo ist...‹-Fragen auf, gefolgt von Fragesätzen mit Verbzweit- und auch mit Verbendstellung (WARUM DER AUCH EIN KEKS ESST?). Nebensätze mit flektierter Verbendstellung erschienen erst im Alter von 3;7. Sie wurden konsistent mit Verbendstellung realisiert, jedoch häufig uneingeleitet oder mit phonologisch undifferenzierten Platzhaltern an der Stelle der Konjunktion. Benny produzierte ebenfalls verschiedene syntaktische Formate, unter denen viele unanalysierte, ganzheitlich gespeicherte Formen waren (WEIß ICH NET). Bei Nebensätzen, die etwa ab drei Jahren produziert wurden, fiel im Gegensatz zu den anderen Kindern auf, dass diese durchaus auch nicht zielsprachenkonform mit Verbzweitstellung gebildet wurden (DASS DU HAST NET DIE MEERJUNGFRAU). Zwei weitere Kinder bildeten vor dem Auftreten komplexer Sätze finite Verbzweit- und Verbendstrukturen. Nebensätze traten bei beiden sehr früh auf (Beispiel 2;2: DAS SIND ALLE LEGOS DIE ICH AUSGESCHÜTTET HAB). Als Besonderheit fiel auf, dass gleichzeitig Informationsfragen mit finiter Verbendstellung gebildet wurden (WAS DU MACHST?).

Der Blick auf Daten zum Syntaxerwerb Deutsch sprechender Kinder hat deutlich gemacht, dass die Konstruktion komplexer Sätze nicht immer mühelos erfolgt und über unterschiedliche Wege verläuft, je nachdem, welche Strukturformate in der Phase des einfachen Satzes präferiert werden. Für alle Phasen finden sich entwicklungstypische Strukturen, die von vielen Kindern bevorzugt werden, aber auch in nicht geringem Maße Belege für untypische Strukturvarianten wie Aussage- und Fragesätze mit flektierter Verbendstellung (siehe dazu auch Tracy 2000), Aussagesätze mit unflektierter Verbzweitstellung oder Nebensätze mit flektierter Verbzweitstellung. Unabhängig davon, welcher Entwicklungsweg gewählt wird, gelangen letztlich alle Kinder mit ungestörtem Sprachentwicklungsverlauf bis zu einem Alter von etwa dreieinhalb bis vier Jahren zur zielsprachlichen und komplexen Syntax.

7.3.2 Erwerb von Passivstrukturen

Zum Erwerb komplexerer Strukturen des Deutschen gehört auch das seltener vorkommende Passiv. Die Verbposition in Passivsätzen entspricht zwar den Regularitäten des Aussagesatzes, jedoch müssen Transformationen vorgenommen werden, um einen Aktivsatz ins Passiv zu überführen. Dabei werden die syntaktischen Funktionen und die thematischen Rollen verändert. Das direkte Objekt eines Aktivsatzes tritt in die Subjektposition des Passivsatzes, das indirekte Objekt bleibt auch im Passivsatz in der Objektfunktion, das Subjekt bleibt unbesetzt oder wird durch ›es‹ ausgedrückt. Das Subjekt des Aktivsatzes kann durch eine Präpositionalphrase realisiert werden. Das Verb wird zweiteilig mit einem Hilfsverb in der linken und dem Partizip in der rechten Satzklammer gebildet. Mit dem Hilfsverb ›werden‹ wird die Handlung betont (Vorgangspassiv, ›der Reis wird/wurde gekocht‹), mit dem Hilfsverb ›sein‹ wird der erreichte Zustand in den Vordergrund gerückt (›der Reis ist/war gekocht‹).

Den Erwerb dieser syntaktischen Struktur untersuchten Abbot-Smith und Behrens (2006) mit einer Einzelfallstudie. Dazu verwendeten sie das dichte Korpus der Spontansprache des Jungen Leo (vgl. Kapitel 2). Da das Passiv im Deutschen insgesamt eine viel seltenere Struktur ist als das Aktiv, werden zahlreiche Aufnahmen benötigt, um dessen Entwicklung verfolgen zu können. Passivkonstruktionen machten bei Leo 1,5% aller Äußerungen mit Verben zwischen zwei und fünf Jahren (insgesamt 54000) aus. Die ersten Passivkonstruktionen wurden bereits im Alter von 2;2 Jahren mit ›werden‹ gebildet, für das ›sein‹-Passiv fand sich jedoch ein schnellerer Zuwachs. Äußerungen mit Zustandspassiv wurden schneller auf verschiedene Verben generalisiert. Der schnellere Erwerb des Zustandspassivs wird darauf zurückgeführt, dass ähnliche Konstruktionen mit dem Kopulaverb ›sein‹ und einem Adjektiv (z.B. ›etwas ist rot/groß‹) von Leo bereits häufig produziert wurden. Die oberflächliche Ähnlichkeit dieser Strukturen mit dem ›sein‹-Passiv könnte dessen Erwerb erleichtert haben.

7.3.3 Erwerb von Objektvoranstellungen

Eine weitere komplexe, da von der kanonischen Struktur abweichende Struktur stellen Aussagesätze mit vorangestellten und damit topikalisierten bzw. fokussierten Objekten dar. Dass Objekte bereits im dritten Lebensjahr durch eine Positionierung im Vorfeld hervorgehoben werden können, wurde bereits an Beispielen aufgezeigt (siehe Transkriptausschnitt in Kapitel 7.2.1: N AUDE HAB ICH DEMALT oder EIN LOCH MACHT DIE MONE Beispiel aus Weissenborn 1990; beide Äußerungen von zweijährigen Kindern). Kinder verwenden Objektvoranstellungen zunächst vor allem in Sätzen, in denen wie in den hier genannten Beispielen bereits durch das Weltwissen klar wird, welche Konstituente das Subjekt und welche das Objekt darstellt. Bei Objektvoranstellungen in semantisch reversiblen Sätzen (z.B. ›den Jungen kitzelt das Mädchen‹) ist jedoch zusätzlich eine eindeutige Kasusmarkierung notwendig, denn beide an der Handlung beteiligten Personen könnten sowohl die Rolle des Handelnden als auch des Betroffenen einnehmen. Damit ergibt sich ein enger Zusammenhang zwischen der syntaktischen und der morphologischen Entwicklung, den Clahsen und andere (1996) folgendermaßen charakterisieren: In frühen Phasen des Grammatikerwerbs steht das Subjekt meist vor dem Verb, die Position markiert also auch die Funktion nominaler Satzglieder. Nach dem Erwerb der Verbzweitregel wird das Vorfeld als Strukturposition hinzugewonnen. Da dieses flexibel mit Subjekten oder Objekten besetzt sein kann, muss nun eine Markierung der Satzglieder erfolgen, da sich sonst Ambiguitäten ergeben. Objekttopikalisierungen in reversiblen Sätzen machen Kasusmarkierungen unbedingt erforderlich.

Zwei Studien prüften das Verstehen von Sätzen mit Objektvoranstellungen mit den Methoden des Ausagierens und der Satz-Bild-Zuordnung (vgl. zur Methodik Kapitel 2). Watermeyer (2010) präsentierte drei- und fünfjährigen Kindern reversible Sätze mit Objektvoranstellung (z.B. ›den König kitzelt der Zauberer‹). Während weniger als zehn Prozent der dreijährigen Kinder derartige Sätze sicher verstanden, hatten drei Viertel der fünfjährigen Kinder die Struktur erworben. In einer Experimentreihe (Dittmar et al. 2008) wurden ähnliche Stimulussätze verwendet, jedoch Kunstverben eingeführt. Die untersuchten Kinder im Alter von 2;7 verstanden transitive Sätze nur dann korrekt, wenn eine prototypische Struktur mit dem Subjekt im Vorfeld und zusätzlich eine klare Kasusmarkierung vorlagen (z.B. ›der Hund wieft den Löwen‹). Im Alter von 4;10 Jahren konnten Kinder Sätze auch verstehen, wenn nur die Wortstellung als Hinweis diente (z.B. ›die Katze tammt die Ziege‹); hier wurde die erste Konstituente als Subjekt interpretiert. Nicht kanonische Muster mit vorangestellten Objekten wurden weder von den 2;7 Jahre alten noch von den knapp fünfjährigen Kindern sicher verstanden. Erst im Alter von sieben Jahren gelang es der Mehrheit der Kinder, reversible Sätze mit Objektvoranstellungen (z.B. ›den Bären bafft der Tiger‹) unter Nutzung der Kasusinformation zu verstehen. Offensichtlich kann erst ab frühestens fünf Jahren davon ausgegangen werden, dass Kasusinformation stärker gewichtet wird als die kanonische Satzstellung. Da der Erwerb des Kasussystems relativ langwierig ist (siehe Kapitel 6), stellt das Verstehen und Produzieren reversibler Sätze mit Objektvoranstellung einen späteren Entwicklungsschritt dar.

7.4 Erklärungsansätze zum Syntaxerwerb

7.4.1 Erklärungen über Lernmechanismen

Gerade im Bereich des Grammatikerwerbs ist die Kontroverse um die Erklärung des Erwerbsprozesses besonders ausgeprägt. Strittig ist vor allem die Frage, ob Kinder zu Beginn des Spracherwerbs bereits Einsicht in grundlegende grammatische Regelhaftigkeiten besitzen und diese auch zumindest partiell anwenden, oder ob sie zunächst ohne derartiges Vorwissen Teile des Sprachangebotes übernehmen, um erst später zugrunde liegende Muster zu erkennen. Eher nativistische Ansätze (Tracy 2000, Weissenborn 2000, Penner et al. 2006, siehe auch Kapitel 12) betonen die Rolle früh verfügbarer Lernmechanismen oder »spezifischer Intuitionen« (Tracy 2000: 22), mit denen das Kind den Input effektiv verarbeitet, um dann mittels *bootstrapping* zielsprachliche Strukturen zu entdecken. Ausgelöst durch prosodische Hinweise wird syntaktisches Regelwissen früh aufgebaut, sodass zweijährigen Kindern bereits umfangreiche rezeptive Grammatikfähigkeiten zugesprochen werden. Einer Kontinuitätsannahme folgend wird der Grammatikerwerb als ein kontinuierlicher Prozess der sukzessiven Merkmalsspezifizierung verstanden. Für ein früh ausgeprägtes Grammatikwissen spricht weiterhin, dass die grundlegenden syntaktischen Strukturen (z.B. die Verbzweitregel) auch produktiv bereits mit zweieinhalb Jahren etabliert sind.

Trotzdem muss erklärt werden, warum Kinder im Laufe des Grammatikerwerbs Äußerungen produzieren, die nicht mit der Zielsprache in Einklang stehen. Derartige Interimsphasen verstoßen nach der Sichtweise der Kontinuitätshypothese zu keinem Zeitpunkt vollständig gegen die Zielgrammatik. Vielmehr entstehen sie durch Vereinfachungen. Solange das Kind noch nicht alle zielsprachlichen Regeln aufgebaut hat, vereinfacht es seine Äußerungen laut Weissenborn (2000) nach dem »Prinzip der minimalen Struktur«, um den Verarbeitungsaufwand zu reduzieren. So entstehen typische kindersprachliche Äußerungen, die zwar zielsprachlich in diesem Kontext nicht korrekt sind, jedoch keine grundsätzlichen Unverträglichkeiten mit der Zielsprache anzeigen. Die Abweichungen entstehen, weil das Kind nur eine Untermenge der in der Zielsprache möglichen Strukturen realisiert, aber Besonderheiten und nur unter bestimmten Bedingungen gültige Regeln noch nicht berücksichtigt. Beispielsweise ist das Kind im Input mit Nominalphrasen konfrontiert, die – in Abhängigkeit von dem Typ des Substantivs – manchmal Artikel enthalten, manchmal jedoch nicht. Übergangsweise wendet es daher zunächst generell die einfachere Variante – die Nominalphrase ohne Artikel – an. Dies ist in der Zielsprache in bestimmten Kontexten (z.B. bei Stoffnamen) eine mögliche Option. Das Kind muss jedoch im weiteren Verlauf lernen, dass unter anderen Bedingungen, z.B. bei Gattungsbegriffen, ein Artikel obligatorisch gefordert ist. Auch bei einem Kind, das Aussagesätze mit korrekter Verbzweitstellung produziert, jedoch zunächst ausschließlich das Subjekt ins Vorfeld stellt, wird nur ein Ausschnitt der zielsprachlichen Grammatik genutzt (Weissenborn 1990, 2000). Erst wenn auch Objekte topikalisiert werden können, wird die syntaktische Regel vollständig ausgeschöpft. In der Sichtweise der Kontinuitätshypothese ist abstraktes Regelwissen im Prinzip früh vorhanden, aber noch nicht ausreichend ausdifferenziert, da die Komplexität der Gebrauchsbedingungen noch nicht vollständig erfasst wurde (Dietrich & Weissenborn 2008). Das Kind beschränkt sich in der Sprachproduktion zunächst auf Vorstufen der zielsprachlichen Grammatik, um den Aufwand an kognitiver Verarbeitung zu verringern, den beispielsweise die Produktion von Sätzen mit topikalisierten Objekten aufgrund von Wortstellungsveränderungen und Kasusmarkierungen erfordert. Erst wenn grammatische Prozesse automatisierter ablaufen, können komplexe Regularitäten auch produktiv mühelos umgesetzt werden.

7.4.2 Inputorientierte Erklärungen

Unter einer konstruktivistischen Perspektive (z.B. Tomasello & Brooks 1999, Tomasello 2000) ist der frühe Syntaxerwerb wesentlich stärker und direkter am Input ausgerichtet. Zu Beginn des Grammatikerwerbs verfügt das Kind auch rezeptiv noch nicht über abstrakte Regeln. Daher imitiert es einzelne Einheiten oder Sequenzen aus dem Input ohne diese zu analysieren. Es orientiert sich gewissermaßen an »vorfabrizierten Stücken« (Lieven et al. 2003), die es gehört oder selbst schon früher produziert hat. Neue Äußerungen entstehen durch geringfügige Veränderungen der bereits abgespeicherten Wortketten. Erst nach und nach erkennt es im Sprachmaterial Analogien und Muster, die allmählich die Ableitung von Regeln erlauben. Diese Sichtweise ist notwendigerweise mit einer hohen Abhängigkeit von der Inputfrequenz verknüpft: Strukturen, die sehr häufig im Input vorkommen, werden früher und schneller gelernt als seltenere. Als Belege für die enge Anbindung an den Input werden Experimente herangezogen, in denen sich herausstellte, dass Kinder neue Wörter zunächst nur in den konkreten Satzkonstruktionen übernehmen, in denen sie die Wörter gehört haben und diese Konstruktionen nur selten verändern (Tomasello et al. 1997, Conti-Ramsden & Windfuhr 2002). Das Kind zeigt also eine hohe Sensitivität für Inputmuster und ein konservatives Verhalten in Bezug auf Veränderungen dieser Muster. Frühe Kinderäußerungen lassen sich als itemgebundene Konstruktionen, als »Inseln« mit geringer Flexibilität beschreiben (Tomasello 2003).

Zu Beginn der syntaktischen Entwicklung operieren Kinder nicht mit Generalisierungen wie Subjekt und Objekt oder mit Strukturformaten wie dem transitiven Satz, sondern sie gehen von konkreten Verben und Konstruktionen aus. Zum Beispiel lernen sie eine spezifische Konstruktion wie ›Ball werfen‹ ohne diese als Ausfüllung des abstrakten Schemas »Objekt + Verb« zu begreifen. Wenn das Kind eine kritische Masse von Wörtern und Konstruktionen über Imitation erworben hat, kann es Analogien zwischen diesen feststellen und zugrunde liegende Strukturen ableiten. Dies gelingt nach Ansicht von Tomasello (2000) nicht vor einem Alter von drei Jahren. Daraufhin werden zuvor einzeln erworbene Strukturen miteinander kombiniert. Durch Verkettung von Elementen entstehen längere Äußerungen, die jedoch nicht unbedingt belegen, dass generalisierte Strukturformate erworben wurden. Sprachliche Kompetenz ist nach der konstruktivistischen Annahme in der frühen Erwerbsphase sehr konkret, itembasiert, d.h. an einzelne Wörter gebunden, holistisch, oft formelhaft sowie stark inputorientiert – nicht aber abstrakt und regelgeleitet. Diese Sichtweise steht in klarem Kontrast zu der zuvor dargestellten Kontinuitätsannahme, die von früh ausgebildetem syntaktischen Wissen ausgeht, welches lediglich in der Sprachproduktion noch nicht vollständig umgesetzt werden kann. Wie sich beide Ansätze zur Erklärung der Grammatikentwicklung in die theoretische Debatte zur Rolle innerer und äußerer Einflussfaktoren im Spracherwerb einordnen lassen, wird in Kapitel 12 behandelt.

8 Erwerb pragmatischer Fähigkeiten

In den vorangegangenen Kapiteln wurde der Erwerb des sprachstrukturellen Wissens auf den Ebenen der Phonologie, des Lexikons und der Grammatik eingehend betrachtet. Es ging also darum, wie das Kind lernt verständliche, inhaltlich sinnvolle und grammatisch korrekte Sätze in seiner Muttersprache zu produzieren. Die Aneignung des Wortschatzes und der Erwerb von Regeln zum Aufbau von Wörtern und Sätzen erfolgen jedoch nicht als Selbstzweck; vielmehr lernt das Kind seine sprachstrukturellen Fähigkeiten einzusetzen, um kommunikative Ziele zu erreichen und mit anderen Menschen mit Hilfe von sprachlichen (und nichtsprachlichen) Ausdrucksformen zu interagieren. Im Folgenden wird der Erwerb pragmatischer Kompetenzen beschrieben, der die kommunikative Funktion und den sozial adäquaten Gebrauch von Sprache sowie den Einsatz von Sprache in Gesprächen und Texten umfasst.

Der Erwerb pragmatischer Kompetenz ist immer an konkrete Handlungssituationen gekoppelt. Bei der Untersuchung dieser Erwerbsdomäne kommt dem interaktiven Austausch zwischen dem Kind und seiner sozialen Umwelt daher besondere Bedeutung zu (vgl. Ramge 1976). Von Geburt an reagieren Säuglinge stark auf soziale Reize, auf menschliche Stimmen und Gesichter (Keller 2000). In der engen Verbindung mit ihren Bezugspersonen, vor allem mit den Eltern, erfahren und erproben sie von Beginn an unterschiedliche Möglichkeiten der Kontaktaufnahme und Kommunikation, die sich im Laufe der Entwicklung verändern. Da Kommunikation impliziert, den Gesprächspartner als Individuum mit eigenen Absichten und Gedanken wahrzunehmen, ist die pragmatische Entwicklung nicht nur mit sozial-kommunikativen Fähigkeiten, sondern ebenfalls eng mit kognitiven Fähigkeiten wie Intentionalität und Intersubjektivität verbunden. Diese Grundqualifikationen sind Wegbereiter für eine erfolgreiche Kommunikation und Kooperation.

8.1 Intentionalität und Intersubjektivität

Geteilte Intentionalität oder auch »Wir-Intentionalität« ist nach der Überzeugung von Tomasello (2008) notwendig für jegliches gemeinsames Handeln und für Kommunikation. Sie erfordert, sich selbst und andere als eigenständige Wesen mit eigenen Zielen, Gedanken, Absichten, Überzeugungen und Gefühlen aufzufassen, über die man sich austauschen kann. Die kognitive Repräsentation einer solchen Gefühls- und Vorstellungswelt wird in der Psychologie als *theory of mind* bezeichnet (Astington 1993). Mit dem Begriff der geteilten Intentionalität wird besonders das Bestreben, diese Vorstellungswelt mit anderen zu teilen, betont. Dass Kinder andere Menschen nicht nur anhand ihres äußeren Verhaltens einschätzen, sondern zugrunde liegende Absichten berücksichtigen, zeigt zum Beispiel ein originelles Experiment (Zmyj et al. 2009), das untersucht, unter welchen Umständen Kinder das Verhalten eines Erwachsenen imitierten. Während des Experiments beobachteten Kinder einen Erwachsenen, der eine Lampe anmachte, indem er mit dem Kopf auf den Schalter drückte. Kinder imitierten diese ungewöhnliche Handlung nur dann, wenn der Erwachsene zuvor beide Hände frei hatte. In diesem Fall gingen sie davon aus, dass er die Handlung absichtlich in dieser Weise ausgeführt hatte. Waren seine Hände jedoch am Tisch befestigt, so führten die Kinder anschließend die Handlung in konventioneller Weise mit der Hand aus. Sie nahmen an, dass der Erwachsene nur deshalb den Kopf benutzt hatte, weil er die Hände nicht bewegen konnte. Dieses Verhalten zeigten Kinder im Alter von zwölf, jedoch noch nicht mit neun Monaten. Das Experiment belegt, dass einjährige Kinder zugrunde liegende Absichten von Anderen erkennen können. Nur intentionale, d.h. absichtsvolle Handlungen werden als bedeutungsvoll wahrgenommen und als relevant genug erachtet, um imitiert zu werden.

Die graduelle Entwicklung der geteilten Intentionalität geschieht in drei Phasen (Tomasello et al. 2005). Im ersten Lebensjahr herrscht eine dyadische (auf zwei Personen bezogene) Interaktion zwischen dem Kind und seiner Bezugsperson vor. Diese besteht im unmittelbaren Ausdruck von Gefühlen (z.B. durch Mimik) und in einfachen Austauschprozessen, wie sie sich in frühen Protokonversationen während der Babbelphasen beobachten lassen (vgl. Kapitel 4). Hier findet noch keine Ausrichtung auf Gegebenheiten außerhalb der Dyade statt. Ab etwa neun bis zwölf Monaten wird die Interaktion triadisch, da eine äußere Entität hinzukommt, auf die das Kind und der Kommunikationspartner ihre Aufmerksamkeit und ihre Handlungen ausrichten. Beispiele sind Interaktionen wie »Geben-und-Nehmen«-Routinen, Ball zurollen, gemeinsam einen Turm bauen oder Zeige- und Benennspiele. In diesen Situationen entstehen Episoden gemeinsamer Aufmerksamkeit, in denen beide Interaktionspartner ihre Aufmerksamkeit auf das Gleiche, z.B. einen Gegenstand, richten (Tomasello & Farrar 1986) und damit einen gemeinsamen Hintergrund schaffen und teilen. Erst ab 12 bis 15 Monaten entwickelt sich eine kollaborative Form der Interaktion. Der Partner wird als intentionales Wesen wahrgenommen, mit dem man koordiniert und kooperativ handeln kann, um Ziele zu erreichen. Kooperative Problemlösungstätigkeiten entstehen. Das Kind wird aktiver und beeinflusst das Verhalten des Gesprächspartners stärker, es handelt, um anderen zu helfen, Rollentausch wird möglich. In dieser Phase rückt Sprache als Symbolsystem in den Vordergrund. Konversationen werden als besondere Form kollaborativer Handlungen verstanden, in denen die Gesprächspartner komplementäre Rollen einnehmen.

Der hier beschriebenen Entwicklung der geteilten Intentionalität, die mit etwa neun Monaten beginnt und in der Folge eine Reihe verschiedener neuer Verhaltensweisen anbahnt, kommt nach Tomasellos Überzeugung ein enormer Stellenwert für die Kommunikationsentwicklung zu, so dass er von einer »Neunmonatsrevolution« spricht. In der Phase zwischen neun und zwölf Monaten bildet sich die kooperative Infrastruktur der menschlichen Kommunikation heraus. Sie beruht auf gemeinsamen Zielen, gemeinsamen Absichten, wechselseitigem Wissen, geteilten Überzeugungen – »und das alles im Kontext diverser Kooperationsmotive« (Tomasello 2008: 7).

8.2 Frühes Kommunikationsrepertoire

Die Entwicklung der geteilten Aufmerksamkeit und Intentionalität ist an den Erwerb der entsprechenden nonverbalen und verbalen Ausdrucksmittel gebunden. Schon im ersten Lebensjahr verfügen Kinder über vorsprachliche Mittel zum interpersonalen Austausch, die sich kontinuierlich weiterentwickeln. Der Motor für diese Entwicklungsschritte scheint das Bestreben zu sein, sprachlich gemeinsam zu handeln und sich dadurch immer besser anderen mitteilen zu können. Im Folgenden wird auf Mimik und Blickverhalten, Gestik sowie auf vokale und verbale Kommunikationsmittel eingegangen.

Zu den frühesten Ausdrucksmitteln zählt die Mimik. Schon bei Neugeborenen gibt es strukturierte mimische Muster zum Ausdruck von basalen Emotionen. Mit vier Wochen erscheinen Frühformen des sozialen Lächelns, ab drei bis vier Monaten signalisieren die kindlichen Gesichtsausdrücke Affektzustände wie Freude, Ärger, Überraschung, Traurigkeit und Scham, ab sieben bis acht Monaten weitere subtile Zustände wie Schüchternheit (einen Überblick zur Entwicklung mimischer Muster gibt Klann-Delius 2008). Frühestens ab dem dritten Lebensjahr beginnen Kinder ihre mimischen Ausdrucksweisen zu kontrollieren und auch zu maskieren, wenn dies sozial erwartet wird. Zentral für die Herstellung gemeinsamer Aufmerksamkeit ist das Blickverhalten. Anhaltender Blickkontakt ist ab zwei Monaten möglich; zunehmend gelingt es dem Kind besser, eine andere Person mit dem Blick zu verfolgen. Ab zwölf Monaten wird der trianguläre Blickkontakt möglich, der dadurch gekennzeichnet ist, dass sich zwei Personen durch den Blick auf ein Objekt und zurück zum Gesprächspartner darüber abstimmen, was im Zentrum der gemeinsamen Aufmerksamkeit steht. Das Kind reguliert den Bezug zum Objekt und zum Gesprächspartner, indem es zunächst durch die Blickrichtung angibt, welcher Gegenstand fokussiert werden soll. Danach muss es sich kurz von diesem abwenden und seinen Blick auf den Gesprächspartner richten. Dadurch erhält es eine Rückkopplung darüber, ob der gemeinsame Bezug zum Objekt hergestellt ist, d.h. ob die Bezugsperson das eigene Interesse teilt.

Auch Gesten sind Ausdrucksmittel, die in frühen Spracherwerbsphasen verstärkt eingesetzt werden (für einen Überblick siehe Klann-Delius 2008), solange die lautsprachlichen Mittel noch nicht ausreichen. Sehr frühe expressive Gesten wie das Heben einer oder beider Hände erscheinen schon in den frühesten Vorformen von Dialogen zwischen Eltern und Kind. Ab drei Monaten werden erste, noch ungerichtete zeigeähnliche Bewegungen beobachtet, ab vier Monaten das Hinlangen mit der offenen Hand (*reaching*), bei dem sich die ursprüngliche Greifhandlung zu einer Geste entwickelt. Erst ab zehn Monaten werden Zeigegesten anderer Personen als Hinweis verstanden, zuvor schauen Kinder lediglich auf den Finger des Zeigenden. Ab 11 Monaten produzieren Kinder die gezielte Zeigegeste mit dem Zeigefinger (*pointing*). Das Zeigen erfüllt unterschiedliche Funktionen. Erstens zeigen Kinder auf Objekte, die sie haben wollen, um so zur Erfüllung ihrer kommunikativen Absicht zu gelangen. Zweitens wird die Zeigegeste eingesetzt, um die Aufmerksamkeit von Anderen auf ein Objekt zu richten, das damit zum gemeinsamen Bezugspunkt und zum

Gegenstand gemeinsamen Interesses erwählt wird. Drittens hat das Zeigen auch einen prosozialen und informativen Aspekt, wie Experimente belegen konnten (Liszkowski et al. 2006, 2008). So setzten Kinder Zeigegesten ein, um einen suchenden Erwachsenen auf den Ort hinzuweisen, an dem sich ein Gegenstand befand. Dies taten sie sogar, wenn sie selbst den Gegenstand nicht interessant fanden. Das informative und helfende Zeigeverhalten konnte ab 12 Monaten nachgewiesen werden. Wussten die Kinder, dass der Erwachsene den Ort tatsächlich nicht kennt, zeigten sie häufiger, als wenn sie wussten, dass der Ort dem Erwachsenen bekannt sein müsste. Dies weist zusätzlich darauf hin, dass die Kinder den mentalen Wissenszustand des Kommunikationspartners (Kenntnis oder Unkenntnis des Ortes) berücksichtigten. Das heißt, dass sie den Erwachsenen als intentionales Wesen wahrnahmen und nicht nur auf sein Verhalten (das Suchen) reagierten. Informatives Zeigen setzt also geteilte Intentionalität voraus (vgl. Kapitel 8.1). Tomasello (2008) wertet Zeigegesten als evolutionäre Vorläufer sprachlicher Kommunikation des Menschen.

Neben den Zeigegesten werden im zweiten und dritten Lebensjahr zusätzlich ikonische und konventionelle Gesten (wie Nicken und Kopfschütteln) gebraucht (Guidetti 2000). Mit zunehmender sprachlicher Kompetenz kann ein Rückgang des Gestengebrauchs festgestellt werden (Zinober & Matlew 1985). Gesten verlieren ihre sprachersetzende Funktion und erhalten stärker sprachbegleitende Funktionen, d.h. sie werden in den Sprachgebrauch integriert, um die gesprochene Sprache zu strukturieren, zu akzentuieren oder zu ergänzen (Goldin-Meadow 2003).

Das Kommunikationsrepertoire enthält gegen Ende des ersten Lebensjahres zunehmend vokale und sprachliche Mittel. Noch vor dem Einsetzen des Wortgebrauchs können Kinder durch Vokalisierungen auf Gegenstände hinweisen oder Wünsche ausdrücken. Kindliche Vokalisationen erfüllen als elementare Hinweislaute (Bruner 1987) aufmerksamkeitslenkende Funktionen und tragen zur Herstellung gemeinsamer Aufmerksamkeit bei. Sie dienen also wie das Zeigen oder Blicken der wechselseitig abgestimmten Einigung auf ein Bezugsobjekt. Im weiteren Verlauf wird der Hinweis auf Objekte oder Ereignisse durch Vorformen des Wortgebrauchs und dann durch erste Wörter (vgl. Kapitel 5.3.1) differenzierter, gemeinte Gegenstände können klarer identifiziert werden. Mit dem Fortschreiten der Sprachentwicklung erweitern sich die Möglichkeiten des intersubjektiven Austausches erheblich. Besonders wichtig für den Austausch über innere Vorgänge, z.B. über Gefühle oder Überzeugungen von sich und anderen, ist der Erwerb von Wörtern für innerpsychische Vorgänge, der in Kapitel 5 behandelt wurde.

8.3 Dialogkompetenz und Konversationsfähigkeiten

Dialoge sind durch wechselseitige Bezogenheit, auch Reziprozität, gekennzeichnet. Darunter versteht man die zeitliche Organisation von sprachlichen Austauschprozessen und die abwechselnde Einnahme der Sprecher- bzw. Hörerrolle (Klann-Delius 2008: 160). Dialogfähigkeiten werden bereits in vorsprachlichen Austauschprozessen zwischen Eltern und Kind angebahnt. Diese vollziehen sich im Rahmen der Vokalisationsentwicklung im ersten Lebensjahr, die bereits in Kapitel 4 dargestellt wurde.

Zur Dialogkompetenz gehört auch die Fähigkeit, Sprechakte zu vollziehen und sequentiell anzuordnen. In Kapitel 8.3 werden elementare Sprechakte behandelt, Kapitel 8.5 fokussiert das Erzählen als Beispiel für komplexe sprachliche Handlungen.

8.3.1 Kindgerichtete Sprache

In der frühen Phase wenden Eltern besondere Strategien an, um die dyadische Interaktionssituation zu gestalten und zu strukturieren. Dass Mütter und auch Väter ihre Sprechweise kleinen Kindern gegenüber anpassen, wurde im Rahmen von *motherese*-Untersuchungen häufig beschrieben (siehe Papousek 1994, Keller 2000, Karmiloff & Karmiloff-Smith 2001, Klann-Delius 2008).

Spezifische Merkmale der kindgerichteten Sprechweise umfassen einen auf zwei Oktaven erweiterten Stimmumfang; die mittlere Tonhöhe ist um drei Halbtöne erhöht, es kommen viele Ausrufe, Interjektionen und Nachahmungen sowie viele einsilbige Äußerungen vor; der Vokalanteil von Silben wird gedehnt, die Stimme wird melodisch stark moduliert, Wortbetonungsmuster und Intonationskonturen werden übertrieben, viele Fragen mit steigender Intonation werden geäußert. Kontrastreiche, prototypische melodische Muster (wie Aufforderung, Beruhigung, Belohnung) werden wiederholt verwendet. Eine Funktion der kindgerichteten Sprache könnte darin bestehen, die Aufmerksamkeit und das Interesse des Kindes auf die prosodischen und melodischen Muster zu lenken und damit eine Einstiegshilfe zur Entdeckung von Strukturen der Muttersprache anzubieten (prosodisches *bootstrapping*, vgl. Kapitel 3).

Im Zusammenhang mit der Entwicklung pragmatischer Kompetenzen sind besonders die dialogischen und emotionalen Aspekte dieser Protokonversationen relevant. Die frühen Konversationen zeugen von einem dynamischen Prozess der wechselseitigen Anpassung zwischen Eltern und Kind. Durch Beobachtung und Analyse der stimmlich-sprachlichen Austauschprozesse im ersten Lebensjahr konnte festgestellt werden (Papousek 1994), dass Eltern eine lautliche Reizumwelt gestalten, die die kindliche Dialogbereitschaft aufgreift und dem kindlichen Wahrnehmungsvermögen angepasst ist. Eltern wiederholen ihre eigenen Äußerungen mit Variationen und Abstufungen von Stimmlage, Tempo, Rhythmus und Intensität und bieten damit vielfältige Beispiele für spielerischen Umgang mit der Stimme. Dies passiert in einer Zeit, in der das Kind zunehmende Kontrolle über stimmliche Parameter wie Melodik, Betonung, Lautstärke, Zeitstruktur und Resonanz erwirbt und sein Lautrepertoire erweitert (vgl. Kapitel 3). Eltern bieten einen Nachahmungsrahmen, indem sie Vokalisationen des Kindes selbst imitieren und dabei die kindliche Tonlage antizipieren. So kann das Kind seine eigenen Lautäußerungen mit den Imitationen der Erwachsenen vergleichen. Die Äußerungen der Erwachsenen fungieren als instruktive Modelle und geben dem Kind Gelegenheit, diese seinerseits nachzuahmen.

8.3.2 Erwerb von Dialogfähigkeiten

Das Abwechseln von Zuhören und Vokalisieren bzw. Sprechen gelingt noch nicht von Anfang an reibungslos. Mit etwa sieben Monaten lernen die Kinder, in den Sprechpausen der Bezugspersonen zu vokalisieren. In den frühen Dialogen behandeln die Eltern das Kind als aktiven Gesprächspartner. Die Vokalisierungen des Kindes werden sozusagen als Gesprächsbeiträge akzeptiert und beantwortet. Es entstehen zeitlich aufeinander abgestimmte, d.h. kontingente Kommunikationsformen als Vorläufer für spätere sprachliche Dialoge, die emotional positiv belegt sind. Keller (2000) betont, dass eine sensitive und responsive Beantwortung der kindlichen Signale durch die Bezugspersonen sowohl für die Sprachentwicklung als auch für die sozial-emotionale Entwicklung des Kindes bedeutsam ist. Kinder sind darauf angewiesen, dass ihre Signale einfühlsam wahrgenommen werden und dass angemessen auf sie reagiert wird.

Im weiteren Verlauf werden Grundfunktionen des Dialogs, im Besonderen des Sprecherwechsels, im Rahmen von strukturierten Interaktionen ausgebaut, die Bruner (1987) als »Formate« bezeichnet. In Formaten mit erwartbaren und wiederkehrenden Handlungsabläufen wie Versteckspielen oder »Guckguckspielen« erfährt das Kind, dass an bestimmten Stellen in einem ritualisierten Ablauf bestimmte Rollen eingenommen werden, die von sprachlichen Äußerungen begleitet werden, und dass diese Rollen getauscht werden können. So wird der Wechsel von Dialogrollen eingeübt.

Für die Sprach- und Dialogentwicklung spielt insbesondere das so genannte »Buchleseformat« eine Rolle (Bruner 1987, Braun 2007). Beim gemeinsamen Anschauen eines Bilderbuchs kann beobachtet werden, dass die Situation durch definierte Handlungsschritte geprägt ist. Die erwachsenen Gesprächspartner setzen bestimmte, wiederkehrende Äußerungstypen ein, die die Situation strukturieren und einen erwartbaren Ablauf vorgeben. Typisch ist zunächst ein Ausruf, der das Interesse des Kindes auf dargestellte Inhalte lenkt, gefolgt von einer Frage zu Abbildungen im Buch, z.B. ›was ist das?‹. Hier kann die Sprecherrolle an das Kind weitergegeben werden, das gemäß seinem Sprachentwicklungsstand mit einer Vokalisierung, einem Wort oder einer längeren Äußerung antwortet. Daraufhin erfolgt eine Rückmeldung der Bezugsperson, die die Äußerung des Kindes aufgreift, bestätigt, wiederholt, korrigiert oder ausweitet. Bei einer ausbleibenden Reaktion des Kindes wird eine Bezeichnung vorgegeben. Ist das Kind bereits in der Lage, die Bezeichnung selbst zu geben, kann die Frage entfallen.

Ein Beispiel für Interaktion und Dialog im Buchleseformat ist das folgende Transkript, das eine Buchlesesituation zwischen dem zweieinhalbjährigen Viktor und seiner Mutter wiedergibt.[11]

---

[11] Zur Datenbasis siehe Fußnote 2, mehr zu Viktors Sprachentwicklung in Kapitel 9.

@Begin
@Language: German
@Participants: CHI Kind Viktor; INT Mutter
@Age of Learner: 30;0
@Sex of Learner: male
@Filename:
@Transcriber: AW
*CHI: siehste [: siehst du] den?
*INT: wo die kinder den schneemann bau(e)n?
*CHI: da die kaputt gemacht da &un.
%pho: puttemacht.
*CHI: 0.
%act: zeigt mit dem Finger auf den Schneemann.
*CHI: de(n) [?] han [: haben] die kaputt gemacht da.
%pho: puttemacht.
*INT: ja, da is(t) der schneemann, ne [: nicht]?
*CHI: mitm [: mit einem] hut.
*INT: mitm [: mit einem] hut.
(…)
*CHI: n [: ein] kopf.
%pho: kok.
*CHI: das da is(t) [?] ein +/?
*INT: das wird der kopf.
*CHI: da, wo die [*] [: der] traktor [?] fährt.
*CHI: +, da fährt die [*] [: der] traktor.
*INT: da fährt der traktor, ja.
*CHI: da ein bagger.
*INT: hm@ii?
*INT: ja, is(t) auf dem bauernhof, ne [: nicht]?
*CHI: oh@i.
*CHI: da is(t) noch n [: ein] traktor.
*INT: oh@i.
*INT: ja, der is(t) inner [: in der] garage, ne [: nicht]?
*CHI: der je drei [?] fährt &de dach bumm@o.
*INT: hm@ii?
*CHI: fährt der los # rast # fährt der da dagegen.
*CHI: &he [?].
*CHI: da guckt ein hund raus.
*INT: ach, ausm [: dem] wald?
*INT: das is(t) aber kein hund.
*INT: das is(t) n [: ein] fuchs.
*INT: soll das sein.
*INT: son [so ein] kleiner fuchs, der da ausm [: aus dem] wald guckt.
(…)
*CHI: des [: das] is(t) auch n [: ein] trecker.
*INT: hm@ia.
*INT: welche farbe hat n [: denn] der?
*INT: was isses [: ist es] für ne [: eine] farbe?
*CHI: das rot.
*INT: hm@ia, das is(t) rot ja.
*INT: und das da?

Betrachtet man die ganze, fünfminütige Bilderbuchsituation (das Transkript gibt nur einen Ausschnitt wieder), so wendet die Mutter alle oben genannten Äußerungstypen an: Aufrufe (»guck mal«, ,»siehste den?«, »guck mal wat der da macht«), Fragen (»wie heißt der?«, »welche Farbe hat n der?«, »wat macht n der?«, »wer macht n noch so?«), Bezeichnungen (»des is ja ein Mähdrescher«, »das is n Trecker oder Traktor«, »ja das sind Walzmaschinen«) und vielfältige Formen von Rückmeldungen. Im hier ausgewählten Transkriptausschnitt referiert Viktor oft von sich aus auf eine Abbildung und definiert damit den Gegenstand des gemeinsamen Interesses. Die Mutter greift seine Äußerungen auf, indem sie Bestätigungen gibt, fehlende Elemente ergänzt (»das wird der kopf«) oder weitere inhaltliche Aspekte wie den Ort des Geschehens einführt. Auch die von Bruner (1987) beschriebenen Bedeutungsverhandlungen sind hier zu sehen: Nachdem das Kind einen Fuchs als ›Hund‹ bezeichnet hat, korrigiert die Mutter die Übergeneralisierung des Kindes und führt die Bezeichnung ›Fuchs‹ ein.

Mit Hilfe der unterstützenden Verhaltensweisen der erwachsenen Gesprächspartner verfeinern Kinder allmählich ihre kommunikativen und diskursiven Fähigkeiten, indem sie die Regeln des Sprecherwechsels und der Gesprächsorganisation zunehmend besser beherrschen (Pan & Snow 1999). Normalerweise wechseln die Rollen des Sprechers und des Hörers während eines Gesprächs ab. Wann die Übernahme der Sprecherrolle möglich ist und unter welchen Bedingungen sie erfolgen kann, wird durch verschiedene Arten des Sprecherwechsels reguliert (Schwarz-Friesel 2007), die Kinder allmählich einzuhalten lernen. Im Laufe der kindlichen Entwicklung wird die Übergabe des Rederechts im Gespräch fließender, während anfangs längere Pausen zwischen Redebeiträgen bestehen oder die Kinder Gespräche von Erwachsenen unterbrechen.

Ab etwa 16 Monaten beziehen sich die Kinder auf den Gesprächspartner, die Responsivität im Dialog steigt, da sie die Hörerperspektive mehr und mehr berücksichtigen. Mit 20 Monaten reagieren Kinder auf ein Drittel der Konversationsaufforderungen, mit 36 Monaten beantworten sie bereits über die Hälfte aller Fragen angemessen (Pan & Snow 1999). Im Zeitraum zwischen 21 und 36 Monaten steigen Äußerungen von Kindern, die thematisch und sprachlich Bezug auf die Vorgängeräußerung nehmen, deutlich an; gleichzeitig bleiben die Gesprächspartner länger bei einem Thema (Klann-Delius 2008). Dialoge sind zunächst stark an das Hier und Jetzt gebunden, erst später wird auch über Zukünftiges und Vergangenes kommuniziert. Am obigen Beispiel von Viktor ist zu sehen, dass er mit zweieinhalb Jahren einen strukturierten Dialog mit seiner Mutter führen, abwechselnd die Rolle des Sprechers und des Hörers einnehmen, Themen initiieren und ansatzweise auch von der Mutter eingeführte Themen fortführen kann. Damit verfügt er über Dialogkompetenz, die jedoch noch nicht voll ausgereift ist.

Kindliche Dialogfähigkeiten sind zumindest anfangs noch stark von der Unterstützung Erwachsener abhängig, die Strukturierungshilfen geben und ihre Beiträge inhaltlich auf die Interessen und den Erfahrungshorizont der Kinder abstimmen. Bei unklaren oder thematisch unpassenden Redebeiträgen kann sich das Kind auf Klarstellungen oder Korrekturen von Seiten der Erwachsenen verlassen. Im Gespräch mit Gleichaltrigen, die weniger kooperativ und kompetent sind als erwachsene Kommunikationspartner, zeigen sich dagegen durchaus längere Pausen zwischen Redebeiträgen, Unterbrechungen, monologische Beiträge und Missverständnisse (Pan & Snow 1999). Zwischen drei und fünf bis sechs Jahren werden Konversationsmaximen (siehe Pafel 2002) stärker berücksichtigt, die kindlichen Redebeiträge werden eindeutiger, informativer und relevanter.

8.4 Erwerb elementarer Sprechakte

Es wurde bereits dargestellt, über welche verbalen und nonverbalen Ausdrucksmittel Kinder verfügen. Nun soll betrachtet werden, wie sie sprachliche Mittel funktional einsetzen um kommunikative Ziele zu erreichen. Für Meibauer (2001) ist der Gebrauch der ersten Wörter als rudimentäre referentielle oder prädikative Sprechakte zu verstehen, die mit Sprechhandlungen (Illokutionen) wie Benennen, Auffordern oder Fragen verbunden sind. El Mogharbel und Deutsch (2007b) sehen Feststellen und Auffordern bzw. Bitten als grundlegende Sprechakte in der Einwortphase an, die eingesetzt werden, wenn das Kind einen Zustand beschreiben oder verändern will. Der Aufforderungscharakter wird in frühen Zweiwortäußerungen besonders deutlich. So will ein Kind mit der Äußerung KARRE REIN (Beispiel von Meibauer 2001, entnommen aus Miller 1976) eine Veränderung des gegenwärtigen Zustandes dadurch erreichen, dass es in den Kinderwagen gesetzt wird. Jeder Sprechakt drückt somit einen korrespondierenden mentalen Zustand aus (Astington 1993). Eine Aufforderung etwa setzt voraus, dass das Kind weiß, welchen Zustand es herbeiführen möchte, dass es dazu Unterstützung benötigt und dass diese durch eine Sprechhandlung erzielt werden kann. In dieser Phase, also mit etwa zwei Jahren, lässt sich bereits eine Bandbreite an elementaren Sprechakten beobachten, dazu gehören Aufforderung/Bitte, Beschreibung, Frage, Kommentar, Zustimmung, Ablehnung und Widerspruch (El Mogharbel & Deutsch 2007b, Meibauer 2001). Zwischen dem dritten und dem fünften Lebensjahr ergeben sich keine wesentlichen Veränderungen im Repertoire der von Kindern realisierten Sprechakte.

Nicht ganz eindeutig ist, wann Kinder indirekte Sprechakte verstehen, z.B. Fragesätze, die als Aufforderungen gemeint sind. Das folgende Dialogbeispiel (Beispiel von T. Gloning, persönliche Kommunikation) macht deutlich, dass das Kind bereits im Alter von zweieinhalb Jahren Formen der Indirektheit (indirekte Sprechakte, Implikaturen) verstehen und auch selbst anwenden kann. Damit befolgt es bereits wesentliche Konversationsmaximen.

Begin
@Language: German
@Participants: CHI Kind Clara; INT Vater
@Age of Learner: 30;0
@Sex of Learner: female
@Filename:
@Transcriber: CK
* INT: clara willste [: willst du] nich ne jacke anziehn?
* CHI: warm heute.

Clara versteht die Äußerung des Vaters nicht als Frage, sondern korrekt als höfliche Aufforderung. Sie lehnt diese Aufforderung ab, ohne sie explizit zu verneinen, indem sie einen Grund dafür angibt, keine Jacke anzuziehen. Die Antwort des Kindes ist eine konversationelle Implikatur, denn die Ablehnung des Wunsches wird nicht direkt ausgedrückt, kann aber erschlossen werden. Mit der Antwort bezieht sich das Kind auf gemeinsames, nicht eigens verbalisiertes Wissen der Gesprächspartner darüber, welche Gründe gegen das Anziehen einer Jacke sprechen. Der Dialog zeigt, dass das Kind nicht nur einen indirekten Sprechakt versteht, sondern mit einer weiteren Implikatur reagiert.

Komplexe Sprechakte wie Versprechen, Drohen oder Lügen werden Kindern erst im Laufe des Vorschul- und Schulalters zugänglich. Am Beispiel des Lügens (siehe El Mogharbel & Deutsch 2007b) lässt sich verdeutlichen, dass dieser spezielle Sprechakt fortgeschrittene Einsichten über die unterschiedlichen Vorstellungswelten und Realitätseinschätzungen von sich und anderen erfordert. Das absichtliche Sagen der Unwahrheit ist nur möglich, wenn der Sprecher die Diskrepanz zwischen den sprachlichen und den tatsächlichen Gegebenheiten und die Unterschiede zwischen dem eigenen Wissenszustand und dem des Gesprächspartners wahrnimmt. Auch bei weiteren Formen des uneigentlichen Sprechens wie bei Ironie und Metaphern muss die Nichtübereinstimmung zwischen Gesagtem und Gemeintem erkannt werden (vgl. Pafel 2002: 221). Etwa bis zur Einschulung verstehen Kinder Sprache sehr wörtlich und haben Schwierigkeiten, mit metaphorischem Sprachgebrauch umzugehen. Das korrekte Verstehen metaphorischer Redensarten wie z.B. ›in den sauren Apfel beißen‹ entwickelt sich nach einer Studie von Schaunig et al. (2004) noch zwischen dem 7. und 10. Lebensjahr signifikant weiter.

Auch ironische Äußerungen sind dadurch gekennzeichnet, dass die wörtliche Bedeutung und das vom Sprecher Gemeinte auseinanderklaffen. So kann die Äußerung ›schrei doch noch ein bisschen lauter‹ (Beispiel aus Hodske et al. 2007) im Gegensatz zum wörtlichen Satzinhalt eigentlich eine Aufforderung darstellen, leiser zu sprechen. Um eine derartige ironische Äußerung korrekt zu interpretieren, muss ein Kind die Inkongruenz zwischen lexikalischer Bedeutung und Sprecherabsicht berücksichtigen. Diese Fähigkeit entwickelt sich schrittweise über einen längeren Zeitraum hinweg (Lapp 1997, Hodske et al. 2007, Fillippova & Astington 2008). Sechsjährige Kinder nehmen ironische Äußerungen oft wörtlich und gehen davon aus, dass der Sprecher die Äußerung ernst gemeint hat. Noch im Alter von neun Jahren verstehen Kinder zwar, dass eine ironische Äußerung nicht mit den Fakten übereinstimmt, aber sie erfassen noch nicht die Motivation des Sprechers. Vielmehr gegen sie davon aus, dass sich der Sprecher geirrt oder die Unwahrheit gesagt hat. Somit ist die Abgrenzung zwischen Lüge und Ironie in diesem Alter schwierig. Erst im späteren Schulalter wird die Intention ironischer Äußerungen vollständig zugänglich.

Zwei empirische Studien können das altersabhängige Fortschreiten des Ironieverstehens illustrieren. Hodske und andere (2007) gaben deutschsprachigen Kindern Geschichten vor, die mit einer ironischen Äußerung endeten (siehe Beispiel oben: ›schrei lauter‹) und fragten anschließend nach dem Sinn der Geschichte. Da nur jeweils ein Kind im Alter von sechs, sieben, acht, zehn und zwölf Jahren untersucht wurde, können keine generalisierbaren Angaben über die altersabhängige Entwicklung des Ironieverstehens im Deutschen gemacht werden. Die Einzelfälle weisen darauf hin, dass vor dem Alter von acht Jahren keine korrekte Interpretation von ironischen Geschichten möglich ist. Während das achtjährige Kind je nach Geschichtenkontext einen unterschiedlichen Grad an Einsicht in die ironischen Aspekte zeigte, konnten nur das zehn- und das zwölfjährige Kind alle Geschichten korrekt interpretieren. Filippova und Astington (2008) untersuchten in ähnlicher Weise 72 Kinder im Alter von fünf, sieben und neun Jahren. Wiederum zeigte sich eine Verbesserung des Ironieverstehens mit zunehmenden Alter: Die Leistungen der Fünfjährigen waren deutlich schlechter als die aller anderen Altersgruppen. Die sieben- und neunjährigen Kinder unterschieden sich nicht voneinander, erreichten aber noch nicht das Niveau von Erwachsenen. Außerdem wurde festgestellt, dass sowohl die Sprachfähigkeiten als auch die Ausbildung der *theory of mind* einen großen Einfluss auf die individuellen Leistungen beim Ironieverstehen ausübten.

Die Verwendung von Sprechakten folgt sozialen Konventionen (z.B. wer bittet wen in welcher Form um etwas), die ebenfalls im Laufe des Vorschulalters erworben werden müssen. Höflichkeitsformeln wie die Verwendung des Wortes ›bitte‹ werden ab drei Jahren beobachtet (Pan & Snow 1999). Abstufungen des höflichen Sprachgebrauchs in Form des Duzens und Siezens werden erst in Schulalter erlernt, da dazu fortgeschrittenes Verständnis für soziale Rollen erforderlich ist (Meibauer 2001). Der Erwerb pragmatischer Fähigkeiten umfasst somit auch den kompetenten Umgang mit den kulturellen Konventionen, die das Sprachverhalten einer Gesellschaft regeln. Dabei bestehen natürlich interkulturelle Differenzen, d.h. das Kind muss neben der Struktur der Muttersprache lernen, wie Sprache in seiner Umgebung adäquat eingesetzt wird (Ochs & Schiefflin 1995). Da die Art der Interaktion zwischen Eltern und Kindern in Abhängigkeit von der Kultur variiert (Lieven 1994, Keller 2000, El Mogharbel & Deutsch 2007b), sind auch die sozialen Bedingungen, unter denen das Kind Sprache und Dialogfähigkeiten erwirbt, unterschiedlich.

8.5 Erwerb narrativer Fähigkeiten

Ein weiterer Bestandteil des Erwerbs pragmatischer Kompetenzen besteht in der Entwicklung komplexer, monologischer oder dialogischer sprachlicher Handlungen wie dem Beschreiben, dem Argumentieren oder Streiten, dem Diskutieren oder dem Erzählen. In diesem Kapitel wird exemplarisch der Erzählerwerb vertieft. Was macht narrative Fähigkeiten aus? Um Geschichten zu erzählen, muss ein Sprecher in der Lage sein, Zusammenhänge zu erkennen und darzustellen, die äußere und innere Dimension eines Handlungsablaufs zu versprachlichen, die eigene Haltung zu markieren und sich auf den Hörer auszurichten. Dies erfordert Fähigkeiten, die über die Fähigkeit zur Bildung grammatisch korrekter Sätze hinausgehen, da die Herstellung von Bezügen zwischen Sätzen notwendig ist. Die Erwerbsaufgabe für das Kind ist es somit, Texte bzw. Erzählungen zu konstruieren, die nachvollziehbar gegliedert sind und sich durch die Verwendung spezifischer sprachlicher Mittel auszeichnen.

Wichtige textstrukturelle Funktionen sind die Makrostruktur, die Mikrostruktur und die Erzählperspektive. Unter Makrostruktur wird die strukturelle Kohärenz, also der inhaltliche, textuelle Zusammenhang einer Erzählung verstanden (siehe Schwarz-Friesel 2007). In einem kohärenten Text müssen die handelnden Charaktere sowie Zeit und Ort des Geschehens (*setting*) klar eingeführt werden, die Ereignisse müssen in der passenden Reihenfolge präsentiert werden – wobei der Handlungsverlauf meist eine Komplikation und deren Auflösung beinhaltet –, bevor die Erzählung in einer Schlusssequenz endet. Unter dem Aspekt der Mikrostruktur oder auch Kohäsion werden spezielle sprachliche Mittel subsumiert, die den Zusammenhalt des Textes herstellen (Textverknüpfungsmittel, Schwarz-Friesel 2007). Dazu gehören Pronomen zur Bezugnahme auf bereits eingeführte Personen, Ellipsen sowie Konnektoren zur Markierung kausaler und temporaler Zusammenhänge. Die erzählerische Gestaltung und Hörerorientierung erfolgt durch evaluative Elemente, die z.B. die Ungewöhnlichkeit eines Ereignisses betonen (Beispiel aus Quasthoff 1983: »und jetzt kommt der absolute Hammer«), durch Markierungen der Sprechersicherheit und durch die Verwendung von wörtlicher Rede, Aufmerksamkeitsfängern und Lautmalereien.

Ergebnisse von empirischen Studien erlauben Aussagen über die Entwicklung der Erzählkompetenz (Überblicke finden sich in Hickman 2000, Karmiloff & Karmiloff-Smith 2001), die mit etwa vier Jahren beginnt. Zunächst erzählen Kinder Geschichten durch eine unverbundene Aneinanderreihung von Elementen, in der die Abfolge der Handlungsschritte sprunghaft und nicht konsistent ist. Die Ereignisse werden noch nicht gewichtet, die Kernaspekte (*plot*) nicht herausgestellt. Der Protagonist wird noch nicht klar eingeführt und ins Zentrum der Erzählung gestellt, seine Ziele und Handlungsmotive werden nicht deutlich. Einleitung und Auflösung der Geschichte werden nicht klar definiert. Pronomen werden zwar verwendet, jedoch sind die pronominalen Bezüge in einem Alter unter fünf Jahren oftmals unklar und mehrdeutig. Erzählen Kinder Geschichten zu vorgegebenen Bildern, werden Pronomen, andere Proformen und Nominalphrasen eingesetzt, um die Bilder direkt zu beschreiben, jedoch nicht um einen Rückbezug zu vorher gegebener Information herzustellen. Ab etwa fünf Jahren etabliert sich eine elementare Erzählkompetenz. Die Handlungsabfolge wird nun zusammenhängender dargestellt. Die Kinder beginnen kohäsive Mittel zu gebrauchen und indefinite und definite Artikel zur Unterscheidung zwischen neuer und gegebener Information einzusetzen. Bei der adäquaten Referenz durch Nominalphrasen oder Pronomen muss der Kenntnisstand des Hörers berücksichtigt werden; so müssen Gegebenheiten, die dem Hörer noch nicht bekannt sind, durch Nominalphrasen mit indefiniten Artikeln eingeführt werden. Dies gelingt in diesem Alter noch nicht stabil. Die Konzentration auf kohäsive Mittel geht in dieser Phase oft auf Kosten der Inhalte und der Einzelheiten der Geschichte, die daher nur äußerst knapp aus der Perspektive des Protagonisten beschrieben werden. Zwischen sieben und neun Jahren werden die Geschichten strukturierter, flexibler, komplexer und stärker auf den Hörer ausgerichtet. Mehr Details werden ausgedrückt, die Kohäsionsmittel werden vielfältiger.

Die hier skizzierte Entwicklung der Erzählkompetenz soll nun an konkreten Erzählungen deutschsprachiger Kinder veranschaulicht werden. Den Kindern wurde ein Video präsentiert, in dem eine Geschichte mit Handpuppen gespielt wurde. Anschließend sollten die Kinder ihren Müttern, die während der Filmvorführung abwesend waren, den Inhalt des Films erzählen.[12] Zur Darstellung des Inhaltes wird hier zunächst die Nacherzählung eines neunjährigen Mädchens wiedergeben.[13]

> 9 Jahre
> K: Also, es war einmal ein Hase, ein Igel und ein Schwein. Der Hase hatte Geburtstag. Der Igel wollte für den Hase sein Lieblingskuchen, eine Rosinentorte, backen. Er war schon fast fertig, leider fehlten ihm die Rosinen. Er hatte nur noch eine einzige. Da hatte er sich gedacht, er geht schnell zu seinem Freund, das Schwein, um sich ein paar von ihm zu borgen. Also ging es los. Als es da war und klopfte, war das Schwein nicht zu Hause und das Fenster war offen. Also hat sich der Igel gedacht: »na ja wenn das Schwein nicht da ist, und ich unbedingt Rosinen brauch, es ist ja mein Freund, da kann ich auch durchs Fenster gehen«. Also kletterte es durch Fenster. Als es in der Wohnung war nach langem mühseligen Gekrabbel, sah es auf dem Schrank die Rosinen. Leider kam es nicht auf den hohen Schrank, dann zog es sich an den Schrank hoch um an die Rosinen zu kommen. Aber da war noch was auf dem Schrank, nämlich eine wunderschöne Torte mit drei Kerzen. Aber der Igel wollte sich nur die Rosinen holn. Er streckte seine Pfoten aus, er wollte die Schüssel runterziehn, und mit ihm fielen die Schüssel, er und die Torte runter. Alles war in tausend Scherben und Krümeln. Der Igel war ganz verzweifelt. Was sollte er denn nu machen? Er wartete und wartete, dann dachte sich der Igel: »ich geh lieber raus, und der Schwein wird ja nicht wissen, dass ich es war«. Dann kletterte es aus dem Fenster. Plötzlich traf es das Schwein.
> M: Also der Igel traf das Schwein?
> K: Das Schwein sagte: »hallo, was machst Du hier?« Und da fuhr der Igel fort: »ich hab gedacht ich wollte dem Hase eine Rosinentorte backen und hatte keine Rosinen mehr, nur noch eine. Dann hab ich gedacht, ich geh zu dir, um mir welche zu borgen. Du warst nicht da, da bin ich durchs Fenster gekrabbelt und hab die Rosinen gesehen«. »Ja« sagte das Schwein, »was ist da dran so schlimm? Das darfst du ruhig.« Der Igel sagte: »das Schlimme kommt noch. Ich hab die Rosinen mit der Rosinentorte vom Schrank runtergeworfen. Und jetzt liegt alles bei dir zu Hause in tausend Scherben und tausend Krümeln. Was soll ich denn jetzt machen? Wir haben beide kein Geburtstagsgeschenk für den Hase. Was wird der Hase nur sagen?« Und das Schwein fuhr fort: »Hm, jetzt müssen wir grübeln.«. Eine halbe Stunde war vergangen. Plötzlich hatte der Igel eine Idee: »wie wärs wenn wir aus meinem Kuchen nehmen und deine Rosinen und von deinem Kuchen noch was zu meinem dazumischen? Dann haben wir einen ganz tollen Kuchen und groß.« »Ja« sagte das Schwein, »das ist eine sehr gute Idee«. Sie setzten ihre Ideen fort. Also, ein paar Stunden später saßen sie am Tisch vom Hase und sangen happy birthday, dann aßen sie, und der Hase hat gesagt: »so eine tolle Geburtstagstorte. Meine Erstlieblingstorte und meine Zweitlieblingstorte und alles zusammen, superlecker«. Da sagte der Igel: »puh das ist ja gerade noch mal gutgegang.« Und das Schwein stimmte zu. Alle waren sehr glücklich.

Die ausführliche Erzählung des Mädchens zeugt von einer fortgeschrittenen Erzählkompetenz. Die Geschichte hat einen klaren Anfang (»also es war einmal...«), mit dem die Hauptfiguren eingeführt werden. Die Abfolge der Ereignisse wird kohärent geschildert,

---

[12] Die Transkriptionen wurden von Svenja Baumgärtner angefertigt (Baumgärtner 1996).

[13] Aus Platzgründen und zur besseren Lesbarkeit werden die folgenden Erzählungen nicht im CHAT-Format, sondern als einfache Abschrift dargestellt.

ebenso wie das entstehende Problem und seine Lösung. Eine Schlusssequenz mit Evaluation (»alle waren sehr glücklich«) beendet die Erzählung. Die Kernkomponenten der Handlung wurden verstanden (außer einem inhaltlichen Missverständnis, da der Igel keine Torte, sondern einen Rosinenpudding herstellen wollte). Die Handlung zentriert sich um die Hauptfigur des Igels, dessen Ziele und Motive vermittelt werden. Im Hinblick auf die kohäsiven Mittel fällt auf, dass das Kind Referenten zunächst durch Nominalphrase mit unbestimmtem Artikel einführt und dann den bestimmten Artikel verwendet, um an die gegebene Information anzuknüpfen (»es war einmal ein Hase.... Der Hase hatte Geburtstag«). Auch implizite Referenz durch Pronomen, die sich auf einen vorher eingeführten Gegenstand beziehen, ist möglich (z.B. »aber der Igel wollte sich nur die Rosinen holn. Er streckte seine Pfoten aus...«) Allerdings gelingt die Pronominalisierung nicht immer korrekt, denn an einigen Stellen wird vom Pronomen ›er‹ abrupt zu ›es‹ gewechselt, obwohl auf die gleiche Figur referiert wird (»Er wartete und wartete, dann dachte sich der Igel: (...). Dann kletterte es aus dem Fenster.«). Die plötzliche Verwendung des Pronomens ›es‹ für den Igel scheint auch die einzige Nachfrage der Mutter zu evozieren. Als Tempus der Erzählung wird fast durchgängig das Präteritum gewählt, Tempuswechsel oder Tempusbrüche finden nicht statt. Klare Hinweise auf den Zeitverlauf werden durch Adverbiale gegeben (»dann«, »plötzlich«, »ein paar Stunden später«, »eine halbe Stunde war vergangen«). Durch verschiedene Mittel wird die Geschichte für den Hörer interessant dargeboten: Wörtliche Rede wird vielfach eingesetzt, eine Intensivierung erfolgt durch Wiederholung (»er wartete und wartete«). Evaluative Mittel geben Auskunft über die Einstellung der Sprecherin zum Geschehen (»leider«, »eine wunderschöne Torte«). Die innere Dimension der Vorgänge, d.h. die emotionalen und mentalen Zustände der Figuren wird durch Verwendung von *Internal State Language* (vgl. Kapitel 5) deutlich (»der Igel war ganz verzweifelt«, »jetzt müssen wir grübeln«, »eine sehr gute Idee«). Auf der grammatischen Ebene finden sich überwiegend korrekte, komplexe und flexible Satzstrukturen, allerdings auch zahlreiche Kasusfehler.

Nachdem der Inhalt der Geschichte durch die Erzählung des neunjährigen Mädchens nachvollziehbar ist, zeigt ein Blick auf die Erzählungen jüngerer Kinder, dass der Erwerb der Erzählkompetenz recht langwierig ist. Folgender Dialog entstand bei der Nacherzählung derselben Geschichte durch ein dreijähriges Mädchen:

3 Jahre
K: da war ein Igel.... der war da.... war ein kleiner Igel... und Schwein....und da is einfach die Torte runtergefalln (...)
M: da war ein kleiner Igel?
K: ja und dann hat der gesagt
M: was hat der gesagt, der kleine Igel, war der denn ganz alleine da, der kleine Igel, oder war da noch ein anderes Tier?
K: anderes.
M: ein Hase?
K: mhm
M: ein Elefant?
K: nee, ein schwein.
M: ein Schwein und ein Igel warn da? Was ham die gemacht?

K: da warn doch Schweine.
M: was ham die Schweine gemacht?
M: Erzähl mir lieber mal wie die Geschichte war ich erfahr das ja sonst nie
K: das war so ein kleiner Igel noch... und das ist einfach die Torte runtergefalln wo die Rosine war
M: Wo ist das runtergefallen, von wo?
K: und da ist sie einfach runterfalln... Und dann wollte der Igel ... und ein Schwein. Die Torte ist runtergefalln und dann... das Schweinchen.. und das ist das einfach runtergefalln. Von der der Torte. runtergefalln und dann einfach beim Schrank, bumm.

Die Erzählung des Kindes besteht in einer Aneinanderreihung von Fragmenten der Geschichte. Die Figuren des Igels und des Schweins werden zwar erwähnt, ihre Funktionen, Ziele und Handlungen jedoch nicht deutlich gemacht. Nur eine Kernkomponente der Ereignisse, das Herunterfallen der Torte, wird ausgedrückt. Viele Nachfragen der Mutter zeigen das Bemühen, die Geschichte zu rekonstruieren und zu klären. Ähnliches ist im folgenden Ausschnitt zu sehen.

3 Jahre (Ausschnitt)
K: und das Igel hat gesacht...und das Burtstachskuchen war runtergefalln und das war kaputt gegang.
M: Echt? Und dann?
K: und dann hat de deweint.
M: der Igel?

Der dreijährige Junge konzentriert sich auf das Geschehen des Herunterfallens und spricht auch den inneren Zustand des Protagonisten an (»hat geweint«). Weitere Informationen versucht die Mutter im weiteren Verlauf durch gezieltes Nachfragen zu erhalten, worauf das Kind meist nur mit Nicken oder Kopfschütteln reagiert. Dass dreijährige Kinder auch in der Spontansprache bereits zu elementaren Ereignisdarstellungen in der Lage sind, die jedoch noch wenig umfassend sind und nur durch verständnissichernde Nachfragen und Nachformulierungen erwachsener Gesprächspartner verständlich werden, beschreibt Meng (1989) am Beispiel von Erzählungen im Kindergarten. Deutliche Fortschritte sind zu erkennen, wenn man die Erzählungen fünfjähriger Kinder betrachtet:

5 Jahre
K: n Igel. und der Hase hatte Geburtstag. und der wollte einen Rosinenkuchen machen und dann hatte der nur noch eine Rosine. Und der gang zum Nachbarn, und der war nicht da, und hat n Fenster offen gesehen. Und dann hat der die Rosinen oben gesehen. Und da war auch der Kuchen. Und er ist hochgeklettert, und die Torte ist runtergefallen.
M: War schon fertig, der Kuchen?
K: und dann wartet der draußen. Und der hat das erzählt den Schwein und dann ham die beide überlegt und dann hat der Igel ne Idee gehabt. »Die Rosinenkrümel und die Rosinen machen wir alles in eine droße Torte.« Und als der Hase Geburtstag hatte, schmackt ihn das gut und den anderen.

In dieser Erzählung werden Grundzüge der Ereignisse durchaus versprachlicht, das Gerüst der Handlung ist erkennbar. Allerdings fehlt eine Einführung, die das *Setting* umreißt. Pronominale Bezüge sind ambig oder auch falsch (z.B. »und der Hase hatte Geburtstag. Und der (=der Igel) wollte...«). Verbindungen zwischen den Teilereignissen werden durch

›und‹ gekennzeichnet. Die folgende Erzählung eines ebenfalls fünfjährigen Jungen veranschaulicht den oben erwähnten Befund, dass sich die Geschichten von Kindern in diesem Alter auf die notwendigen Inhalte beschränken (Karmiloff & Karmiloff-Smith 2002):

5 Jahre

K: So'n Igel wollte n Pudding machen. Und dann is ihm auch so'n Kuchen von so'm Schwein runtergefalln. und dann hatte der voll ne gute Idee. Dann ham die alle das aufgesammelt für den Geburtstag erstmal. Und dann, weißte was die dann gemacht haben? Den Pudding und die Rosinen und den Pudding zusammengemischt.

M: Und dann?

K: Dann ham sie s gegessen beim Geburtstag

M: Wer war denn noch dabei?

K: der Hase, der hatte Geburtstag.

M: und n Igel und wer noch?

K: und ein Schwein war da zur Geburtstagsfeier

M: und wer hatte Geburtstag?

K: na der Hase

M: Erklär nochmal. Der Hase hatte Geburtstag? Und wer hat da Kuchen gemacht?

Es wird ersichtlich, dass wichtige Aspekte der Handlung knapp, aber durchaus hörerorientiert (»und dann, weißte was die dann gemacht haben?«) berichtet werden. Zeitliche Bezüge werden durch ›dann‹ angedeutet. Pronomen werden adäquat eingesetzt. Details und Nebenhandlungen und die Motive der Figuren werden jedoch vernachlässigt. Dementsprechend scheint sich die Mutter noch nicht ausreichend informiert zu fühlen, so das mehrere Nachfragen folgen. Die Erzählungen siebenjähriger Kinder (die Transkripte werden hier aus Platzgründen nicht mehr abgedruckt) sind denen der fünfjährigen strukturell ähnlich, wenngleich länger, jedoch immer noch stark auf verständnissichernde Zwischenfragen der Mütter angewiesen. Wie die Beispiele gezeigt haben, finden im Laufe des Vorschulalters und des frühen Schulalters massive Veränderungen in Bezug auf narrative Fähigkeiten statt, bis Kinder mit etwa neun Jahren kohärente Geschichten eigenständig erzählen können, auch wenn noch leichte Unsicherheiten in der Verwendung kohäsiver Mittel auftreten.

Bei den hier betrachteten Nacherzählungen lag eine besondere Kommunikationssituation vor, da die Kinder aufgefordert wurden, einen zuvor gesehenen Handlungsablauf nachzuerzählen. Spontane Erzählungen eigener Erlebnisse könnten zu anderen Erzählformen führen. Allerdings zeigt Quasthoff (1983), dass sich die Erzählmuster von Kindern in informellen bzw. formellen Erzählsituationen nicht wesentlich unterscheiden.

9 Erwerbschronologie an Fallbeispielen

In den vorangegangenen fünf Kapiteln wurde die Sprachentwicklung von Kindern dargestellt, indem der Fokus und Schwerpunkt jeweils auf einer sprachlichen Ebene (Phonologie, Lexikon, Morphologie, Syntax oder Pragmatik) lag. Innerhalb dieser Ebenen erfolgte die Darstellung meist grob chronologisch, indem zunächst die frühen, dann die folgenden und späteren Erwerbsschritte dokumentiert wurden. Diese Vorgehensweise brachte es notwendigerweise mit sich, dass Entwicklungen auf unterschiedlichen Sprachebenen, die sich parallel oder zeitlich nah vollziehen, nicht in direktem Bezug zueinander gesehen werden konnten. Dieses Kapitel versucht daher das Gesamtbild der kindlichen Sprachfähigkeiten zu bestimmten Entwicklungszeitpunkten in den Blick zu nehmen.

Dazu werden die Sprachbiographien von zwei Kindern zwischen 13 und 36 Monaten anhand spontansprachlicher Daten beschrieben. Im zweiten und dritten Lebensjahr erwerben Kinder wesentliche Meilensteine der lexikalischen und grammatischen Entwicklung, so dass dieser Zeitraum einen wichtigen Ausschnitt des Spracherwerbs mit typischen Entwicklungssequenzen repräsentiert. Die Daten sind Bestandteil des umfangreichen Korpus des Projektes »Die Bedeutung der emotionalen Qualität der Mutter-Kind-Interaktion für den Erwerb der Dialogfähigkeiten des Kindes« (Klann-Delius 2008, siehe Fußnote 2). Beide Kinder befanden sich auch in der untersuchten Stichprobe von Kauschke (1999, 2000, Kauschke & Hofmeister 2002). Einige Informationen zur Sprachentwicklung eines der Kinder (Vanessa) wurden bereits an anderer Stelle gegeben Kauschke (2000, 2002). Bei den Daten handelt es sich um Transkriptionen von freien Spielsituationen zwischen Mutter und Kind. Die Transkripte umfassen jeweils zehn Minuten einer halbstündigen Aufnahmesituation (Genaueres zum Design der Längsschnittstudie und zur Transkription siehe Kauschke 2000 und Klann-Delius 2008). Für die folgende Darstellung wurde insbesondere die lexikalische und grammatische Entwicklung betrachtet, da die Transkription nicht phonetisch erfolgte und daher keine ausreichend detaillierten Informationen über die phonetische und phonologische Realisierung vorliegen. Um einen Überblick über das grammatische Profil zu erhalten, wurden die Äußerungen zu jedem Zeitpunkt mit Hilfe einer computergestützten Grammatikanalyse (Kauschke & Siegmüller 2011) ausgewertet. Transkribierte Daten liegen von sechs Zeitpunkten vor, zu denen die beiden Kinder Vanessa und Viktor 13, 15, 18, 24 (nur Vanessa), 30 und 36 Monate alt waren. Die folgenden Ausführungen basieren auf den Sprachäußerungen. Vor allem in der frühen Phase produzierten die Kinder außerdem viele Vokalisierungen, die dem Babbeln zuzuordnen sind, außerdem paraverbale Äußerungen wie Weinen, Jammern, Lachen u.ä., die in der Darstellung nicht berücksichtigt wurden.

9.1 Sprachentwicklung im zweiten Lebensjahr

Zu Beginn der Aufnahmen mit 13 Monaten haben beide Kinder bereits den Meilenstein der ersten Wörter erreicht. Viktor produziert das relationale Wort DA und die Lautmalereien WAUWAU und GACKGACK. Vanessa äußert bereits sieben unterschiedliche Wörter, die den typischen Kategorien des frühen Wortschatzes sowie der Wortart Nomen angehören. So sind die relationalen Wörter DA und HINTEN sowie das soziale Wort JA enthalten. Das Nomen ›Ball‹ wird häufig verwendet, wobei die Wortformen unterschiedlich realisiert werden (als BA, BALL, BELL). Darüber hinaus werden die Wörter ›Kuh‹ und ›Kasper‹ geäußert (letztere in der phonologisch vereinfachten Form KABA, die durch Reduktion der Konsonantenverbindung entsteht). Bemerkenswert ist, dass in diesem frühen Alter bereits das Fragewort ›wo‹ auftritt. Während Viktor außer der schwer interpretierbaren Äußerung DAS WUA ausschließlich Einwortäußerungen produziert, fallen bei Vanessa acht Zweiwortäußerungen auf, so dass eine mittlere Äußerungslänge (MLU, hier in Wörtern berechnet) von 1,39 ermittelt werden konnte. Damit hat sie den Meilenstein der Wortkombinationen besonders früh erreicht. Relationale Wörter werden mit Nomen (DA BALL, DA KABA, WO BALL) oder miteinander (DA HINTEN) kombiniert. Hier ist zu sehen, dass die frühen Zweiwortäußerungen Inhalte wie das Auftauchen oder Verschwinden von Objekten thematisieren.

Mit 15 Monaten befindet sich Viktor weiterhin im Stadium der Einwortäußerungen, sein lexikalisches Repertoire hat sich nicht wesentlich erweitert. Neben DA, TJA und der Lautmalerei BOMM kommt das Nomen BALL hinzu. Vanessa produziert zu diesem Zeitpunkt ebenfalls keine Zweiwortäußerungen. Die Wörter WAUWAU und DA werden geäußert. Als Imitation einer Vorgabe der Mutter imitiert sie das Nomen ›Roboter‹, wobei die erste Silbe ausgelassen wird und der Trochäus [dɔtɐ] entsteht.

Im Alter von eineinhalb Jahren (18 Monate) überwiegen bei Viktor weiterhin Einwortäußerungen, die Wörter der frühen Kategorien enthalten (BRUMMBRUMM, DA, AUA GACKGACK, HUHU). Die Äußerung NE LOKOME (verkürzt für ›Lokomotive‹) enthält ein Nomen, das möglicherweise von einem Artikelvorläufer begleitet wird (NE für ›eine‹). Interpretiert man NE als Artikel, so findet sich hier der erste Beleg für eine Wortkombination. Vanessa produziert ebenfalls relationale und personal-soziale Wörter (DA, AUF, TSCHÖ) sowie die Nomen ›Kekse‹, ›Auto‹ und ›Tasche‹ (in den Formen TASCHÄ und TASSE). Darüber hinaus findet sich die Wortkombination KEKSE AU, bei der nicht klar zu erkennen ist, ob das zweite Element ›auch‹ oder ›auf‹ meint. Ähnlich wie bei Viktor ist bei der Äußerung EN AUTO LA schwer zu beurteilen, ob es sich um einen Artikelplatzhalter handeln könnte.

Drei Monate später (21 Monate) sind bei beiden Kindern Fortschritte hinsichtlich der lexikalischen Vielfalt und zum Teil auch der syntaktischen Komplexität zu beobachten. Viktor bedient sich zwar weiterhin zahlreicher Lautmalereien, neben diesen kommen einige relationale und soziale Wörter sowie wie die Nomen BAHN und AUTO vor. Neu hinzu treten die Wortarten der Pronomen (ICH) und der Verben (WILL und SITZEN). Mehrwortäußerungen erscheinen als Kombinationen von relationalen Wörtern (DA REIN) und als Kombinationen mit Verb (WILL ARM, ECH WILL DE LALA im Sinne von ›ich will die Musik‹). Das Verb ›wollen‹ dient hier als Wegbereiter für Verb-Objekt-Kombinationen, die einen grundlegenden Wunsch des Kindes nach etwas ausdrücken (vgl. Kapitel 5). Zu diesem Zeitpunkt hat Viktor also klar das Stadium der beginnenden syntaktischen Verknüpfung erreicht.

Vanessas Wortschatz im Alter von 21 Monaten ist durch einen massiven Nomenzuwachs gekennzeichnet. Beim gemeinsamen Anschauen eines Bilderbuchs mit ihrer Mutter benannte sie zahlreiche Tiere wie ›Katze‹, ›Igel‹, ›Ente‹, ›Eule‹, ›Frosch‹ und ›Papagei‹. Die Aussprache ist dabei von typischen phonologischen Prozessen gekennzeichnet: ›Fische‹ wird zu [tʏsə] (Plosivierung des Anlauts und Ersetzung von /ʃ/ durch /s/), ›Papagei‹ zu [gɔgagaɪ] (Assimilation). Das Wort ›Frosch‹ wird noch sehr inkonsequent als [fʁɔs], [gʁɔs] oder [ɔʃ] realisiert (Ersetzung oder Auslassung des Anlauts bzw. Ersetzung von /ʃ/ durch /s/). Neben den genannten Nomen, die dem Basislevel zuzuordnen sind, kommen erstmals auch spezifische Begriffe unterhalb der Basisebene wie ›Teddybär‹, ›Tannenbaum‹ und ›Eisenbahn‹ vor. Diese zeigen an, dass die semantische Organisation des Lexikons in die Tiefe gewachsen ist und dass Komposita Eingang in das Lexikon gefunden haben. Mit der Äußerung OH GUCKE taucht darüber hinaus das erste Verb aus, mit dem Vanessa den Wunsch zum Ausdruck bringt, ein Bilderbuch ansehen zu wollen. Syntaktisch hat sich bei Vanessa dagegen nur wenig verändert, es bleibt bei einigen verblosen Zweiwortäußerungen (FROSCH HIER, KATZE AUCH) und einer Mehrwortäußerung (DA AUTO REIN).

9.2 Sprachentwicklung im dritten Lebensjahr

Leider liegen keine Daten von Viktor für das Alter von 24 Monaten vor. Unter lexikalischen Aspekten finden sich bei der zweijährigen Vanessa weiterhin viele unterschiedliche Nomen, oft aus dem Bereich Tiere. Zwei Diminutivformen (HÄSCHEN und SCHWEINCHEN) belegen das erste Auftreten von Derivata. Entscheidend ist zu diesem Zeitpunkt jedoch das häufigere Auftreten von Verben. Bei den verwendeten Verbformen KOMM, ESSE, HABEN, MACH, GEHEN, und TU handelt es sich um allgemeine und hochfrequente Verben, Vanessa steigt also über typische »Wegbereiterverben« (vgl. Kapitel 5) in den Verberwerb ein. Diese werden nicht isoliert verwendet, sondern meist in Zweiwortkombinationen eingebettet (z.B. HEIA MACH, ECKE GEHEN, BUS HABEN, OH TASSE ESSEN, TU WEG), so dass die MLU nun auf 1,98 steigt. Ein Fortschreiten der syntaktischen Länge und Komplexität geht offensichtlich mit einem vermehrten Verbgebrauch einher. 28% aller Äußerungen enthalten bereits ein Verb. Hinsichtlich der Flexionsformen erscheinen die Verben meistens als reiner Verbstamm oder mit dem Suffix –en. In Äußerungen mit mehr als zwei Elementen finden sich in diesem Transkript erstmalig Hauptsätze, die die notwendigen Konstituenten enthalten, während Funktionswörter wie Artikel und Präpositionen noch fehlen (MAMA TASSE ESSEN und MAMA ECKE GEHEN). Beide Äußerungen sind durch unflektierte Verbendstellungen gekennzeichnet und entsprechen damit einer typischen frühen Phase der Syntaxentwicklung.

Sechs Monate später (2;6 Jahre) hat sich der Sprachentwicklungsstand der Kinder grundlegend gewandelt, denn beide beherrschen nun offensichtlich die Grundzüge der deutschen Grammatik. Zunächst zum Lexikon: Das Wortartenrepertoire ist »gefüllt«, beide Kinder produzieren Nomen, Verben, Adjektive, Adverbien, Funktionswörter, Pronomen und Partikeln. Unter den Nomen dominieren die Begriffe der Basisebene, Viktor äußert darüber hinaus einen abstrakten Begriff (ANGST). Wortbildungsfähigkeiten zeigen sich in der Verwendung von Komposita (Vanessa: HÜPFEBALL, EISBÄR) und einer –er-Derivation (Viktor: ANHÄNGER). Das Verblexikon ist deutlich angewachsen und enthält nun spezifische Verben, darunter Handlungsverben (Viktor: WIEGEN, UMSCHMEIßEN, Vanessa: AUFDREHN, RUMZIEHN), Bewegungsverben (Viktor: LOSRAST, Vanessa: HÜPFEN), Zustandsverben (Viktor: PARKEN, Vanessa: ANGUCKEN) als auch Modalverben (wie KANN, DARF, WILL, MUSST). Infolge des Verbzuwachses enthalten nun rund 40% aller Äußerungen der beiden Kinder ein Verb. Unter den Verben finden sich zahlreiche Partikelkompositionen (neben den oben bereits genannten z.B. die Formen DRAUFMACHEN, WEGGESTOCHEN, UMSCHMEIßEN, ANHALTEN, HERKOMMEN). Die Subjekt-Verb-Kongruenz wird fast ausnahmslos korrekt realisiert, wobei Vanessa alle Flexive des Personalparadigmas und Viktor alle Suffixe außer –e verwendet. Vereinzelt treten Partizipien auf (Vanessa: GESTOCHEN, Viktor: AUSENADET, was die Mutter im Dialog als ›ausgeladen‹ interpretiert). Das Lexikon ist auch im Bereich der geschlossenen Klasse expandiert. So werden zahlreiche Pronomen produziert (Vanessa: ICH, MICH, DEIN, SIE, MAN, Viktor: ICH, DU, ER, DIES, DEN). Unter den Funktionswörtern sind Artikel, Konjunktionen, Fragewörter, Hilfsverben, Präpositionen und Negationselemente vertreten.

Der Blick auf die Äußerungsstrukturen verdeutlicht besonders die Fortschritte in der Grammatikentwicklung. Viktors durchschnittliche Äußerungslänge ist auf 3,04 gestiegen. Einfache Aussagesätze werden mit korrekter Verbzweitstellung realisiert, wobei unterschiedliche Konstituenten im Vorfeld stehen (Beispiele: DIE PARKN DA, DER JUNGE HÄLT SICH AUCH DIE NASE ZU, DA HAT ER KEINE ANGST). Auch eine Objektvoranstellung tritt auf (KRAN FÄHRT ER). Viktor kann also Aussagesätze überwiegend korrekt und flexibel aufbauen. Vereinzelt werden Verben an die erste Satzposition gestellt, obwohl kein Fragekontext gegeben war (FÄHRT WEG DER MANN, FÄHRT DER DAGEGEN). Gleichzeitig finden sich auch noch Äußerungen, in denen notwendige Konstituenten fehlen (z.B. DA ROTER TRAKTOR, WAS KAUFN JETZT). In komplexen Nominalphrasen (EIN ROTER TRAKTOR, MIT M GROßN ANHÄNGER, SO'N GROßE ENTE MIT REIFEN) zeigt sich, dass die Adjektive bereits hinsichtlich des Kasus mit dem Nomen kongruieren. Viktor hat allerdings noch einige Genusunsicherheiten (DAS REIFN, DA FÄHRT DIE TRAKTOR). Ein Anzeichen für den Beginn komplexer Syntax ist die Äußerung DA WO DIE TRAKTOR FÄHRT, die einen Nebensatz enthält, der korrekt mit Verbendstellung gebildet wird.

Auch bei Vanessa lässt sich sehen, dass sie mit zweieinhalb Jahren die wesentlichen syntaktischen und morphologischen Strukturen des Deutschen realisiert. Ihre durchschnittliche Äußerungslänge beträgt nun 3,24. Sie produziert mehrere Aussagesätze, die wie bei Viktor zeigen, dass das Verb in der Zweitposition steht und das Vorfeld flexibel besetzt wird (ICH TRAG DAS HIER, WAS PASST DA, MIAU MACHT DIE KATZE, DA IS AUCH N ELEFANT DRAUF); ebenso findet sich eine Objektvoranstellung (DEN EISBÄRN HAM SE JA WEGGESTOCHEN), die gleichzeitig eine korrekte Markierung des Akkusativs enthält. Auch Vanessa zeigt den Ansatz zur Bildung von Nebensätzen, wie die Äußerung ICH HAB MAL WIE DER MANUEL HAT belegt. Neben zielsprachlichen Sätzen treten auch noch unvollständige oder unklare Strukturen (HIER HAT OMIS HERKOMMEN ANGUCKEN, DARF MAL KOMMEN), oder Kongruenzverletzungen auf (DES IS ROBOTERS, ALLES GEHE RAUF).

Wie die Äußerungsbeispiele zeigen, haben beide Kinder mit zweieinhalb Jahren trotz einiger noch bestehender Unsicherheiten den Meilenstein der Verbzweitstellung im Wesentlichen gemeistert.

Bei den dreijährigen Kindern (36 Monate) haben die Äußerungen nochmals an Länge (MLU beträgt bei beiden nun 3,9) und Komplexität gewonnen, die Veränderungen gegenüber dem Alter von 30 Monaten sind jedoch nicht mehr so eindrücklich wie zwischen 21 bzw. 24 und 30 Monaten. Im Nomenlexikon finden sich mehr spezifische Begriffe und Abstrakta, die sich auf inneres Erleben (Viktor: ANGST) oder andere nicht-dingliche Konzepte (Vanessa: JAHRE, GEBURTSTAG) beziehen. Der Anteil von Verben an allen Äußerungen beträgt 62% (Vanessa) bzw. 71% (Viktor). Auch bei den Verben treten abstraktere oder mentale Inhalte hinzu (z.B. Viktor: PROBIEREN, Vanessa: VERGESSEN). Wie bereits mit zweieinhalb Jahren gibt es nur sehr wenige Verstöße gegen die Subjekt-Verb-Kongruenz (einziges Beispiel bei Vanessa: DANN LEG WIR DAS HIER HIN). Beide Kinder haben keine Schwierigkeiten damit korrekte Aussagesätze mit Verbzweitstellung zu bilden, die meist Subjekte und Adverbiale im Vorfeld und häufig auch doppelte Verbklammern enthalten (Viktor: DES PFERD KANN SO GUT STEHEN, Vanessa: DANN WILL ICH ABER AUCH EIN GESCHENK HABEN). Bei Viktor ist noch eine Verbendstellung zu beobachten (DU DA AUCH PROBIERE). Auch Entscheidungs- und Informationsfragen sind belegt (Viktor: WO IS DER KRAN?, SOLL ICH HIER HINTEN RUNTERFAHRN?, Vanessa: WO GEHSTE DENN JETZT HIN?, MÖCHTEN SIE NOCH DAS ZEBRA?). Insgesamt verfügen die Kinder damit über ein vielfältiges Repertoire an Satzarten. Auch die Negation wird korrekt realisiert (Vanessa: DA SIND KEINE MURMELN MEHR DRIN, DER ROBOTER DER SOLL NICH KOMMEN, Viktor: IS GA NICH FERTICH, HAB KEENE ANGST). Vanessa zeigt darüber hinaus fortgeschrittene syntaktische Fähigkeiten durch die Verwendung eines Nebensatzes, der mit einer Konjunktion mit dem Hauptsatz verbunden wird (UND ICH WERD NEUN JAHRE ALT WENN ICH GEBURTSTAG HAB), während Viktor in dieser Aufnahmesituation keine komplexen Sätze produziert. Bei Vanessa sind darüber hinaus auch eindeutige Dativmarkierungen belegt (DAS GEHÖRT MIR DAS ZEBRA, KANNST DU AUCH SO DEINEM KIND SCHENKEN) sowie ein Satz mit direktem und indirektem Objekt (JETZT BRINGT DIR N HASE NOCH EINE ROBBE). Die etwas größere syntaktische Vielfalt und Komplexität bei Vanessa kann auch mit situationalen Faktoren zusammenhängen, da sich die Aufnahmesituation bei Vanessa auf ein dialogisches Rollenspiel mit der Mutter

(Kaufladen) bezieht, während Viktor sich mit dem Aufbau einer Eisenbahn beschäftigt, wobei weniger der Dialog als das konkrete Handeln im Vordergrund stand.

Einige wichtige Eckdaten zur Sprachentwicklung der beiden Kinder werden in Tabelle 16 zusammengefasst, die die Anzahl der insgesamt produzierten Äußerungen und Wörter, die durchschnittliche Äußerungslänge (MLU) sowie die Struktur der Äußerungen angibt, die in den jeweils zehnminütigen Spontansprachausschnitten realisiert wurden.

	Wörter	Äußerungen	MLU	EKÄ	ZKÄ	MKÄ	HS	NS	FS
Va 13	32	23	1,39	12	8	0	0	0	0
Vi 13	12	11	1,09	11	0	0	0	0	0
Va 15	5	4	1,25	2	0	0	0	0	0
Vi 15	10	9	1,11	5	0	0	0	0	0
Va 18	18	13	1,38	9	1	0	0	0	0
Vi 18	13	10	1,3	7	1	0	0	0	0
Va 21	55	35	1,57	18	6	1	0	0	0
Vi 21	53	38	1,39	26	5	1	0	0	0
Va 24	105	53	1,98	13	15	4	3	0	0
Va 30	217	67	3,24	13	9	11	17	1	7
Vi 30	344	113	3,04	23	24	7	34	1	0
Va 36	331	85	3,89	11	12	12	27	3	5
Vi 36	165	42	3,93	5	6	11	17	0	3

Tabelle 16: Äußerungslänge und Äußerungsstrukturen bei zwei Kindern im Entwicklungsverlauf

EKÄ, ZKÄ, MKÄ = Ein- Zwei-, Mehrkonstituentenäußerungen
HS = Hauptsätze, NS= Nebensätze, FS= Fragesätze,
Va= Vanessa, Vi= Viktor, 13–36= Alter in Monaten

Anhand der konkreten Äußerungsbeispiele ließen sich die Sprachbiographien der beiden Kinder nachvollziehen. Vor allem der Beginn gestaltete sich individuell unterschiedlich, da Vanessa bereits mit 13 Monaten mehrere Wortkombinationen realisierte, während dieser Meilenstein bei Viktor erst mit 21 Monaten klar belegt werden konnte. Bei Viktor zeigte sich ein Entwicklungssprung zwischen 18 und 21 Monaten, da mit 21 Monaten Verben sowie Kombinationen aus zwei oder mehr Wörtern auftauchten. Bei Vanessa blieben die sprachlichen Fähigkeiten zwischen 13 und 21 Monaten im Wesentlichen ähnlich, mit 24 Monaten stiegen dann der Verbgebrauch sowie die Anzahl von Zwei- und Mehrwortäußerungen merklich an. Entscheidende Veränderungen vor allem in Bezug auf den Erwerb der zielsprachlichen grammatischen Strukturen fanden zwischen zwei und zweieinhalb Jahren statt. Im Alter von zweieinhalb konnten beide Kinder Aussagesätze flexibel und mit korrekter Verbposition und Subjekt-Verb-Kongruenz bilden, außerdem zeigten sie erste Ansätze zu komplexeren Strukturen. Die hier exemplarisch vertieften Entwicklungsverläufe zweier Kinder illustrieren und bestätigen empirische Befunde zu einzelnen Phänomenen der Sprachentwicklung des Deutschen, die in den vorangegangenen Kapiteln ausgeführt wurden. Die Entwicklungsverläufe von Viktor und Vanessa können als typisch für den ungestörten monolingualen Erwerb im Deutschen angesehen werden.

In allen bisherigen Kapiteln war von Kindern die Rede, die eine Sprache, ihre Muttersprache, erwerben. Häufig wird mit dem Begriff »Spracherwerb« vor allem der Erstspracherwerb assoziiert, was Haberzettl (2007) als ungerechtfertigt bezeichnet. Tatsächlich ist der gleichzeitige oder kurz aufeinander folgende Erwerb von zwei oder mehr Sprachen in der Kindheit ein weltweit verbreitetes und auch in Deutschland zunehmendes Phänomen. Wenn man bedenkt, dass in Deutschland etwa 30% aller Kinder einen Migrationshintergrund haben (Angaben aus dem Ländermonitor der Bertelsmann-Stiftung 2009) und dass dieser Anteil in Ballungsgebieten oft noch höher liegt, so wird deutlich, dass zahlreiche Kinder mit mehr als einer Sprache aufwachsen. Dies kann in ganz unterschiedlichen Erwerbskonstellationen geschehen. Beim »doppelten« oder bilingualen Erstspracherwerb werden Kinder von frühester Kindheit an simultan mit zwei Muttersprachen konfrontiert, wobei verschiedene Erwerbsszenarien unterschieden werden (de Houwer 2009, Müller et al. 2011), je nachdem, welche Sprache(n) von den Elternteilen und in der Umgebung gesprochen werden. In vielen Familien findet sich das Modell »eine Person – eine Sprache« oder auch »Partnerprinzip« bei dem beide Elternteile jeweils in ihrer Muttersprache mit ihrem Kind kommunizieren. Beim simultanen bilingualen Spracherwerb wird davon ausgegangen, dass sich der Erwerbsverlauf nicht prinzipiell vom monolingualen Erwerb der jeweiligen Sprache unterscheidet (Chilla 2011a: 46).

Häufiger ist angesichts der Migrationsbedingungen ein sukzessiver Spracherwerbstyp anzutreffen, bei dem der Erwerb einer zweiten Sprache erst einsetzt, nachdem der Erwerb einer ersten Sprache zumindest in Grundzügen vollzogen ist (Rothweiler 2007a: 106, Meisel 2009). Oft erwirbt das Kind zunächst innerhalb der Familie seine Herkunftssprache und mit Eintritt in eine Bildungseinrichtung (Kindergarten oder Schule) zusätzlich die Umgebungssprache des Landes, in dem die Familie lebt. Beim frühen sukzessiven bilingualen Spracherwerb setzt der Erwerb der zweiten Sprache im Alter von ca. drei bis vier Jahren ein, beim kindlichen Zweitspracherwerb dagegen erst ab dem Alter von etwa fünf bis zehn Jahren (Chilla 2011a). Diese Unterscheidung scheint wichtig zu sein, weil der frühe sukzessive Spracherwerb möglicherweise mehr Ähnlichkeiten mit monolingualen Erwerbsverläufen aufweist als der spätere. In diesem Kapitel wird nicht auf den Zweitspracherwerb im Erwachsenenalter eingegangen, ebenso wenig wie auf Formen des gesteuerten Zweitspracherwerbs, die auf formalem Unterricht in einer zweiten oder weiteren Sprache beruhen (wie im Fall des Fremdsprachenlernens). Somit stehen Formen kindlicher Mehrsprachigkeit unter natürlichen, ungesteuerten Erwerbsbedingungen im Vordergrund.

10.1 Mehrsprachiger Grammatikerwerb

Vielfach wird darauf verwiesen, dass der Erwerb zweier (oder mehrerer) Sprachen vollständig und unproblematisch verlaufen und das Kind unter günstigen Bedingungen in beiden Sprachen erstsprachliche Kompetenz aufbauen kann. Untersuchungen des Verlaufs des simultan-bilingualen Spracherwerbs und des frühen sukzessiven Zweitspracherwerbs konzentrierten sich vorrangig auf den Erwerb der Grammatik und zeigten, dass es zahlreiche Übereinstimmungen in den Entwicklungssequenzen gibt, d.h. der bilinguale Erwerb entspricht im Wesentlichen den Meilensteinen der ungestörten monolingualen Entwicklung der jeweiligen Sprache (Hua & Wei 2005, Haberzettl 2007). Tracy und Gawlitzek-Maiwald (2000: 519) gehen anhand der bisherigen Forschungslage davon aus, »dass sich der monolinguale und der bilinguale Erwerb eher ähneln als unterscheiden«. Chilla (2008) zeigt am Beispiel von sukzessiv-bilingualen Kindern mit türkischer Herkunftssprache, dass die grundlegenden morphosyntaktischen Regeln des Deutschen (wie die Verbzweitstellung in Aussagesätzen, die Subjekt-Verb-Kongruenz und Fragestrukturen) bei ausreichendem Input bereits nach ca. 18 Monaten des Sprachkontakts mit dem Deutschen erworben werden können. Dies belegen auch Beispiele von Rothweiler (2007b) von einem türkischen Jungen, der nach acht Kontaktmonaten syntaktisch korrekte Aussage- und Fragesätze (Beispiele: JETZ WOLLEN DIE IHN FANG, WAS IS IN DIE ECKE?) und einen Monat später bereits Nebensätze (DASS DIE WOLKE KOMMT) äußerte. Einen ähnlich schnellen Erwerb syntaktischer Meilensteine beschreibt Haberzettl (2007) sogar am Beispiel eines Jungen mit russischer Erstsprache, dessen Erwerb des Deutschen erst mit sieben Jahren begann und der bereits nach 19 Kontaktmonaten die Äußerung DER WEINT NICHT MEHR SO GANZ WIE ER AM ANFANG GEWEINT HAT produzierte.

Der Verlauf und der erreichbare Endzustand hängen jedoch stark von Beginn, Dauer und Intensität des Kontakts mit der zweiten Sprache ab. Den Ergebnissen von Chilla (2008) zufolge war bei zwei untersuchten Kindern mit einem frühen Kontakt zur Zweitsprache (im dritten Lebensjahr) zu beobachten, dass die Zwischenschritte im Grammatikerwerb stark denjenigen monolingualer Kinder glichen, während dies bei Kindern, die das Deutsche erst ab ihrem sechsten Lebensjahr erwarben, nur in geringerem Maße der Fall war. Vor allem war der Zusammenhang zwischen der Subjekt-Verb-Kongruenz und der generalisierten Verbzweitstellung, der für den monolingualen Spracherwerb typisch ist (siehe Kapitel 7) und auch bei den beiden Kindern mit frühem sukzessiven Spracherwerb vorlag, bei den untersuchten Kindern mit späterem Zweitspracherwerb nicht nachzuweisen. Die Kinder mit späterem Sprachkontakt bildeten häufiger Aussagesätze mit unflektierter Verbzweitstellung (DIE WURZEL MÜSSEN EIN BISSCHEN GRÖßER SEIN) und Sätze mit doppelter Vorfeldbesetzung (DANN DER FROSCH GEHT WEG). Derartige Strukturen sind zwar auch für den Erstspracherwerb belegt (siehe Kapitel 7), treten dort jedoch eher vereinzelt auf, während sie aus dem Zweitspracherwerb bei Erwachsenen (Rothweiler 2007a) und auch als Symptome von Sprachentwicklungsstörungen (siehe Kapitel 11) bekannt sind. Hier zeigt sich, dass Übergangsphänomene des (späteren) kindlichen Zweitspracherwerbs und Symptome einer gestörten Sprachentwicklung leicht verwechselt werden können (siehe dazu auch Rothweiler 2007b) und daher einer differenzierten Diagnostik bedürfen.

Bis hierher wurde deutlich, dass sich der Grammatikerwerb des Deutschen im Rahmen des kindlichen Zweitspracherwerbs in weiten Teilen nicht grundlegend vom monolingualen Erwerb unterscheidet, wobei die Ähnlichkeiten in den Verlaufsmustern umso größer sind, je früher der Erwerb der zweiten Sprache einsetzt. Gleichzeitig sind subtile quantitative und qualitative Unterschiede zwischen den Erwerbstypen nicht auszuschließen. Die spezifischen Bedingungen des Erwerbs zweier oder mehrerer Sprachen führen durchaus zu Besonderheiten, die durch Wechselwirkungen zwischen den Sprachen bedingt sind. Diese können in einer leicht asynchronen zeitlichen Entwicklung der beiden Sprachen, in *silent periods* für eine Sprache oder in verlangsamten Verläufen liegen. Sie können aber auch darin bestehen, dass bestimmte Meilensteine im kindlichen Zweitspracherwerb sogar schneller erreicht werden als es aus dem monolingualen Erwerb bekannt ist, da sich die kognitive Entwicklung und das schon vorhandene Wissen über Sprache beschleunigend auswirken (siehe Dimroth & Haberzettl 2008 zum schnellen Erwerb der Verbflexion).

10.2 Sprachmischung

Besondere Aufmerksamkeit ziehen Phänomene des Sprachwechsels und der Sprachmischung auf sich, die zunächst wie eine Verwirrung des Sprechers in Bezug auf seine beiden Sprachen aussehen könnten. In diesem Zusammenhang sind die Begriffe *Transfer*, *Borrowing* und *Code-switching* relevant. Transfer findet statt, wenn sprachliche, vor allem grammatische Strukturen aus der Erstsprache in die Zweitsprache übertragen werden (Rothweiler 2007a, Chilla 2011a). Dieses Phänomen wird vor allem bei erwachsenen Lernern einer Zweitsprache beobachtet. Während des kindlichen Zweitspracherwerbs kann es phasenweise vorkommen, dass grammatische Strukturen der Erstsprache in die Zweisprache übertragen werden, bevor sich die Kinder allmählich immer stärker an den Strukturen der Zweitsprache orientieren. Dabei sind Dauer und Ausprägung des Transfers individuell verschieden. Offensichtlicher wird die Wechselwirkung zwischen Sprachen in Mischäußerungen, die Bestandteile beider Sprachen enthalten. In der Äußerung CLEANST DU DEIN TEETH? (Beispiel aus Tracy & Gawlitzek-Maiwald 2000) etwa wird ein englisches Verb in der Position für deutsche Entscheidungsfragen und mit deutscher Verbflexion verwendet. Tracy (2007) wertet derartige Mischäußerungen als aktive Rekonstruktionsleistungen von Kindern, die darüber hinaus nicht die Mehrzahl der Äußerungen ausmachen und wieder verschwinden, wenn systeminterne Lücken geschlossen sind. Ähnlich verhält es sich mit dem *Borrowing*. Hier werden Wörter einer Sprache gezielt in Äußerungen der anderen Sprache eingebettet, die Wörter also gleichsam »ausgeliehen«. Im Beispiel BEN DE SCHREIEN YAPMAM (Rothweiler 2007a) setzt ein türkischsprachiges Kind ein einzelnes deutsches Wort (›schreien‹) in einen kompletten türkischen Satz ein, der ›dann würde ich nicht schreien‹ bedeutet. Diese Strategie dient zweisprachigen Sprechern als Kompensationsmöglichkeit, wenn eine Wortform nur in einer Sprache zur Verfügung steht bzw. in der anderen Sprache gerade nicht abrufbar ist. Beim so genannten *Code-switching* vollzieht sich im Gespräch wiederholt ein Wechsel zwischen den Sprachen. Der Sprachwechsel wird vor allem gegenüber Gesprächspartnern eingesetzt, die ebenfalls beide Sprachen beherrschen, nicht aber im Gespräch mit monolingualen Sprechern. Die Verfügbarkeit eines bilingualen und eines monolingualen Modus stellt eine wichtige kommunikative Fähigkeit dar, die auch zur Herstellung der soziokulturellen Identität von bilingualen Sprechern beiträgt.

10.3 Sprachdominanz

Spezifisch für das Aufwachsen mit zwei oder mehreren Sprachen ist auch, dass die Sprachen nicht immer ausbalanciert sind. Mit dem umstrittenen Begriff der Dominanz (Müller et al. 2011, Rothweiler 2007a) wird darauf Bezug genommen, dass eine Sprache besser entwickelt sein kann als die andere. In der dominanten Sprache verfügt der Sprecher über einen größeren Wortschatz, beherrscht grammatische Regeln besser, spricht flüssiger und kann Sprache differenzierter und kreativer einsetzen als in der schwächeren Sprache. Während sich Dominanz eher auf den Grad der Sprachbeherrschung bezieht, erfasst der Begriff der Präferenz, welche Sprache in bestimmten Situationen bevorzugt gebraucht wird. Die Präferenz ist damit stark situationsabhängig und variabel. Welche Sprache vorgezogen wird, hängt auch mit den Umgebungsbedingungen und gesellschaftlichen Einstellungen zusammen. Faktoren wie Familiensprache versus Umgebungssprache, Minderheits- versus Mehrheitssprache, das soziale Ansehen und der gesellschaftlicher Status einer Sprache bzw. Sprachgemeinschaft spielen eine wichtige Rolle bei der Ausprägung individueller Sprachpräferenzen bilingualer Sprecher. Bei in Deutschland aufwachsenden Kindern mit Migrationshintergrund entsteht oft eine zunehmende Dominanz der Umgebungssprache Deutsch, je mehr die Kinder in deutschsprachigen Bildungseinrichtungen mit deutschsprachigen Kommunikationspartnern in Kontakt kommen und die Herkunftssprache dementsprechend in den Hintergrund tritt (Rothweiler 2007a).

Derartige Veränderungen im Hinblick auf die Dominanz der Herkunfts- und der Umgebungssprache im Laufe des Vorschulalters lassen sich an einer Studie von Klassert (2011) mit deutsch-russisch bilingualen Kindern gut beobachten. Die Studie fokussiert lexikalische Fähigkeiten, die durch einen Benenntest erhoben wurden, der sowohl in der Herkunftssprache Russisch als auch in der Umgebungssprache Deutsch durchgeführt wurde. Dabei sollten die Kinder Abbildungen von Objekten und Handlungen durch passende Nomen bzw. Verben in ihren beiden Sprachen benennen. Die Wortschatzleistungen wurden mit denen monolingualer Kinder jeder Sprachgemeinschaft verglichen (Testmaterial und Vergleichsdaten zum Deutschen aus Kauschke 2007a). 60 bilinguale Kinder mit Migrationshintergrund, in deren Familien Russisch gesprochen wurde und die mit spätestens drei Jahren in Kontakt mit dem Deutschen kamen, wurden untersucht, wobei drei Altersstufen (je 20 Kinder im Alter von vier, fünf und sechs Jahren) einbezogen wurden. Im Alter von vier Jahren waren die Wortschatzfähigkeiten dieser sukzessiv bilingualen Kinder im Deutschen und im Russischen gleich gut ausgeprägt und lagen in beiden Sprachen weit unter den Fähigkeiten monolingualer Kinder. Dies bestätigt, dass das Lexikon bilingualer Kinder in den jeweiligen Einzelsprachen zumindest anfänglich im Vergleich zu monolingualen Kindern eingeschränkt ist. Im Vorschulalter wurde dann das Deutsche dominant, d.h. die Kinder konnten mehr Wörter im Deutschen korrekt benennen als im Russischen. Kannten sie ein russisches Wort nicht, so machten sie häufig Anleihen aus dem Deutschen, um die Lücke zu füllen. Der Wortschatz im Deutschen verbesserte sich soweit, dass die Kinder zu Schulbeginn bereits auf dem Niveau ein Jahr jüngerer monolingualer Kinder waren. Bei ausreichendem Kontakt mit der Umgebungssprache (alle Kinder besuchten einen deutschsprachigen Kindergarten) sind somit gute Fortschritte zu erwarten. Im Russischen sah dies anders aus: Die Wortschatzleistungen in der Herkunftssprache stagnierten zunächst. Im Alter von sechs Jahren wurde festgestellt, dass die Kinder, die eine deutschsprachige Schule besuchten, weiterhin keine Fortschritte im Russischen machten, was eine starke Dominanz des Deutschen zur Folge hatte. Der Abstand zu monolingual russischen Kindern wurde immer größer. Die Hälfte der Kinder dieser Untersuchungsgruppe wurde jedoch in eine bilinguale Schule eingeschult, in der der Unterricht auf Deutsch und auf Russisch stattfand. Der russische Wortschatz dieser sechsjährigen Kinder machte einen deutlichen Sprung, so dass er sich bereits nach kurzer Zeit nicht mehr von monolingualen Kindern unterschied. Diese Ergebnisse machen deutlich, dass Kinder mit Migrationshintergrund, in deren Familien die Herkunftssprache gesprochen wird, bei ausreichend frühem Kontakt mit der Umgebungssprache in der Lage sind, recht schnell einen guten Wortschatz in ihrer Umgebungssprache aufbauen und sich den Fähigkeiten monolingualer Kinder annähern. Wird darüber hinaus die Herkunftssprache auch außerhalb der Familie gefördert, so führt dies zu Fortschritten, die nicht auf Kosten der Umgebungssprache gehen. Bleibt eine außerfamiliäre Förderung der Herkunftssprache dagegen aus, so stagnieren hier die Fähigkeiten und entfernen sich immer stärker von den Sprachleistungen monolingualer Kinder.

Die Einstellungen gegenüber dem Erwerb mehrerer Sprachen im Kindesalter haben sich im Laufe der Zeit merklich gewandelt (Tracy & Gawlitzek-Maiwald 2000). Zunehmend setzt sich die Sichtweise durch, dass die Konfrontation mit zwei Sprachen ein Kind weder überfordert noch das Gelingen des Spracherwerbs gefährdet und dass Phänomene der Sprachmischung als effektive Strategie bzw. adäquate stilistische oder kommunikative Mittel gewertet werden. Damit verbunden ist die Auffassung, dass Mehrsprachigkeit allein weder eine Sprachentwicklungsstörung auslöst noch die Ausprägung einer vorliegenden Sprachentwicklungsstörung negativ beeinflusst (Rothweiler 2007b), solange das Kind ausreichenden sprachlichen Input und Kommunikationsmöglichkeiten in beiden Sprachen erhält (vgl. Kapitel 11 zu umgebungsbedingten Sprachstörungen). Dies schließt nicht aus, dass in einzelnen Strukturbereichen kurzfristige Verunsicherungen oder Verzögerungen auftreten oder dass ungünstige Inputbedingungen den Erwerbsprozess erschweren können.

11 Störungen des Spracherwerbs

11.1 Definition und Klassifikation von Sprachentwicklungsstörungen

In den Kapiteln drei bis neun ließ sich verfolgen, wie der Erstspracherwerb auf den verschiedenen sprachlichen Ebenen normalerweise verläuft. Dabei zeigten sich immer wieder bestimmte Entwicklungmeilensteine und -sequenzen, die von vielen Kindern in ähnlicher Weise und Reihenfolge durchlaufen werden, aber es gab auch zahlreiche Hinweise auf interindividuelle Differenzen. Der Spracherwerb verläuft also nicht völlig uniform. Trotzdem ist es wichtig, gestörte Sprachentwicklungsverläufe abzugrenzen, die auch im Rahmen erwartbarer Variation auffallen und sich negativ auf die weitere Entwicklung von Kindern auswirken können. Obwohl der Prozess des Spracherwerbs insbesondere von nativistisch ausgerichteten Forschern (siehe Kapitel 12) als recht robust angesehen wird, ist das sichere Erreichen einer vollständigen Sprachkompetenz durchaus nicht bei jedem Kind garantiert. Dieses Kapitel befasst sich daher mit Störungen des Spracherwerbs. Eine ausführliche Darstellung geben Leonard (1998), Schöler & Welling (2007) und Schwartz (2009); Überblicke über dieses umfangreiche Gebiet finden sich in Karmiloff und Karmiloff-Smith (2001), Kauschke und Kollegen (2012), Siegmüller und Bartels (2011) oder in der interdisziplinären Leitlinie zur Diagnostik von Sprachentwicklungsstörungen.[14]

Eine erste wichtige Differenzierung von Formen von Sprachentwicklungsstörungen ergibt sich durch die Frage, ob die sprachlichen Probleme im Zusammenhang mit anderen Entwicklungsstörungen oder Erkrankungen auftreten oder nicht. Liegen bei einem Kind primäre Störungs- oder Krankheitsbilder vor, die notwendige Voraussetzungen für den Spracherwerb beeinträchtigen, so kann daraus eine eingebettete Sprachentwicklungsstörung (weitere Bezeichnung: Sprachentwicklungsstörung im Rahmen von Komorbidität) resultieren. Dies ist beispielsweise bei sensorischen Beeinträchtigungen (vor allem Hörstörungen), im Rahmen mentaler Retardierungen (z.B. bei genetischen Syndromen wie dem Down-Syndrom und bei anderen geistigen Behinderungen), bei fokalen Hirnverletzungen oder bei Anomalien der Sprechorgane (z.B. Lippen-Kiefer-Gaumenspalten) der Fall. Hier wird die Sprachentwicklungsstörung durch die zugrunde liegende Erkrankung (mit) verursacht bzw. ist im Kontext der atypischen Erwerbsbedingungen zu sehen.

Allerdings verläuft auch bei etwa 5–8% der Kinder eines Jahrgangs der Spracherwerb nicht reibungslos (zur Prävalenz Tomblin et al. 1997), obwohl keine offensichtlichen Kausalfaktoren auszumachen sind. Für Kinder mit diagnostizierbaren Auffälligkeiten in der Sprachentwicklung, bei denen weder Hörstörungen, mentale Retardierungen, neuronale Schädigungen, Beeinträchtigungen der Sprechwerkzeuge und ihrer Funktionen oder schwerwiegende soziale und emotionale Probleme vorliegen, wurde der Begriff der spezifischen oder umschriebenen Sprachentwicklungsstörung (SSES oder USES, im Englischen SLI für

---

[14] Zu finden unter http://www.awmf.org/leitlinien/detail/ll/049-006.html, siehe auch de Langen-Müller et al. (2012).

specific language impairment, Leonard 1998) geprägt. Diese sehr heterogene Gruppe von Kindern zeichnet sich durch einen verzögerten Beginn, einen verlangsamten Verlauf der Sprachentwicklung und durch rezeptive und/oder produktive Defizite auf verschiedenen sprachlichen Ebenen aus. Die Meilensteine der ungestörten Sprachentwicklung werden später, nicht in ausreichendem Maße oder bei einer Plateaubildung möglicherweise auch gar nicht erreicht.

In der aktuellen Auseinandersetzung mit spezifischen Sprachentwicklungsstörungen geht die Entwicklung dahin, dass die oben genannten traditionellen Ausschlusskriterien hinterfragt werden und eine stärkere Hinwendung zu einschließenden, positiven Kriterien stattfindet (Tager-Flusberg & Cooper 1999, Kauschke 2005). Daher ist eine linguistisch fundierte Beschreibung der Symptomatik notwendig, die nur auf der Basis von Kenntnissen über den ungestörten Spracherwerb erfolgen kann. Ein detailliertes Wissen über den erwartbaren Sprachentwicklungsstand von gleichaltrigen sprachunauffälligen Kindern ist eine notwendige Voraussetzung für die Bestimmung und Einschätzung von Störungen der Sprachentwicklung.

11.2 Spezifische Sprachentwicklungsstörung – Verlauf und Symptome

11.2.1 Verspäteter Sprechbeginn

Kinder mit Sprachentwicklungsstörungen fallen meist schon in einem frühen Stadium ihrer Sprachentwicklung auf, denn die ersten Wörter werden verspätet produziert, der Wortschatz wächst langsamer an und der Vokabularspurt setzt verzögert ein oder bleibt aus. Kinder, die im Alter von zwei Jahren über ein Vokabular von weniger als 50 Wörtern verfügen und keine Wortkombinationen bilden, werden als *Late Talker* bezeichnet (Sachse 2007, Desmarais 2008, Kauschke 2008, 2011, Kiese-Himmel 2008, Schlesiger 2009). Im Laufe des dritten Lebensjahres gabelt sich der Weg, den ein als *Late Talker* identifiziertes Kind einschlagen kann: Einem Teil der Kinder gelingt es, ihren anfänglichen Rückstand aufzuholen und sich im positiven Fall weiterhin unauffällig zu entwickeln. Diese Kinder bilden die Gruppe der so genannten *Late Bloomer*. Die Mehrzahl der *Late Talker* hat jedoch mit drei Jahren noch keinen altersentsprechenden Sprachentwicklungsstand erreicht. In einer Studie von Sachse (2007, Sachse & v. Suchodoletz 2009) wurden zweijährige Kinder mit einer Late Talker-Symptomatik im Alter von drei Jahren wieder untersucht. Ein Drittel der Kinder hatte aufgeholt, ein Drittel zeigte schwache Sprachleistungen, die noch nicht als klinisch auffällig eingeschätzt wurden, ein weiteres Drittel war als eindeutig sprachentwicklungsgestört zu bezeichnen. Die Kinder wurden längsschnittlich weiter begleitet und im Vorschulalter erneut getestet. Die Ergebnisse belegten, dass die Wahrscheinlichkeit für Sprachauffälligkeiten im Vorschulalter bei *Late Talker*s gegenüber sprachunauffälligen Kindern um das 20-fache erhöht ist (Kühn & v. Suchodoletz 2009). Die frühe Sprachverzögerung ist somit als erheblicher Risikofaktor für die weitere Sprachentwicklung anzusehen, auch wenn nicht alle *Late Talker* zwangsläufig Sprachentwicklungsstörungen ausbilden.

Umstritten ist in der Forschung nicht nur, wie hoch der Anteil der *Late Bloomer* tatsächlich ist, sondern auch die Frage, welche Einflussfaktoren dafür verantwortlich sind, ob ein Kind deutliche Fortschritte macht und seine Verzögerung überwindet oder ob sich eine SSES ausbildet. Die Untersuchung von Sachse (2007, Sachse & v. Suchodoletz 2009) ergab, dass ein beeinträchtigtes Sprachverständnis, ein geringer Bildungsstand der Mutter, ein niedrigerer nonverbaler Entwicklungsstand sowie Verhaltensauffälligkeiten (wie mangelnde Aufmerksamkeit) im Alter von 2 Jahren Hinweise auf eingeschränkte sprachliche Leistungen mit 3 Jahren darstellen. Die Faktoren der elterlichen Schulbildung und des Sprachverständnisses konnten von Buschmann & Neubauer (im Druck) als Prädiktoren bestätigt werden.

Holen die Kinder nicht auf, so können ab dem Alter von drei Jahren spezifische Sprachentwicklungsstörungen festgestellt werden, die oft langfristig anhalten, verschiedene sprachliche Leistungen, Ebenen und Modalitäten betreffen und darüber hinaus mit nichtsprachlichen Entwicklungsbesonderheiten assoziiert sein können. Je nachdem, wie viele und welche Ebenen von der Störung betroffen sind, ergeben sich unterschiedliche Profile der SSES, die sich im Vorschulalter herauskristallisieren und im Laufe der Entwicklung verändern können (Kauschke & Siegmüller 2011). Dabei sind ebenenübergreifende Störungen häufiger als isolierte. Die vielfältigen Symptome der SSES zeigen sich im Sprachverständnis und/oder in der Sprachproduktion und können nur auf der Basis einer differenzierten und interdisziplinären Diagnostik im Vergleich zum Stand sprachunauffälliger Kinder desselben Alters bestimmt werden. Meist produzieren die Kinder keine »bizarren« Strukturen, die im normalen Spracherwerb gar nicht vorkommen (Leonard 1998). Ihre Symptome lassen sich eher als Verharren auf früheren Entwicklungsstufen charakterisieren. Möglich ist auch eine Häufung von Zwischenstrukturen, die im ungestörten Spracherwerb nur selten auftreten. Im Folgenden wird ein kurzer Überblick über häufige Symptome auf den verschiedenen Ebenen gegeben.

11.2.2 Aussprachestörungen

Störungen auf den Ebenen Phonetik und Phonologie werden als Aussprachestörungen zusammengefasst, die wiederum einen phonetischen oder einen phonologischen Störungsschwerpunkt aufweisen können. Bei phonetischen Störungen werden Laute nicht korrekt artikuliert, ein Beispiel ist der so genannte Sigmatismus interdentalis, eine Fehlbildung der s-Laute, die auch als »Lispeln« bekannt ist. Bei phonologischen Störungen ist der Aufbau des phonologischen Systems der Muttersprache gestört oder verzögert. Da phonologische Prozesse nicht altersgerecht überwunden werden (vgl. Kapitel 4 und Fox 2009), beeinträchtigen z.B. Substitutionen oder Auslassungen von Lauten oder Vereinfachung von Konsonantenverbindungen länger als im normalen Spracherwerb die Verständlichkeit. So weist die Äußerung eines Kindes im Alter von 5;9 Jahren [ɪbɪnˈdiːdɐdəˈdʊnt] (für ›ich bin wieder gesund‹, eigenes Beispiel) auf Alveolarisierungs- und Plosivierungsprozesse hin, die normalerweise in diesem Alter längst überwunden sind. Außerdem können ungewöhnliche phonologische Prozesse auftreten, die im ungestörten Phonologieerwerb nur selten oder nicht beobachtet werden, z.B. Entstimmlichungen wie in [paːtən] für ›baden‹, Rückverlagerungen wie [kɛgi] für ›Teddy‹ oder Auslassungen des initialen Konsonsanten wie [ax] für ›Dach‹, (Beispiele aus Konopatsch 2011, siehe auch Fox 2009).

11.2.3 Lexikalische Störungen

Das Kennzeichen lexikalischer Störungen ist vor allem ein eingeschränkter Wortschatz, d.h. das Kind versteht und/oder produziert weniger Wörter korrekt als seinem Alter angemessen wäre. Daher fallen in der Spontansprache und im Test verschiedene Ausweichstrategien oder Benennfehler auf. Zum Beispiel vermeidet das Kind Wörter, antwortet mit ›ich weiß nicht‹, bricht Sätze ab oder macht lange Pausen. Oft entstehen Fehlbenennungen: Das Kind verwendet unspezifsche Allzweckwörter (›Dings‹) oder allgemeine Verben statt spezifischer Begriffe, es produziert semantische Fehlleistungen in Form neben- oder übergeordneter Begriffe sowie Umschreibungen oder Wortneuschöpfungen. Derartige Probleme können auf einen generell eingeschränkten rezeptiven und/oder expressiven Wortschatz oder ein ungenügend organisiertes mentales Lexikon hinweisen (siehe Kauschke & Rothweiler 2007 zu Formen lexikalischer Störungen). Bei Wortfindungsstörungen ist zusätzlich der aktuelle Zugriff auf die Wortformen erschwert, das Kind zeigt Unsicherheiten im Abruf der Wortformen, es produziert lautliche Annäherungen oder Wortformen mit phonologischer Ähnlichkeit und zeigt oft ein ausgeprägtes Suchverhalten. Beispiele für die genannten Symptome von lexikalischen Störungen finden sich in der Tabelle 17 auf der folgenden Seite.

11.2.4 Grammatische Störungen

Störungen der Grammatik kündigen sich dadurch an, dass der Beginn von Zwei- und Mehrwortkombinationen verzögert einsetzt und das Kind später als erwartet beginnt Sätze zu bilden. Im weiteren Verlauf werden Meilensteine der syntaktischen und/oder morphologischen Entwicklung, deren ungestörter Verlauf in den Kapiteln 6 und 7 dargestellt wurde, nicht altersentsprechend erreicht. Im Bereich der Syntax ist bei deutschsprachigen Kindern vor allem die Verbzweitstellung störanfällig. Sprachentwicklungsgestörte Kinder halten länger als sprachunauffällige an infiniten Verben in finaler Position fest. So ist die Äußerung eines dreieinhalbjährigen Kindes KAI GERNE PIELEN (aus Dannenbauer 2003) nicht ungewöhnlich, aber für das Alter nicht mehr adäquat. Sogar mit sieben Jahren werden Strukturen mit unflektierten Verbendstellungen noch berichtet (Beispiel aus Clahsen et al. 1997: ER VIEL SO RUMFAHREN). Möglich ist auch, dass das flektierte Verb nicht in die zweite Position bewegt wird. Derartige Strukturen kommen in einer Übergangsphase des Spracherwerbs vor (siehe Kapitel 7), können bei SSES jedoch lange anhalten (Beispiel eines zehn-

Benennung des Kindes	Zielwort	Art des Fehlers	Beispiel aus:
Blume da raus holen Der hat n Seil	pflücken ziehen	Allgemeine Verben	Kauschke & Siegmüller 2011
Tasse kitzeln	Glas streicheln	Kohyponym	Kauschke & Siegmüller 2011
Kleid Pfau	Anziehsachen Vogel	Oberbegriff	Kauschke & Siegmüller 2011
Gläser zum Sehen Stuhl für Parks	Brille Bank	Umschreibung	Kauschke 2006
Ein Bewegungsding für Erde	Schubkarre	Umschreibung	Eigenes Beispiel
Hopser	Känguru	Wortneuschöpfung (Derivation)	Kauschke & Siegmüller 2011
Luftpuppe Laufstäbe	Drachen Krücke	Wortneuschöpfung: Komposition	Kauschke 2006 Eigenes Beispiel
Stromhalter	Strohhalm	Phonologische Ähnlichkeit und Wortneuschöpfung	Kauschke & Siegmüller 2011
pokiert Vitalator Sitallit	kopiert Ventilator Satellit	Permutation Phonologische Ähnlichkeit Phonologische Ähnlichkeit	Eigene Beispiele
belustwos, belustlos	bewusstlos	Phonologische Ähnlichkeit: Permutation, Assimilation	Haffner 1995
T-H-Wagen	Wagen	lautliche Annäherung	Siegmüller 2008

Tabelle 17: Benennfehler bei lexikalischen Störungen (zu Seite 129)

jährigen Kindes aus Haffner 1995: ER AUF IHM SEINE ÖLFÖRDERUNG SCHIEßT oder DER KLEINE MANN AUCH WIEDER DA REINGESPERRT WIRD, Beispiel eines sechsjährigen Kindes aus Clahsen et al. 1997). Unter syntaktischen Gesichtspunkten sind die Äußerungen oft kurz und wenig komplex, Nebensätze treten nicht oder erst spät auf.

Als Folge einer nicht vollständig erworbenen Verbzweitstellung kann es auch vorkommen, dass Kinder nicht in der Lage sind, unterschiedliche Satztypen (Aussage-, Frage- und Nebensätze mit entsprechender Verbstellung) oder Sätze mit flexibler Besetzung des Vorfeldes zu bilden. Daher kompensieren sie ihr Problem durch oberflächlich korrekte, aber starre und wenig flexible Satzmuster (z.B. nur Aussagessätze nach dem Muster Subjekt-Verb-Objekt). Häufig fehlen auch obligatorische Konstituenten des Satzes oder Funktionswörter wie Präpositionen, Artikel oder Konjunktionen, z.B. wird in der Äußerung DIE SPIELEN MIT EISENBAHN (eigenes Beispiel, 8 Jahre) der Artikel ausgelassen.

Morphologische Fehler sind bei deutschsprachigen Kindern mit einer SSES häufig und oft lang anhaltend. Symptome bestehen z.B. in Form einer fehlerhaften Subjekt-Verb-Kongruenz, meist erscheinen die Verben dann als Verbstamm oder im Infinitiv, seltener werden Verben fehlerhaft flektiert (z.B. ICH GAR NICHT MEHR SEHEN KANNT, aus Clahsen et al. 1997). In einigen Fällen kommt es vor, dass unflektierte Verben trotzdem an die zweite Position im Satz gestellt werden, so dass auffällige und untypische Strukturen wie DER FAHRN IN GLEICHEN SCHULBUS oder DIE OMA HABEN GUT entstehen (Beispiele aus Clahsen et al. 1997, siebenjähriges Kind). Unregelmäßige Partizipien werden oft überregularisiert oder falsch markiert (ICH JEMAND FANGE HAB im Alter von 5;9 Jahren, Beispiel aus Dannenbauer 2003). Im Bereich der Nominalphrase sind Unsicherheiten mit dem Genus (DER KIND GIBT DIE OMA EIN REGENSCHIRM, eigenes Beispiel, 8 Jahre) und vor allem Probleme mit der Markierung von Numerus und Kasus typisch für Sprachentwicklungsstörungen.

Kinder mit SSES machen deutlich mehr Fehler bei der Pluralmarkierung als gleichaltrige Kinder (Bartke 1998, Kauschke et al. 2011). Am Beispiel von zwei Kindern mit SSES (aus Mathis & Kauschke 2009) lässt sich die individuell unterschiedliche Symptomatik illustrieren. Bei Justin (Alter 5;4) fanden sich noch sehr häufig Additionen von –s an Wörter mit endungslosem Plural (z.B. VATERS, KOFFERS) sowie Übergeneralisierungen von –e (WÜRME, STRAUCHE). Bei Florian hingegen (Alter 5;4) fielen vor allem fehlende Pluralmarkierungen auf (DIE ZELT). Die Kasusbildung ist ein besonders problematisches Feld für Kinder mit SSES (Clahsen 1999). Die Entwicklung des Kasussystems kann bereits früh stagnieren, so dass Nominalphrasen nur im Nominativ erscheinen oder der Akkusativ auf Dativkontexte übertragen wird wie in DIE SCHENKT DEN JUNGE EIN TEDDYBÄR (eigenes Beispiel, 8 Jahre) oder ICH SCHENK'S ZU DAS BABY (Beispiel eines sechsjährigen Kindes aus Eisenbeiss et al. 2006, wobei hier nicht entscheidbar ist, ob der Nominativ oder der Akkusativ übergeneralisiert wurde). Kasusprobleme können auch der Grund dafür sein, dass Kinder systematisch Artikel zu DE verkürzen, so dass die Kasusmarkierung nicht ersichtlich wird (Clahsen 1999).

Schöler und andere (1998) machen am Beispiel von Nachsprechaufgaben deutlich, dass Symptome der SSES bis weit ins Jugendalter anhalten können. So spricht ein Mädchen den Satz »Der Schulabgänger wird sich eine Lehrstelle suchen, die ihm viele berufliche Möglichkeiten bietet« folgendermaßen nach:

mit 9;11: DER SCHULGÄNGER WERDET EIN EIN SCHULZIMMER BESUCHEN WO IHM GEFÄLLT

mit 10;5: DER SCHULGÄNGER HAT SICH EINE MÖGLICHKEIT AUSGESUCHT WO IHM BEHILFT

mit 16;3: DER BERUFSGÄNGER WIRD SICH EINE LEHRSTELLE SUCHEN WO SICH VIELE BERUFE - WO VIELE BERUFE ANZUSCHAUEN SIND.

In der späteren Kindheit und im Jugendalter kann die sprachliche Symptomatik in den Bereichen Wortschatz und Grammatik persistieren (Dannenbauer 2003) und sich außerdem auf den Erwerb der Schriftsprache, auf metasprachliche Fähigkeiten und auf die Textebene erstrecken. Ältere Kinder mit SSES sind dann nicht in der Lage, Texte kohärent zu erzählen und passende kohäsive Mittel zu gebrauchen, wie die Erzählung eines zwölfjährigen Jungen mit SSES (eigenes Beispiel) zeigt:

K: Papa Moll steht auf den – steht in den Spiegel findet: ich bin so dick. Und Papa Moll wiegt auf dem Gewicht und der King – Kind sagt du bist über 100 Kilo – gramm. Nein. Und der Papa Moll sagt so: ach ich bin so dick ich ess heut ma nich mehr. Und Papa Moll hat Hunger weil das Knurr Knurr Knurr Bauchweh. Und da Papa Moll guckt in n Kühlschrank ist nix drinne. Punkt.

11.2.5 Pragmatische Störungen

Meist sind die pragmatischen und kommunikativen Fähigkeiten bei Kindern mit SSES deutlich besser entwickelt als die sprachsystematischen. Vielen Kindern gelingt es sogar, ihre sprachlichen Einschränkungen durch gute pragmatische und soziale Fähigkeiten auszugleichen. Treten aber pragmatische Symptome auf, so können diese verschiedene Kommunikations- und Dialogfähigkeiten, das Verständnis von Sprechakten oder die Nutzung und Entschlüsselung nonverbaler Kommunikationsmittel betreffen (Bishop 1997). Beispielsweise funktioniert die Organisation des Sprecherwechsels nicht reibungslos, die Kinder verhalten sich im Gespräch weniger responsiv und gehen nicht ausreichend auf den Gesprächspartner ein.

Dohmen (2009) systematisiert mögliche pragmatische Symptome und beschreibt verschiedene Profile eingeschränkter kommunikativer Kompetenz im Verlauf der Entwicklung. So können schon bei sehr jungen Kindern pragmatisch-kommunikative Basisfähigkeiten wie Blickkontakt, soziale Zugewandtheit, geteilte Aufmerksamkeit, das Verständnis kommunikativer Intentionen und die Fähigkeit zur Imitation (siehe Kapitel 8) auffällig sein. Ein zweites Profil umfasst Kinder im Vorschulalter, deren sprachsystematische Defizite von kommunikativen Problemen begleitet werden. Möglicherweise sind die kommunikativen Symptome in Wechselwirkung mit den sprachsystematischen Einschränkungen oder sogar als deren Folge entstanden. Andere Kinder dagegen zeigen vorrangig pragmatische Probleme, obwohl ihre sprachstrukturellen Ressourcen ausreichend sind. Sie geben beispielsweise ungewöhnliche oder unpassende Antworten, die Informationen können redundant oder nicht ausreichend relevant sein (siehe dazu Kurtz & Wilbur 2011). Ihr Kernproblem liegt in der Verarbeitung komplexer sprachlicher Anforderungen im Kontext, was sich im Schulalter an stark eingeschränkten narrativen Kompetenzen, an einer fehlenden Hörerorientierung im Gespräch und beim Verstehen von nicht-wörtlichem Sprachgebrauch zeigt. Einer weiteren Gruppe von Kindern fällt es vor allem schwer, mit Gleichaltrigen oder Erwachsenen Kontakt aufzunehmen und erfolgreich zu interagieren und zu kommunizieren. Das Problem liegt eher auf der Ebene des Verhaltens als auf der Sprache; offensichtlich sind hier fließende Grenzen zu Entwicklungsstörungen aus dem autistischen Spektrum zu sehen.

Umstritten ist, wie die beschriebenen pragmatischen Auffälligkeiten zustande kommen. Sind sie eine reine Folgeerscheinung der eingeschränkten sprachsystematischen Kompetenz oder weisen sie auf eine direkte Betroffenheit fundamentaler pragmatischer Fähigkeiten hin? Es ist denkbar, dass pragmatische Schwierigkeiten als Konsequenz negativer sozialer Erfahrungen entstehen, die das sprachauffällige Kind aufgrund seiner eingeschränkten Kommunikationsmöglichkeiten macht. Die sprachlichen Auffälligkeiten von Kindern mit

SSES können dazu führen, dass Kinder in ihrer Umgebung weniger akzeptiert werden (Rice 1993, Gertner et al. 1994). Auf ihre Verständigungsprobleme reagieren sie mit aggressivem Verhalten oder mit sozialem Rückzug. Diese kompensatorischen Verhaltensauffälligkeiten erschweren wiederum weitere positive Kommunikationserlebnisse, so dass die Kinder nur eingeschränkte Möglichkeiten haben, Sprache erfolgreich als Kommunikationsmittel einzusetzen. Bei einer Subgruppe von Kindern ist es jedoch auch möglich, dass pragmatische Funktionen direkt und nicht nur als Folge der Sprachstörung betroffen sind. Diese Kinder können die mentalen Zustände anderer Menschen nicht gut nachvollziehen und haben dadurch Probleme, Sprache mit all ihren pragmatischen Aspekten zu verstehen und anzuwenden. Es handelt sich um Kinder mit ähnlichen, aber milderen Problemen, wie sie bei autistischen Kindern bekannt sind. Daher wurde erwogen, Kinder mit derartigen Symptomen nicht zum Störungsbild SSES zuzuordnen, sondern als eigenständige Gruppe mit *pragmatic impairment* aufzufassen. Hier ist sowohl die Abgrenzung zur »typischen« SSES als auch zum autistischen Spektrum noch fraglich (Bishop 1997, Bishop 2000a, Botting & Conti-Ramsden 2003).

Über die beschriebenen Symptome, die die Regularitäten und die Anwendung von Sprache betreffen, hinaus können bei Kindern mit SSES auch begleitende Entwicklungsbesonderheiten in nichtsprachlichen Bereichen bestehen. So beschreibt Kiese-Himmel (2008) subtile motorische, kognitive und psychosoziale Auffälligkeiten, die die SSES nicht verursachen, aber mit ihr assoziiert sind.

11.3 Ätiologie der SSES

Obwohl – oder vielleicht gerade weil – auf den ersten Blick bei der SSES keine eindeutigen Ursachen ersichtlich sind, wird seit langem intensiv nach möglichen Kausalfaktoren geforscht. Da bislang noch kein einzelner Faktor gefunden werden konnte, der die eindeutige und für alle SSES-Kinder gültige Ursache dargestellt, wird ein multifaktorielles Bedingungsgefüge angenommen. Als mögliche Einflussfaktoren kommen umschriebene Probleme der Sprachverarbeitung, milde kognitive Einschränkungen (Schwächen bereichsunspezifischer Prozesse der Informationsverarbeitung im Rahmen einer normalen Intelligenz), eingeschränkte Wahrnehmungsfähigkeiten (Beeinträchtigungen sensorischer, vor allem auditiver Verarbeitung) und biologische Faktoren (Besonderheiten der Entwicklung des Gehirns und der Spezialisierung der Gehirnhälften für bestimmte Funktionen sowie genetische Faktoren) in Frage, die in unterschiedlichem Maße am Zustandekommen einer SSES beteiligt sein können (zur Diskussion siehe Dannenbauer 2004, Kauschke 2007c und de Langen-Müller et al. 2012).

11.3.1 Biologische Faktoren

Zahlreiche Befunde sprechen für das Vorliegen biologischer Einflüsse. Studien zeigen, dass Sprachstörungen in Familien oft gehäuft auftreten, d.h. dass eine familiäre Aggregation auftritt. Bei Personen mit Sprachstörungen gibt es häufiger als bei ungestörten Personen Familienmitglieder und Verwandte, bei denen ähnliche Auffälligkeiten vorliegen. Dies zeigt sich z.B. an den drei Generationen einer Familie (»KE-Familie«, Vargha-Khadem et al. 1995), deren zahlreiche betroffene Mitglieder sich durch grammatische Probleme und vor allem durch eine unzureichende Koordination der Sprechorgane auszeichneten, die zu einer schwer verständlichen Aussprache führte. Darüber hinaus wurde bei Analysen des Genmaterials der sprachgestörten Angehörigen der KE-Familie eine Genmutation auf dem siebten Chromosom gefunden (Lai et al. 2001), was nahe legte, dass die Sprach- und Sprechprobleme der Betroffenen durch dieses genetische Defizit zustandekamen. Tomblin (2009) weist jedoch darauf hin, dass es keine eindeutigen Hinweise darauf gibt, dass Mutationen dieses Gens eine allgemeine, über diese Familie hinausgehende Ursache für Sprachentwicklungsstörungen sind. Auch weitere Gene wurden mit Sprachauffälligkeiten in Verbindungen gebracht (Tomblin 2009).

Adoptions- und Zwillingsstudien sprechen ebenfalls für eine genetische Komponente (Stromswold 2001). Adoptierte Kinder entwickeln unabhängig von ihren Umwelt- und Inputbedingungen häufiger Sprachstörungen, wenn sie sprachgestörte leibliche Verwandte haben. Die Konkordanzrate für Sprachstörungen (d.h. das gemeinsame Auftreten einer Störung bei einem Zwillingspaar) ist bei eineiigen Zwillingen, die über identisches Erbgut verfügen, wesentlich höher als bei zweieiigen.

11.3.2 Umweltfaktoren

Umwelteinflüsse wie das Sprachangebot und das Kommunikationsverhalten der Eltern haben dagegen einen deutlich geringeren Einfluss auf die Entstehung von Sprachentwicklungsstörungen. Hinweise auf einen defizitären Sprachinput von Eltern gegenüber SSES-Kindern sind rar (Leonard 1998). Wurden sprachliche Verhaltensweisen von Müttern sprachgestörter und gleichaltriger ungestörter Kinder verglichen, fanden sich weder strukturelle (z.B. hinsichtlich der Länge oder der Komplexität der Äußerungen) noch interaktionale Besonderheiten. Die Befunde zum Kommunikationsverhalten von Eltern von SSES-Kindern im Vergleich zu Eltern jüngerer Kinder, die sich auf dem gleichen Sprachentwicklungsstand wie die sprachauffälligen Kinder befinden, sind gemischt. Die meisten Studien finden Gemeinsamkeiten in Bezug auf vielfältige Aspekte der pragmatischen und konversationellen Verhaltensweisen. In einigen Untersuchungen fielen einige spezifische Veränderungen des Sprachverhaltens auf, nämlich weniger Expansionen, weniger Umformungen, mehr Nachfragen und kürzere thematische Sequenzen. Diese Phänomene sind möglicherweise als Anpassung an die Sprachauffälligkeit des Kindes zu verstehen: Die Eltern wissen um das Sprachproblem ihres Kindes und gleichen ihr Kommunikations- und Sprachverhalten an dessen sprachlichen Entwicklungsstand an, um Überforderungen vorzubeugen. Umwelteinflüsse werden als direkter oder gar alleiniger Auslöser von SSES daher einhellig ausgeschlossen (Leonard 1998). Ebensowenig kann ein gutes Sprachvorbild und ein positives Kommunikationsverhalten das Auftreten von Sprachentwicklungsstörungen verhindern. Nach Bishop (2000b) liegt der SSES eine unzureichende Repräsentation und Verarbeitung von Sprache zugrunde. Da Mechanismen der Sprachverarbeitung – möglicherweise aufgrund biologischer bzw. genetischer Faktoren – nicht effektiv funktionieren, kann der Input nicht optimal genutzt werden, so dass der Spracherwerb mühsamer und langsamer verläuft.

11.4 Umgebungsbedingte Sprachauffälligkeiten

Von den bisher beschriebenen spezifischen Sprachentwicklungsstörungen sind umgebungsbedingte Sprachauffälligkeiten abzugrenzen (siehe AWMF-Leitlinie, S. 11). Unter ungünstigen Entwicklungsbedingungen kann es vorkommen, dass Kinder keinen ausreichenden und qualitativ guten sprachlichen Input erhalten, so dass eine massive Anregungsarmut besteht. Dies kann auch bei Kindern mit Migrationshintergrund vorkommen, die zu wenig Kontakt zur Umgebungssprache haben. In diesen Fällen erreichen die Kinder nicht die Sprachfähigkeiten, die ihrem Alter angemessen wären, und zeigen Auffälligkeiten, die den Symptomen von Sprachentwicklungsstörungen ähneln können. Umweltbedingungen können die Sprachentwicklung also ungünstig beeinflussen, auch wenn dadurch keine Sprachentwicklungsstörungen ausgelöst werden. Für diese Kinder besteht dringender Bedarf an einer Förderung ihrer sprachlichen Fähigkeiten in den Bildungseinrichtungen. Für den Kontext des mehrsprachigen Erwerbs gilt, dass Kinder normalerweise in der Lage sind, zwei oder mehrere Sprachen gleichzeitig zu erwerben, solange die Sprachen in ausreichender Quantität und Qualität angeboten werden und die Kinder genügend Gelegenheit zur Kommunikation in den Sprachen erhalten (vgl. Kapitel 10 und de Langen-Müller et al. 2012). Gleichzeitig können natürlich auch mehrsprachige Kinder von Sprachentwicklungsstörungen betroffen sein, deren Symptome sich dann sowohl in der Erstsprache als auch in der Zweitsprache zeigen. Mehrsprachige Kinder bilden nicht häufiger Sprachentwicklungsstörungen aus als monolingual aufwachsende Kinder (Chilla 2011b).

11.5 Interventionsmaßnahmen

Fallen bei einem Kind Sprachprobleme auf, ist es wesentlich, dass seine Prolematik in einem mehrschrittigen, interdisziplinären diagnostischen Prozess eingegrenzt und näher bestimmt wird.[15] Medizinische und ggf. psychologische Untersuchungen stellen fest, ob es sich um eine rein sprachliche Auffälligkeit handelt oder ob weitere Störungsbilder bzw. Einschränkungen (Komorbiditäten, vgl. Kapitel 11.1) vorliegen, die mit den sprachlichen Symptomen in Verbindung stehen. Mit speziellen, vertiefenden Verfahren aus den Bereichen der klinischen Linguistik, Sprachheilpädagogik und Logopädie wird die sprachliche Symptomatik beschrieben, durch den Vergleich mit Normdaten von gleichaltrigen, sprachunauffälligen Kindern wird die Diskrepanz zu den erwartbaren Leistungen eingeschätzt und die sprachlichen Stärken und Schwächen werden detailliert bestimmt. Eingesetzt werden Sprachtests, Spontansprachanalysen, Beobachtungs- und Befragungsinstrumente, die rezeptive und produktive Fähigkeiten auf den verschiedenen sprachlichen Ebenen erfassen. Ziel der Diagnostik ist es, vorhandene Symptome so gut wie möglich einzuordnen, therapiebedüftige Störungen von förderungsbedürftigen Auffälligkeiten abzugrenzen und Störungsschwerpunkte zu bestimmen.

Wird bei (ein- oder mehrsprachigen) Kindern eine spezifische Sprachentwicklungsstörung diagnostiziert, so stehen eine Reihe von Interventionsmaßnahmen zur Verfügung, die auf eine Verbesserung der sprachlichen und kommunikativen Fähigkeiten der Kinder abzielen. Wichtig sind eine frühe Identifikation von auffälligen Kindern und eine rechtzeitige Aufnahme von Interventionsmaßnahmen, um Sprachentwicklungsprozesse möglichst früh zu aktivieren, die Kommunikationsfähigkeit und das sprachliche Wissen zu verbessern und um Spätfolgen vorzubeugen (für einen Überblick zu Ansätzen der Frühintervention siehe Kauschke 2011). Für *Late Talker* (siehe Kapitel 11.2.1), also für Kinder zwischen zwei und drei Jahren mit einem sprachlichen Rückstand, haben sich sowohl elternbasierte Interventionsformen, in denen die Eltern zu sprach- und kommunikationsförderndem Verhalten angeleitet werden (z.B. Buschmann et al. 2008) als auch kindzentrierte Formen der Frühintervention (z.B. Schlesiger 2009) als wirksam erwiesen. Halten die sprachlichen Einschränkungen über den dritten Geburtstag hinaus an, wird meist eine gezielte und symptomorientierte, direkte Sprachtherapie mit dem Kind aufgenommen. Dazu bestehen vielfältige Ansätze zur Therapie von Aussprachestörungen, lexikalisch-semantischen Störungen und Störungen der Grammatik (z.B. Motsch 2004, Siegmüller & Kauschke 2006; ein Überblick findet sich in Siegmüller & Bartels 2011). Es ist eine wichtige Aufgabe klinischer Forschung, die Wirksamkeit verschiedener Therapieverfahren empirisch nachzuweisen (vgl. v. Suchodoletz 2009 zur Wirksamkeit von Sprachtherapie), damit Kindern mit Sprachentwicklungsstörungen effektiv geholfen werden kann.

15 Der diagnostische Prozess wird in der AWMF-Leitlinie beschrieben, siehe http://www.awmf.org/leitlinien/detail/ll/049-006.html und de Langen-Müller et al. (2012).

12 Erklärungsansätze zum Spracherwerb

12.1 Verortung von Erklärungsansätzen

Die Voraussetzung für jeglichen Versuch, den Spracherwerb zu erklären, ist ein genaues Bild des Phänomens, das es zu erklären gilt. Dies war das Ziel der Kapitel 3 bis 9 für den ungestörten monolingualen Spracherwerb. In diesen Kapiteln wurde an verschiedenen Stellen bereits deutlich, dass die dargestellten Entwicklungssequenzen ganz unterschiedlich eingeschätzt werden. So wird beispielsweise die Fähigkeit des schnellen Wortlernens entweder durch dem Kind eigene Erwerbsprinzipien oder aber durch sozialpragmatische Faktoren erklärt (Kapitel 5); der Grammatikerwerb wird entweder auf Ausdifferenzierung und Automatisierung früh vorhandenen Strukturwissens oder auf die Übernahme von Inputmustern zurückgeführt (Kapitel 7).

Beansprucht ein Ansatz über die Deskription des Phänomens hinaus Erklärungsadäquatheit, so müssen Antworten auf die Fragen angeboten werden, warum jedes Kind prinzipiell jede Sprache der Welt erwerben kann, wie Kinder zum Aufbau sprachsystematischer Fähigkeiten gelangen, welche inneren und äußeren Voraussetzungen dazu notwendig sind und wie sprachliche und nichtsprachliche Prozesse zusammenspielen (vgl. Kapitel 1, Leitfragen). Diese Fragen haben eine besondere psycholinguistische Relevanz, da sie die notwendigen Voraussetzungen für den Spracherwerb, dessen biologische Basis, die Rolle der Umwelt und damit insgesamt die Sprache als speziesspezifische Fähigkeit des Menschen berühren. In diesem abschließenden Kapitel geht es daher um eine Darstellung und Reflexion genereller Paradigmen. Die Spezifikation einzelner Ansätze für bestimmte Ebenen oder Erwerbsschritte wurde teilweise bereits in den jeweiligen Kapiteln (5 und 7) vermittelt.

Barrett (1999) ordnet Erklärungsansätze danach ein, wie sie sich auf einer Skala zwischen angeborenem und erworbenem Wissen und auf einer Skala zwischen sprachspezifischem und domänenübergreifendem Wissen positionieren. In diesem Raster sind somit vier theoretische Positionen möglich: angeboren – sprachspezifisch, angeboren – übergreifend, erworben – übergreifend und erworben – sprachspezifisch (vgl. Abbildung 8).

Der Ausgangspunkt dieser Debatte ist die Frage nach der Lernbarkeit von Sprache als ein hochkomplexes System. Chomsky formulierte das so genannte Argument der Inputarmut (*poverty of stimulus*), indem er Platos Überlegung, wie sich Menschen angesichts ihrer eingeschränkten und zufälligen Erfahrungsmöglichkeiten komplexe Wissenssysteme aneignen können, auf den Spracherwerb übertrug (Chomsky 1999). Nach dieser Annahme sind die Daten, die einem Kind zur Verfügung stehen, nicht ausreichend, um den recht schnellen Aufbau sprachlicher Fähigkeiten, insbesondere der grammatischen Kompetenz, zu erklären. Das Argument der Inputarmut, auch als logisches Problem des Spracherwerbs bekannt, umfasst mehrere Aspekte. Unter der qualitativen Unterdeterminiertheit wird verstanden, dass Sprachdaten, mit denen das Kind konfrontiert ist, keine Information darüber enthalten, welche abstrakte Struktur hinter den Äußerungen steckt, so dass nicht ohne weiteres klar sei, welche Generalisierungen aus den zufälligen und oft fragmentarischen Belegen abzuleiten sind.

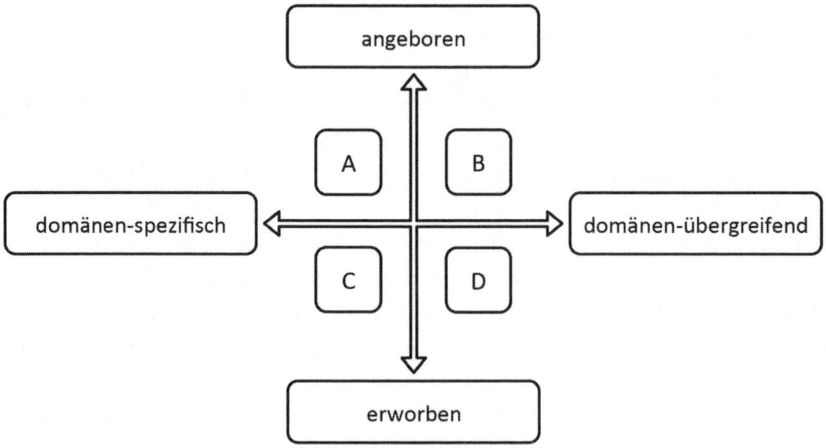

Abbildung 8: Erklärungsansätze nach Barrett (1999)

So vermittelt der Input in dem folgenden Beispiel aus Keller und Leuninger (1993: 148) zu Subjekt-Objekt-Asymmetrien bei der Bewegung von Fragepronomen nicht eindeutig, welche Bewegungsregeln für die Sprache gelten:

(1) Ferdi behauptet dass er ihn gesehen hat.
(2) a. Wen behauptet Ferdi hat er gesehen?
    b. Wer behauptet Ferdi hat ihn gesehen?
(3) a. Wen behauptet Ferdi dass er gesehen hat?
    b. *Wer behauptet Ferdi dass ihn gesehen hat?

Da die Sätze 2a und 2b grammatisch sind, wäre anzunehmen, dass in Analogie zu 2b auch die Möglichkeit 3b erlaubt wäre. Trotzdem können Muttersprachler in Grammatikalitätsurteilen sicher angeben, dass dies nicht der Fall ist. Das sprachliche Wissen scheint hier also über die Inputinformation hinauszugehen. Ein weiterer Punkt, der nach Chomsky zur Inputarmut beiträgt, ist die quantitative Unterdeterminiertheit: Da zwangläufig nur ein begrenzter Ausschnitt aller möglichen Sätze im Input angeboten wird, sei nicht sichergestellt, dass das Kind stets genügend Strukturen hört, die es für eine korrekte Generalisierung benötigen würde. Der Input sei somit auch quantitativ unzureichend. Darüber hinaus wird auf das Fehlen negativer Evidenz hingewiesen: Das Sprachangebot biete keine Information darüber, was in einer Sprache nicht möglich ist. Aus dem Fehlen von Strukturen könne jedoch nicht geschlossen werden, dass diese Strukturen nicht erlaubt sind. Hinzu komme, dass Eltern selten explizite Korrekturen anwenden, die kindersprachliche Formen eindeutig als falsch kennzeichnen. Selbst wenn sie dies tun, scheint die gewünschte Reaktion darauf oft auszubleiben (Beispiel aus Karmiloff & Karmiloff-Smith 2001: 102):

K: Daddy goed to work.
M: Yes, that's right, Daddy went to work.
K: Daddy goed to work in car.
M: Yes, Daddy went in his car.
K: Daddy goed his car very fast.
M: (...) Say went to work, not goed, Daddy went to work.
K: Daddy wented to work.

In diesem Beispiel reagiert das Kind nicht auf die wiederholte Korrektur der *past tense*-Form und beharrt auch in der letztlich erfolgten Überregularisierung auf seinem eigenen Regelsystem.

In seiner Auseinandersetzung mit dem Argument der Stimulusarmut kommt MacWhinney (2004) zu dem Schluss, dass das dabei ausgebreitete Szenario so nicht zutreffe. Zunächst lasse sich Chomskys Annahme der Fehlerhaftigkeit des Input empirisch nicht bestätigen, außerdem reiche positive Evidenz aus. Der Lerner, der mit effektiven Lernprozeduren an die Erwerbsaufgabe herangehe, finde im Input eine reichhaltige Datenbasis. Tomasello (2003: 289) misst dem Wert positiver Evidenz noch größere Bedeutung zu und folgert unmissverständlich: »there is no poverty of the stimulus in language acquisition«. Folgt man jedoch zunächst dem Gedanken, dass die Rekonstruktion eines abstrakten grammatischen Systems aus den vorhandenen Inputbelegen nicht ohne weiteres gelingen muss, bleibt die Frage, warum ein Kind dennoch in der Lage ist Sprache zu erwerben. Dazu wurden nun konträre Antworten gegeben.

Im Folgenden wird ein Überblick über drei traditionelle Erklärungsparadigmen gegeben, die lange Zeit die Debatten in der Spracherwerbsforschung bestimmt und zahlreiche empirische Forschungsbestrebungen ausgelöst haben. Die drei auf den ersten Blick gegensätzlichen Denkrichtungen geben unterschiedliche Antworten auf die Fragen nach der Angeborenheit und der Domänenspezifik von Sprache und sind damit unterschiedlichen Polen im obigen Modell von Barrett zuzuordnen. Obwohl es in allen drei Richtungen Weiterentwicklungen gab und kein Ansatz heute mehr in einer Rein- oder Extremform postuliert wird, haben sie die moderne Spracherwerbsforschung stark beeinflusst.[16] Aktuelle, neuere Modelle, die z.T. aus den traditionellen Paradigmen hervorgegangen sind, werden anschließend besprochen.

12.2 Nativistische Ansätze

Vertreter des Nativismus begegnen dem Problem der Inputarmut mit einer *inside-out*-Annahme: Das Kind weiß von Anfang an mehr über Sprache, als es im Input vorfindet

---

[16] Eine intensive Auseinandersetzung mit diesen drei Paradigmen und deren aktuellen Weiterentwicklungen, Neuformulierungen und Modifikationen gibt Klann-Delius 2006 und 2008. Eine Einführung gibt Kauschke 2007b, Auszüge aus diesem Artikel finden sich im vorliegenden Buchkapitel wieder.

(siehe z.B. Chomsky & Lasnik 1993 und Guasti 2004 für einen Überblick über den Spracherwerb aus Sicht der generativen Grammatik). Aus einer genetisch vorgegebenen Ausstattung reift die sprachliche Kompetenz allmählich heran. Dieser Prozess von innen nach außen ist als biologisch vorprogrammierte Entfaltung sprachlicher Fähigkeiten zu sehen, bei der das Kind keine aktive Rolle einnimmt:

> Language acquisition seems much like the growth of organs generally; it is something that happens to the child, not that the child does. (Chomsky 2000: 7)

12.2.1 Biologische Basis der Spracherwerbs

Gemeinsam ist den verschiedenen Ausprägungen nativistischer Ansätze die Annahme, dass von innen kommende, angeborene Fähigkeiten, wie auch immer sie geartet sind, den Spracherwerb wesentlich bestimmen. Dass biologische Voraussetzungen notwendig sind um Sprache zu erwerben, wird durch verschiedene empirische Befunde belegt. Hinweise darauf, dass genetische Faktoren einen substanziellen Einfluss auf sprachliche Fähigkeiten ausüben, ergeben sich zum einen aus Zwillingsstudien und Adoptionsstudien, durch die das relative Gewicht von erblichen und umweltbedingten Einflüssen abgeschätzt werden kann (vgl. Kapitel 11). Stromswold (2001: 705) wertet die Ergebnisse verfügbarer Zwillings- und Adoptionsstudien als Beleg dafür, dass die Sprachfähigkeit zum Teil das Resultat von angeborenen, für Sprache spezifischen Prädispositionen sein muss. Nach den Ergebnissen einer umfangreichen Zwillingsstudie (Spinath et al. 2004) spielten allerdings Umwelteinflüsse eine große, wenn nicht sogar bedeutendere Rolle für die Sprachkompetenz der untersuchten Kinder.

Die Annahme, dass Genmutationen zu sprachlichen Schwächen oder Störungen führen und im Umkehrschluss, dass genetische Faktoren für die Ausprägung sprachlicher Fähigkeiten verantwortlich sein müssen, wurde darüber hinaus durch die Entdeckung des FOXP2-Gens, das bei sprachgestörten Personen auffällig war, erhärtet (vgl. Kapitel 11). Bei diesem FOXP2 genannten Gen handelt es sich um ein Steuerungsgen, das die Wirkweise und Aktivität anderer Gene reguliert, die sich wiederum auf das Gehirnwachstum auswirken. Interessanterweise kann dieses Gen, mit geringfügigen Variationen in der genauen Zusammensetzung des Proteins, auch bei Primaten und anderen Spezies nachgewiesen werden. So ist FOXP2 bei Singvögeln in der Phase, in der die Jungvögel ihren artspezifischen Gesang erlernen, wirksam (Teramitsu et al. 2004). Bei Mäusen rief ein manipulierter Defekt dieses Gens motorische Störungen und eine verminderte Produktion von arttypischen Vokalisationen hervor (Shu et al. 2005). Damit scheint unter anderem FOXP2 eine genetische Grundlage für die Ausführung speziesspezifischer kommunikativer oder vokaler Abläufe darzustellen. Der bisher aufgedeckte Zusammenhang besteht insbesondere hinsichtlich der motorischen Kontrolle von Sprechabläufen, inwieweit auch die grammatischen Defizite sprachgestörter Personen auf diese genetische Basis zurückzuführen sind, ist fraglich (siehe Bishop 2002). Das Postulat eines »Sprachgens« stellt damit sicherlich eine verfrühte und vereinfachte Schlussfolgerung dar (Schwartz 2009).

Die hier berichteten Evidenzen für eine genetische Grundlage der Sprachfähigkeit beziehen sich vorrangig auf gestörte Spracherwerbsverläufe (vgl. Kapitel 11 zur Ätiologie von Sprachentwicklungsstörungen). Möglicherweise sind gerade Leistungsschwächen stärker in erblichen Faktoren begründet als die normale Variabilität des Sprachverhaltens. Kritiker nativistischer Ansätze weisen außerdem darauf hin, dass Gene nicht unmittelbar mit einem bestimmten Verhalten oder gar mit sprachlichen Wissensstrukturen in Verbindung gebracht werden können. Vielmehr werden genetische Anlagen beständig durch Umweltfaktoren aktiviert, verstärkt oder unterdrückt (vgl. Klann-Delius 2008: 95). Die Wechselwirkung zwischen genetischen Faktoren und Umwelteinflüssen wird zumindest in den streng nativistischen Ansätzen zu wenig berücksichtigt.

12.2.2 Modellierungen nativistischer Ansätze

Die Vorstellungen über die Art des Initialzustandes, der dem Kind mitgegeben ist, haben sich im Laufe der Entwicklung nativistischer Modelle verändert (siehe auch Klann-Delius 2008: Kapitel 3). Während anfangs davon ausgegangen wurde, dass sprachliche Strukturen bzw. Wissensinhalte direkt, z.B. im Sinne einer Universalgrammatik, angeboren sind, werden in jüngeren nativistischen Modellen angeborene Mechanismen postuliert, die für den Aufbau von strukturellem Wissen nützlich sind. Streng nativistische Ansätze sind strukturorientiert, da sie von angeborenen und sprachspezifischen Wissensstrukturen ausgehen; Elman und andere (1996) sprechen hier vom repräsentationalen Nativismus. Dabei wiederum unterscheiden sich die Vorstellungen darüber, wie reichhaltig und umfassend diese Strukturen sind.

Ein Modell, das reichhaltige vorgegebene Strukturen für den Erwerb der Grammatik annimmt, ist das Prinzipien & Parameter-Modell des Spracherwerbs, nach dem das Kind mit dem Wissen um universale Prinzipien der Sprache bereits ausgestattet ist, während einzelsprachliche Parameter oder Strukturmerkmale durch den muttersprachlichen Input fixiert werden (Chomsky & Lasnik 1993, Guasti 2004). Sprachübergreifende Prinzipien könnten beispielsweise das Wissen beinhalten, dass Sprache Wörter unterschiedlicher Klassen besitzen, der einzelsprachliche Parameter legt dann fest, welche Wortarten die jeweilige Muttersprache vorsieht. Ein weiteres Prinzip besagt, dass Wörter durch andere Wörter syntaktisch ergänzt werden können, um höher geordnete strukturelle Einheiten zu bilden; sprachspezifische Parameter regeln, welche Kombinationsmöglichkeiten bestehen und welche Positionen die Bestandteile einnehmen müssen (z.B. ›der blaue Himmel‹ versus ›*le ciel bleu*‹). Sprachübergreifend und prinzipiell gilt außerdem, dass sich sprachliche Elemente im Satz bewegen können, während einzelsprachspezifisch unterschiedliche Möglichkeiten und Beschränkungen der Bewegung bestehen (vgl. Kapitel 7). Auch die Tatsache, dass in Sätzen Subjekte vorkommen, wurde als Prinzip vorgeschlagen, wobei sprachspezifische Parameter festlegen, ob das Subjekt ausgelassen werden kann (z.B. im Italienischen, siehe ›*Che fa?*‹) oder obligatorisch ist (z.B. im Deutschen, siehe ›*was macht?‹, Beispiele aus Weissenborn 2000: 157). Die vorgeschlagenen Prinzipien und Parameter verdeutlichen, dass dem Kind hier ein spezifisches und umfangreiches Wissen über Sprache zugesprochen wird. Geht man davon aus, dass das Kind von vornherein über solch grundlegendes sprachliches Wissen verfügt und nur noch einzelsprachliche Festlegungen getroffen werden, so sind aktives Lernen oder Vermittlung von außen folgerichtig nur noch in geringerem Maße notwendig.

Auf Seiten »gemäßigter« nativistischer Ansätze gibt es Bestrebungen, das angenommene Ausmaß angeborener Sprachstrukturen zu reduzieren und so den Initialzustand zu minimieren. Dieser besteht nicht mehr aus diversen sprachspezifischen und universalen Prinzipien, sondern aus nur noch einem grundlegenden Formalismus, der die Kernkomponente der menschlichen Sprachfähigkeit ausmacht. Nach Hauser, Chomsky und Fitch (2002) ist diese Komponente die Rekursivität der Sprache. Rekursivität oder Rekursion meint nach Hauser und Kollegen (2002) die Fähigkeit, aus einem begrenzten Inventar unendliche Anwendungsmöglichkeiten zu schöpfen. Dies zeigt sich in hierarchisch aufgebauten Symbolkombinationen, die eingebettete Strukturen erlauben. Wörter lassen sich anreichern oder ergänzen, um höher geordnete Phrasen zu bilden, die wiederum Bestandteil einer nächsthöheren Ebene sein können. Hier liegt also ein unbegrenztes Potential für die Generierung von komplexen Ausdrücken, die mit den entsprechenden Bedeutungen eng verknüpft sind. Die Fähigkeit zum Aufbau rekursiver Sprachstrukturen charakterisiert nach Hauser und Kollegen (2002) die menschliche Sprachfähigkeit im engeren Sinne, die so genannte *language faculty narrow*, die damit den reduzierten, minimalistischen Kern der genetisch verankerten Wissensstrukturen darstellt. Auch Tracy (2000) schließt sich der Überzeugung an, dass dem Kind ein minimales Strukturformat mit hierarchischen Eigenschaften mitgegeben ist, das durch Auseinandersetzung mit der Umgebungssprache entfaltet werden muss.

Eine Abwendung von Strukturannahmen und Hinwendung zu Prozessen und Mechanismen wird von prozessorientierten nativistischen Modellen eingenommen (Hirsh-Pasek & Golinkoff 1996b). Diese gehen davon aus, dass Kinder über spezifische Mechanismen zur effizienten Verarbeitung von Sprache verfügen, die auf Inputdaten operieren. Das Postulat des angeborenen Wissens (*innateness*) wird nun abgeschwächt zum Begriff der Verfügbarkeit (*availability*). Das Kind startet danach mit einer bestimmten Ausrichtung auf oder Veranlagung für Sprache, die es dazu bringt, bestimmte Informationen aus dem Input gezielt zu suchen und zu nutzen. Diese Prädispositionen zeigen sich vor allem in den erstaunlich ausgeprägten Fähigkeiten der frühen Sprachwahrnehmung im ersten Lebensjahr, die im dritten Kapitel dargestellt wurden.

Unabhängig davon, ob nativistische Modelle struktur- oder prozessorientiert ausgerichtet sind, ist der sprachliche Input zwar als Auslöser – so genannter *Trigger* – notwendig, der das Material zur Ableitung der einzelsprachlichen Regularitäten bereitstellt. Sprachliche und sonstige Verhaltensweisen der Gesprächspartner des Kindes werden in solchen Ansätzen dagegen kaum als relevant erachtet.

12.3 Interaktionistische Ansätze

Gerade diesen letzten Aspekt betonen Theoriefamilien aus dem interaktionistischen Paradigma (einen Überblick über die Anfänge des interaktionistischen Paradigmas sowie dessen neuere Ausgestaltungen gibt Klann-Delius 2008: 144ff.). Von einer *outside-in*-Annahme ausgehend wird untersucht, wie die Lernumgebung gestaltet ist, in der sich der Spracherwerbsprozess vollzieht. Es wurde zunächst empirisch nachgewiesen, dass der Input bei weitem nicht so ungrammatisch und ungeordnet ist, wie Chomsky unterstellte. Kinder hören mehrere Tausend Äußerungen pro Tag, Behrens (2006) ermittelte mehr als 3500 Wörter pro Stunde in der kindgerichteten Sprache von Bezugspersonen. Es gibt also durchaus umfangreiche positive Evidenz, die überwiegend aus wohlgeformten Äußerungen besteht. Das Sprachangebot ist dabei nicht nur organisiert, sondern auch auf das jeweilige Entwicklungsniveau des Kindes abgestimmt.

Wie die von Bruner (1987) initiierten Studien zur Eltern-Kind-Kommunikation zeigten, bauen die Bezugspersonen ein kommunikatives Unterstützungssystem auf, das eine Rahmenbedingung des Spracherwerbs darstellt. Charakteristika des interaktiven Austausches sind als Gerüst zu verstehen, das den Spracherwerb von außen stützt. Auch ohne explizite Vermittlung wenden Eltern korrigierende Rückkopplungsstrategien an, die als indirekte negative Evidenz gewertet werden können. In Kapitel 8.3 wurde bereits ein Dialog zwischen dem 2;6 Jahre alten Viktor und seiner Mutter beim Ansehen eines Bilderbuchs besprochen. Vier Sequenzen daraus illustrieren die elterlichen Strategien:

(1)	K:	das rot
	M:	hm das is rot ja
(2)	K:	fährt weg der Mann
	M:	ja der Mann fährt weg ja
(3)	K:	n kok das da is
	M:	das wird der Kopf
(4)	K:	da guckt ein Hund raus
	M:	nee, das is aber kein Hund, das is n Fuchs soll das sein

Die Sequenzen 1 bis 3 zeigen ein korrektives *feedback* der Mutter bei kindersprachlichen, typischen Abweichungen von der Zielgrammatik, hier in Bezug auf die fehlende Kopula oder auf die Wortstellung. Explizite Korrekturen finden dagegen eher auf semantischer Ebene statt, sie betreffen nicht die grammatische Wohlgeformtheit, sondern den Wahrheitsgehalt einer Äußerung (Sequenz 4). Befunde zu derartigen elterlichen Kommunikationsstrategien relativieren das Argument der Inputarmut, da sie auf ein kindgerechtes, fein abgestimmtes Sprachangebot hinweisen, das auf subtile Art und Weise auch Informationen über ungrammatische Äußerungen vermittelt. Derartige kommunikative Strategien sind besonders in frühen Phasen der Sprachentwicklung wesentlich. Lieven (1994) zeigt allerdings auf, dass die kindgerichtete Sprechweise von Eltern und anderen Bezugspersonen und deren Kommunikationsverhalten gegenüber Kindern in unterschiedlichen Kulturen sehr unterschiedlich gestaltet wird, so dass die oben angeführte indirekte und expandierende Form der Rückkopplung nicht als einzige oder gar optimale Form des Inputs gewertet werden kann. Eine unmittelbare Wirkung einer kulturspezifischen Form der elterlichen Sprechweise auf den Grammatikerwerb konnte nicht nachgewiesen werden, die Art der Beziehung zwischen dem kindlichen Wissenssystem und den elterlichen Verhaltensweisen blieb zunächst unzureichend spezifiziert (vgl. Klann-Delius 2008).

Interaktionistische Ansätze gaben jedoch den Anstoß, das Sprachangebot und das Sprachverhalten der Umwelt genauer zu untersuchen. Von Interesse war dabei, welche Aspekte des Inputs ausschlaggebend sind und wie eng sich das Kind an diesem orientiert. Entgegen einem globalen Modell, nach dem sich eine fördernde bzw. hemmende Umgebung generell fördernd oder hemmend auf die Entwicklung im Allgemeinen auswirkt, wird das Prinzip der *environmental specificity* (Hoff 2003) bevorzugt. Dabei beeinflussen bestimmte Aspekte der Umgebung bestimmte Aspekte der Entwicklung. Faktoren, die den Spracherwerb beeinflussen können, sind sozial-pragmatischer Art oder eher datenbezogen.

Unter den sozial-pragmatischen Faktoren wurden die Herstellung gemeinsamer Aufmerksamkeit, die Responsivität der Reaktionen der Bezugspersonen oder die Einbindung von Sprache in emotional positiv besetzte Interaktionsroutinen untersucht. Interaktion und Konversation werden als besondere soziale Erfahrung angesehen, die sich positiv auf die Sprachentwicklung auswirkt. Nach einer Studie von Hoff und Naigles (2002), die den Einfluss der genannten Faktoren auf die Wortschatzentwicklung untersuchte, konnte allerdings keiner der sozial-pragmatischen Faktoren die Vokabulargröße der Kinder vorhersagen. Hinzu kommt, dass ein Großteil der kindgerichteten Sprache nicht in Phasen gemeinsamer Aufmerksamkeit erfolgt, sodass anzunehmen ist, dass Kinder offensichtlich auch dann vom Sprachangebot lernen, wenn es nicht in unterstützende kommunikative Kontexte eingebettet ist.

Daher wird die datenliefernde Funktion des Inputs hervorgehoben. Diese umfasst die Frequenz und Menge der Wörter, die das Kind hört, die syntaktische Komplexität und Vielfalt sowie die Äußerungslänge im Sprachangebot. Empirische Befunde (vgl. Hoff 2004) sprechen z.B. dafür, dass sich die Komplexität angebotener Satzstrukturen auf das Verstehen und die Produktion komplexer Sätze bei Kindern auswirkt oder dafür, dass die strukturellen Eigenschaften der Verbverwendung im Input den Verbgebrauch bei Kindern beeinflussen. Die datenliefernde Funktion des Inputs ist nicht nur für die Grammatikentwicklung, sondern auch für den Lexikonerwerb von Bedeutung (Huttenlocher et al. 1991). In der Studie von Hoff und Naigles (2002) standen die lexikalische Reichhaltigkeit und Vielfalt sowie die Äußerungslänge von Müttern mit der Wortschatzgröße bei Kindern in Zusammenhang. Die förderliche Funktion eines sprachlich komplexen Inputs wurde nicht nur für die elterliche Sprechweise nachgewiesen, sondern auch dann, wenn das Angebot von nicht verwandten Personen wie Lehrern stammt (Huttenlocher et al. 2002).

In der Denkweise interaktionistischer Ansätze ist auf Seiten des Kindes der Wille zur Kommunikation und zum sozialen Austausch der Motor der Sprachentwicklung. Dieser begegnet einem informationsreichen Input, der in kindgerechter Weise angeboten und vermittelt wird.

12.4 Kognitivistische Ansätze

Während in der Sichtweise nativistischer Ansätze vorgegebene sprachliche Fähigkeiten ohne wesentliche Einflussnahme von außen heranreifen und interaktionistische Ansätze im Gegensatz dazu die Bedeutung der sozialen Umwelt hervorheben, stellen kognitivistische Ansätze die allgemeine kognitive Entwicklung des Kindes in den Vordergrund und sind damit domänenübergreifend im Sinne von Barretts oben beschriebenem Schema. Sprache ist hier keine spezifische Entwicklungsaufgabe, für die eigene Wissensstrukturen oder Mechanismen benötigt werden. Vielmehr ist der Spracherwerb eng an die kognitive Entwicklung gebunden, da er auf kognitiven Voraussetzungen, z.B. der Symbolfunktion, basiert.

Begründet durch den Schweizer Entwicklungspsychologen Jean Piaget wurde eine Theorie der kindlichen Entwicklung aufgestellt, die sich auf das kindliche Denken, Handeln und Sprechen bezieht. Entwicklung ist hier ein aktiver Konstruktionsprozess, denn das Kind setzt sich mit den Gegebenheiten der Umwelt auseinander, verarbeitet neue Reize und baut durch diese Erfahrungen sukzessive Wissensstrukturen auf (Piaget 1926). Eine Erweiterung des Wissens führt wiederum dazu, dass neue, bisher unbeachtete Eindrücke verarbeitet werden können und zu weiteren Erkenntnissen führen. Entwicklung ist somit immer ein Wechselspiel zwischen äußeren Einflüssen und den dadurch hervorgerufenen inneren Strukturen und Repräsentationen. Innere und äußere Faktoren befinden sich in einem ständigen Austausch und beeinflussen sich gegenseitig. Wie dies geschieht, beschreibt Piaget in den Stadien der sensomotorischen Entwicklung. Anfangs ist das Kind stark an die direkte Wahrnehmung und eigenes Handeln und Erleben gebunden, allmählich löst es sich von der unmittelbaren Anschauung und baut abstrakte Schemata auf, d.h. es bildet innere Vorstellungen des zuvor konkret Wahrgenommenen.

Die wesentliche Funktion von Sprache ist in der kognitiven Sichtweise die Repräsentationsfunktion. Sprache dient als Symbol, um etwas durch etwas anderes darzustellen. Die Entwicklung dieser kognitiven Funktion verläuft in aufeinander folgenden Stufen, an deren Ende die Fähigkeit zur sprachlich-symbolischen Repräsentation steht. Vorläufer sind beispielsweise die Nachahmung, das symbolische Spiel oder die Zeichnung. Wenn Kinder fähig zum Symbolspiel sind, indem sie z.B. einen Klotz als Auto verwenden, haben sie verstanden, dass ein Spielgegenstand für einen mental repräsentierten, aber real nicht vorhandenen anderen Gegenstand stehen kann. Ohne die Einsicht, dass etwas existieren kann, auch wenn es aktuell nicht erfahrbar ist, und dass dies durch ein anderes Medium symbolisiert werden kann, wäre Sprache nicht anwendbar. Hier zeigt sich deutlich, dass das Erkennen einer zentralen Eigenschaft von Wörtern, nämlich mental gespeicherte Repräsentationen von Erfahrungen mit Objekten oder Handlungen zu symbolisieren, eine unabdingbare kognitive Voraussetzung für den Lexikonerwerb darstellt (vgl. Kapitel 5). Die weitere Entwicklung sprachlicher, vor allem grammatischer Fähigkeiten wird im Rahmen kognitivistischer Modelle weniger thematisiert.

Während nativistische Ansätze die grammatische und interaktionistische Ansätze die kommunikative Funktion von Sprache hervorheben, betonen die kognitivistischen Ansätze die kognitive Funktion der Repräsentation von mentalen Inhalten und damit begrifflich-semantische Aspekte. Auch wenn die von Piaget angenommenen Stufen der Intelligenzentwicklung und die dazugehörigen Altersangaben durch neuere Forschungen zum Teil relativiert wurden, bestimmt die Vorstellung des Spracherwerbs als aktiver Konstruktionsprozess weiterhin wichtige Strömungen der Spracherwerbsforschung (zu Ausdifferenzierungen des Konzepts von Piaget siehe Klann-Delius 2008). Aktuelle Emergenzmodelle (siehe Kapitel 12.6) teilen mit Piagets Ansatz eine dynamische Konzeption von Entwicklung, in der das Kind Reize ständig verarbeitet, in sein kognitives System integriert und in einem nächsten Schritt wieder neue Erfahrungen macht und sich neues Wissen aneignet.

12.5 Konstruktivistischer Ansatz

Im Folgenden wird auf einen weiteren Ansatz eingegangen, der sich sowohl auf kognitive Aspekte in der Tradition Piagets bezieht als auch die wichtige Rolle der Interaktion hervorhebt. Dieser konstruktivistische und sozial-pragmatische Ansatz, der von Tomasello (2000, 2003, 2008) formuliert wurde, nimmt an, dass Kinder durchaus über eine evolutionär entstandene, biologische Ausstattung verfügen, die zu Sprache und Kommunikation führt, jedoch anfangs keine spezifisch sprachlichen Anteile enthält. Da diese Sichtweise weitgehend ohne sprachspezifische Prädispositionen auskommt, ist sie der domänenübergreifenden Achse in Barretts Modell zuzuordnen. Für Tomasello ist der Spracherwerb Teil eines generellen kulturellen Lernprozesses, in dem Kinder schrittweise bestimmte soziale und kognitive Fähigkeiten erwerben, die später u.a. in die Fähigkeit zur sprachlichen Kommunikation münden. Ausgangspunkte dieses Prozesses der Herausbildung einer »kooperativen Infrastruktur« und damit Grundlagen für den Spracherwerb sind geteilte Aufmerksamkeit, geteilte Ziele, gemeinsame Absichten und kooperatives Handeln (Tomasello et al. 2005, Tomasello 2008, vgl. auch Kapitel 5.5.2 und 8). Kinder erleben sich und andere als intentionale Wesen, mit denen sie kommunizieren und kooperieren wollen. Diese für Tomasello humanspezifische Fähigkeit und Bereitschaft zur Kooperation und zu prosozialem Verhalten wird als Ursprung der Kommunikation gewertet. Sprache wird in dieser Sichtweise im gemeinsamen sozialen Handeln konstruiert, menschliche Kommunikation ist »ein grundlegend kooperatives Unternehmen« (Tomasello 2008: 6).

An diesem Punkt stellt sich natürlich die Frage, wie Kinder nicht nur die pragmatischen und semantischen, sondern auch die strukturbezogenen Aspekte der Sprache erlernen. Hier postuliert Tomasello eine anfänglich sehr enge Bezogenheit des Kindes auf das Sprachangebot der Umwelt: »*quite simply, children hear individual pieces of language and imitate them*« (Tomasello 2000: 10). In Kapitel 7.4.2 wurde bereits die Sichtweise ausgeführt, dass das Kind weitgehend über Imitation in den Grammatikerwerb einsteigt. Imitation wird als kulturell vermitteltes, aktives Lernen verstanden, da Kinder nicht wahllos repetieren, sondern nur absichtsvolles Verhalten imitieren (vgl. Kapitel 8.1). Das Imitieren von Sprache beruht darauf, dass Kinder verstehen, dass Erwachsene mit ihren Äußerungen kommunikative Intentionen verfolgen. Im Gegensatz zur nativistischen Sicht, nach der das Kind bereits früh über sprachliches Wissen verfügt, geht Tomasello davon aus, dass es zunächst einzelne, konkrete Sequenzen oder Einheiten aus der Umgebungssprache unanalysiert übernimmt. Erst später erkennt es Analogien hinter den Einzelbelegen und geht von vereinzelten »Inseln« zu einem komplexen, strukturierten System über (vgl. Kapitel 7.4.2).

Tomasello bezieht eine klare Gegenposition zu nativistischen Ansätzen. Erstens wird die Rolle des Sprachangebots als wesentlich bedeutender eingeschätzt, zweitens handelt es sich bei den für den Spracherwerb grundlegenden Prozessen der Imitation und der Analogiebildung nicht um sprachspezifische, sondern um übergreifende sozial-kognitive Fähigkeiten.

12.6 Emergenzmodelle

Die oft als fundamental empfundene Dichotomie zwischen *inside-out-* und *outside-in-*Annahmen basiert nach Meinung von Hirsh-Pasek & Golinkoff (1996b) auf einer übertriebenen Darstellung von Extrempositionen, die jedoch nicht gänzlich unvereinbar sind, sondern eher als Punkte auf einem Kontinuum angesiedelt werden sollten:

> Both families of theories grant that the child has at least some linguistic sensitivities at the start (if not a full grammar) and is capable of conceptualizing the environment in terms of language-relevant cognitive and social categories. (Hirsh-Pasek & Golinkoff 1996b: 42)

Mittlerweile besteht ein Konsens darüber, dass man in der Frage nach Erbe oder Umwelt (Achse »angeboren – erlernt« in Barretts Modell) nicht von einem Entweder-Oder ausgehen kann, denn das Kind braucht Input und es reagiert auf diesen mit bestimmten Anlagen, die in dieser Form nur dem Menschen zur Verfügung stehen. Beide Aspekte sind inhärente Komponenten des Erwerbsprozesses. Jeder heutige Ansatz räumt ein, dass das Kind für Sprache förderliche Voraussetzungen mitbringt – wobei allerdings fraglich ist, wie sprachspezifisch bzw. umfassend diese angenommen werden – und dass es die Charakteristika seiner Umgebungssprache verarbeitet und für die Erweiterung seiner sprachlichen Fähigkeiten verwendet. Wird das Schlagwort »*nature or nuture*« daher durch »*nature and nurture*« ersetzt, so muss der spezifische Beitrag beider Pole präzisiert werden (vgl. Elman et al. 1996). Auch in Bezug auf die Frage nach der Domänenspezifizität der notwendigen Lernmechanismen (Achse »domänenspezifisch – domänenübergreifend« in Barretts Modell) nähern sich ursprünglich kontroverse Sichtweisen an. Obwohl eine direkte Abhängigkeit sprachlicher Entwicklungsprozesse von kognitiven Voraussetzungen mittlerweile kritisch gesehen wird, wird eine Zugänglichkeit zu sowohl sprachspezifischen als auch domänenübergreifenden Prozessen durchaus allgemein akzeptiert, wobei noch konkretisiert werden muss, für welche Erwerbsaufgabe welche Art der Verarbeitung jeweils Anwendung findet.

> In sum, all theories of language acquisition require a learner who has access to both domain-specific and domain- general procedures (Hirsh-Pasek & Golinkoff 1996b: 46)

Die Lösung von Extrempositionen hat das Entstehen hybrider Modelle ermöglicht, die eine vermittelnde Position beziehen. Nach der Überwindung streng nativistischer bzw. rein interaktionistischer Extrempositionen kristallisieren sich zunehmend Emergenzmodelle heraus (für einen Überblick siehe Hollich et al. 2000), die auf der Idee der dynamischen Systeme basieren. Sprache als spezialisiertes Wissenssystem ist demnach ein Entwicklungsprodukt, das aus einem Zusammenspiel von kindlichen Fähigkeiten und Umweltfaktoren hervorgeht. Sprachgesunde Kinder verfügen als Ausgangspunkt über biologisch bedingte Lernmechanismen bzw. Prädispositionen, mit deren Hilfe sie den sprachlichen Input mit all seinen Hinweisreizen ausschöpfen. Der aktive Anteil des Kindes liegt darin, sensitiv für die Inputdaten zu sein und diese so zu nutzen, dass neue Strukturen entstehen. Dies gelingt ihm aufgrund von früh vorhandenen Lernmechanismen (vgl. Kapitel 3), die »den Ball ins Rollen bringen« (Hollich et al. 2000: 20). Das erweiterte und veränderte Wissenssystem wirkt dann auf die Verarbeitungsprozesse zurück und ermöglicht es, neue Arten von Information zu verwerten. In frühen Phasen des Spracherwerbs ist vor allem die Prosodie maßgeblich für den Aufbau ersten sprachlichen Wissens. So wurde in Kapitel 3 gezeigt, dass Kinder anfangs prosodische Hinweise verarbeiten und diese nutzen, um sprachliche Einheiten zu segmentieren. Zum Aufbau von Bedeutungen und Strukturen werden später semantische und syntaktische Faktoren stärker berücksichtigt. In dieser altersabhängigen Gewichtung und Nutzung von Inputdaten und in deren Einbindung in das entstehende Sprachsystem liegt die besondere Dynamik und Qualität des Spracherwerbs. Mit diesem Modell ist eine Stärkung der Rolle des Inputs verbunden, da dieser alle notwendigen Daten und Informationen enthält.

Zentral ist hier das Wechselspiel beider Anteile, der Kompetenzen des Kindes und der komplementären Reaktionen der input- und modellgebenden Umwelt. Aufgrund dieser Dynamik können neue Fähigkeiten entstehen, die nicht auf den Einfluss eines inneren oder äußeren Parameters allein zurückgeführt werden können. Dies wird durch den Begriff der emergenten (›auftauchenden‹) Fähigkeit betont.

Die Auseinandersetzung mit traditionellen und aktuellen Erklärungsansätzen zum Spracherwerb hat gezeigt, dass einerseits das Angebot und die Anregung aus der Umgebung wesentlich sind; andererseits die Komplexität sprachlicher Systeme aber auch deshalb erwerbbar ist, weil eine biologisch vorgegebene Ausstattung den Erwerbsprozess anstößt, lenkt und erleichtert. Wird die starke Dichotomie »Anlage oder Umwelt« aufgegeben, tritt die Frage nach dem Ausmaß und der Art der Umweltfaktoren auf der einen und der biologischen Vorausstattung auf der anderen Seite in den Vordergrund. Die Darstellung von Ergebnissen der jüngeren Spracherwerbsforschung in diesem Band sollte zeigen, dass wesentliche Erkenntnisse zur Beantwortung dieser sicherlich noch nicht abschließend geklärten Fragen gewonnen wurden.

Obwohl es unstrittig ist, dass ein biologisch begründeter Initialzustand gegeben sein muss, beginnt die Kontroverse bei der Spezifizierung dieser Ausstattung. Nativistische Modelle gehen von einer sprachspezifischen biologischen Grundlage aus. Nach dem Konzept der Universalgrammatik ist dies ein vorgegebenes Wissen über Strukturen oder grundlegende Prinzipien von Sprache. Hier wurde das Modell einer reichhaltigen strukturellen Wissensbasis im Sinne von Prinzipien und Parametern von Vorschlägen abgelöst, die die humanspezifische Komponente der Sprachfähigkeit auf die Rekursion beschränken. Prozessorientierte Modelle hingegen, die auf neueren experimentellen Ergebnissen zur frühen Sprachwahrnehmung fußen, beschreiben den Initialzustand als Verfügbarkeit effektiver Lernmechanismen, mit denen der sprachliche Input gezielt verarbeitet wird. In Emergenzmodellen werden diese Prädispositionen für den Spracherwerb und die besonderen Qualitäten des Inputs aufeinander bezogen. Sprachstrukturelles Wissen ist danach ein Produkt, das aus einem dynamischen Wechselspiel von inneren und äußeren Faktoren hervorgeht und nicht auf nur einen bestimmenden Faktor reduziert werden kann.

Die menschliche Sprachfähigkeit lässt sich als Fähigkeit beschreiben, ein reiches kombinatorisches System kreativ zu benutzen. Diese Fähigkeit hat sich als evolutionäre Leistung herausgebildet und einen Abstraktheitsgrad erreicht, der in anderen Spezies so nicht anzutreffen ist. Dass Kinder dieses System erwerben und anwenden können, liegt sowohl an ihrer genetischen Ausstattung als auch an der Reichhaltigkeit des angebotenen sprachlichen Inputs und an den auf das Kind abgestimmten Kommunikationsformen der Bezugspersonen. Die verfügbare Vorausstattung besteht in grundlegenden Lernmechanismen, die das Kind befähigen, für die im Input reichlich vorhandenen Hinweise auf sprachsystematische Regularitäten in besonderer Weise sensibel zu sein. Mit Hilfe der gezielt angesteuerten Informationen kann sich erstes sprachliches Wissen etablieren. Dieses beeinflusst und steuert die weitere Aufnahme des Sprachangebotes, so dass sich in diesem Wechselspiel ein dynamischer Aufbau sprachlichen Wissens vollziehen kann.

Literatur

Abbot-Smith, K. & Behrens, H. (2006). How known constructions influence the acquisition of other constructions: the German passive and future constructions. *Cognitive Science, 30*(6), 995–1026.

Aitchison, J. (1994). *Words in the mind: An introduction to the mental lexicon.* Oxford: Blackwell.

Ambridge, B., Rowland, C.F., Theakston, A.L. & Tomasello, M. (2006). Comparing different accounts of inversion errors in children's non-subject wh-questions: What experimental data can tell us?. *Journal of Child Language, 33,* 519–557.

Anisfield, M., Gasparini, D., Hoberman, M.J. & Rosenberg, E.S. (1998). Lexical acceleration coincides with the onset of combinatorial speech. *First Language, 18,* 165–184.

Aslin, R.N. & Mehler, J. (2005). Near-infrared spectroscopy for functional studies of brain activity in human infants: promise, prospects and challenges. *Journal of Biomedical Optics, 10*(1), 011009-1 – 011009-3.

Astington, J.W. (1993). *The child's discovery of the mind.* Cambridge: Harvard University Press.

Barrett, M. (1995). Early lexical development. In P. Fletcher & B. MacWhinney (Hrsg.), *The Handbook of Child Language* (S. 362–393). Oxford: Basil Blackwell.

Barrett, M. (1999). An introduction to the nature of language and to the central themes and issues in the study of language development. In M. Barrett (Hrsg.), *The development of language* (S. 1–24). Hove: Psychology Press.

Bartke, S. (1998). *Experimentelle Studien zu Flexion und Wortbildung: Pluralmorphologie und lexikalische Komposition im unauffälligen Spracherwerb und Dysgrammatismus.* Tübingen: Niemeyer.

Bassano, D., Maillochon, I. & Eme, E. (1998). Developmental changes and variability in the early lexicon: A study of French children's naturalistic productions. *Journal of Child Language, 25,* 493–531.

Bassano, D., Eme, P.-E. & Champaud, C. (2005). A naturalistic study of early lexical development: General processes and inter-individual variations in French children. *First Language, 25*(1), 67–101.

Bates, E., Bretherton, I. & Snyder, L. (1988). *From first words to grammar. Individual differences and dissociable mechanisms.* Cambridge: Cambridge University Press.

Bates, E., Dale, P., Fenson, L., Hartung, J., Marchman, V., Reilly, J., Reznick, S. & Thal, D. (1994). Developmental and stylistic variation in the composition of early vocabulary. *Journal of Child Language, 21*(1), 85–121.

Bates, E., Dale, P.S. & Thal, D. (1995). Individual differences and their implications for theories of language development. In P. Fletcher & B. MacWhinney (Hrsg.), *The handbook of child language* (S. 726–735). Oxford: Basil Blackwell.

Baumgärtner, S. (1996). *Kognitive, affektive und sprachliche Aspekte des Erwerbs der Erzählfähigkeit von Kindern untersucht anhand von Nacherzählungen.* Nicht veröffentlichte Magisterarbeit, FU Berlin.

Behrens, H. (1999). Was macht Verben zu einer besonderen Kategorie im Spracherwerb? In J. Meibauer & M. Rothweiler (Hrsg.), *Das Lexikon im Spracherwerb* (S. 32–50). Tübingen: Francke.

Behrens, H. (2006). The input-output relationship in first language acquisition. *Language and Cognitive Processes, 21*(1–3), 2–24.

Behrens, H. & Deutsch, W. (1991). Die Tagebücher von Clara und William Stern. In H.E. Lück & R. Miller (Hrsg.), *Theorien und Methoden psychologiegeschichtlicher Forschung* (S. 66–76). Göttingen: Hogrefe.

Behrens, H. & Gut, U. (2005). The relationship between prosodic and syntactic organization in early multiword speech. *Journal of Child Language, 32*, 1–34.

Berg, T. (1992). Phonological harmony as a processing problem. *Journal of Child Language, 19,* 225–257.

Bishop, D.V.M. (1997*). Uncommon understanding: development and disorders of language comprehension in children.* Hove: Psychology Press.

Bishop, D.V.M. (2000a). Pragmatic language impairment: A correlate of SLI, a distinct subgroup, or a part of the autistic continuum? In D.V.M. Bishop & L.B. Leonard (Hrsg.), *Speech and language impairments in children: causes, characteristics, intervention and outcome* (S. 99–113). Hove: Psychology Press.

Bishop, D.V.M. (2000b). How does the brain learn language? Insights from the study of children with and without language impairment. *Developmental Medicine & Child Neurology, 42(2)*, 133–142.

Bishop, D. (2002). Putting language genes in perspective. *TRENDS in Genetics, 18*(2), 57–59.

Bittner, D. (2000a). Sprachwandel durch Spracherwerb? Pluralerwerb. In A. Bittner, D. Bittner & K.-M. Köpcke (Hrsg.), *Angemessene Strukturen. Systemorganisation in Phonologie, Morphologie und Syntax* (S. 123–140). Hildesheim: Olms.

Bittner, D. (2000b). Early verb development in one German-speaking child. *ZAS Papers in Linguistics, 18*, 21–38.

Bittner, D. (2003) Aspectual interpretation of early verb forms in German. *ZAS Papers in Linguistics, 29*, 3–25.

Bloom, L. (1993). *The transition from infancy to language: Acquiring the power of expression.* New York: Cambridge University Press.

Bloom, L., Margulis, C. & Tinker, E. (1993). The words children learn: evidence against a noun bias in early vocabularies. *Cognitive Development, 8,* 431–450.

Bloom, L. (2000). The intentionality model of word learning: how to learn a word, any word. In R.M. Golinkoff & K. Hirsh-Pasek (Hrsg.), *Becoming a word learner: a debate on lexical acquisition* (S. 19–50). Oxford: Oxford University Press.

Bloom, P. (2000). *How children learn the meanings of words*. Cambridge: MIT Press.

Bockmann, A. & Kiese-Himmel, C. (2006). *Elan – Eltern Antworten. Elternfragebogen zur Wortschatzentwicklung im frühen Kindesalter*. Göttingen: Beltz.

Bornstein, M.H., Cote, L.R., Maital, S., Painter, K., Park, S.-Y., Pascual, L., Pecheux, M.-G., Ruel, J., Venuti, P. & Vyt, A. (2004). Cross-linguistic analysis of vocabulary in young children: Spanish, Dutch, French, Hebrew, Italian, Korean, and American English. *Child Development*, *75*(4), 1115–1139.

Bortfeld, H., Morgan, J. L., Golinkoff, R. M. & Rathbun, K. (2005). Mommy and me - familiar names help launch babies into speech-stream segmentation. *Psychological Science, 16*(4), 298–304.

Botting, N. & Conti-Ramsden, G. (2003). Autism, primary pragmatic difficulties and specific language impairment: can we distinguish them using psycholinguistic markers? *Developmental Medicine & Child Neurology, 45*, 515–524.

Boueke, D. & Klein, W. (1983). (Hrsg.). *Untersuchungen zur Dialogfähigkeit von Kindern.* Tübingen: Narr.

Braun, B. (2007). Gemeinsam ein Bilderbuch lesen – Vermitteln und Aneignen in der Kommunikation von Mutter und Kind. In K. Meng & J. Rehbein (Hrsg.), *Kindliche Kommunikation – einsprachig und mehrsprachig.* (S.127–154). Münster: Waxmann.

Bretherton, I., Beeghly-Smith, M. & McNew, S. (1981). Early person knowledge as expressed in gestural and verbal communication: When do children acquire a theory of mind?. In M.E. Lamb & L.R. Sherrod (Hrsg.), *Infant Social Cognition* (S. 333–373). Hillsdale, NY: Erlbaum.

Bretherton, I. & Beeghly, M. (1982). Talking about internal states: The acquisition of an explicit theory of mind. *Developmental Psychology, 18*, 906–921.

Bretherton, I., Fritz, J., Ridgeway, D. & Zahn-Waxler, C. (1986). Learning to talk about emotions: A functionalist perspective. *Child Development, 57,* 529–547.

Brown, R. (1973). *A first language. The early stages.* Cambridge: Harvard University Press.

Brown, J.R. & Dunn, J. (1991). »You can cry, mum«: The social and developmental implications of talk about internal states. *British Journal of Developmental Psychology, 9,* 237–256.

Bruner, J. (1987). *Wie das Kind sprechen lernt.* Bern: Hans Huber.

Buschmann, A. & Neubauer, M. (im Druck) Prädiktoren für den Entwicklungsverlauf spät sprechender Kinder. *Sprache Stimme Gehör.*

Buschmann, A., Jooss, B., Rupp, A., Feldhusen, F., Pietz, J. & Philippi H. (2008). Parent-based language intervention for two-year-old children with specific expressive language delay: a randomised controlled trial. *Archives of Disease in Childhood.* Verfügbar unter http://adc.bmj.com/cgi/rapidpdf/adc.2008.141572v1[11.01.2012]

Carey, S. (1978). The child as word learner. In M. Halle, J. Bresnan & G. A. Miller (Hrsg.), *Linguistic theory and psychological reality* (S. 264–293). Cambridge, MA: MIT Press.

Caselli, M.C., Bates, E., Casadio, P., Fenson, J., Sanderl, L. & Weir, J. (1995). A cross-linguistic study of early lexical development. *Cognitive Development, 10,* 159–199.

Chilla, S. (2008). *Erstsprache, Zweitsprache, Spezifische Sprachentwicklungsstörung? Eine Untersuchung des Erwerbs der deutschen Hauptsatzstruktur durch sukzessiv-bilinguale Kinder mit türkischer Erstsprache.* Hamburg: Dr. Kovac.

Chilla, S. (2011a). Bilingualer Spracherwerb. In J. Siegmüller & H. Bartels (Hrsg.), *Leitfaden Sprache Sprechen Stimme Schlucken* (S. 46–51). München: Elsevier.

Chilla, S. (2011b). Sukzessive Mehrsprachigkeit und spezifische Sprachentwicklungsstörung. In J. Siegmüller & H. Bartels (Hrsg.), *Leitfaden Sprache Sprechen Stimme Schlucken* (S. 98–99). München: Elsevier.

Chomsky, N. (1999). On the nature, use, and acquisition of language. In: W.V. Ritchie, T.K. Bhatia (Hrsg.), *Handbook of Child Language Acquisition* (S. 33–54). San Diego: Academic Press.

Chomsky, N. (2000). *New horizons in the study of language and mind.* Cambridge: Cambridge University Press.

Chomsky N. & Lasnik, H. (1993). The theory of principles and parameters. In: J. Jacobs, A. von Stechow & T. Vennemann (Hrsg.), *Syntax: An International Handbook of Contemporary Research* (S. 506–569). Berlin: de Gruyter.

Clahsen, H. (1984). Der Erwerb von Kasusmarkierungen in der deutschen Kindersprache. *Linguistische Berichte, 89,* 1–31.

Clahsen, H. (1986). *Die Profilanalyse. Ein linguistisches Verfahren für die Sprachdiagnose im Vorschulalter.* Berlin: Marhold.

Clahsen, H. (1999). Linguistic perspectives on specific language impairment. In W. Ritchie & T.K. Bhatia (Hrsg.), *Handbook of child language acquisition* (S. 675 – 704). San Diego: Academic Press.

Clahsen, H. (2008). Behavioral methods for investigating morphological and syntactic processing in children. In I. Sekerina, E. Fernández & H. Clahsen (Hrsg.), *Developmental psycholinguistics: On-line methods in children's language processing* (S. 1–27). Amsterdam: John Benjamins.

Clahsen, H., Bartke, S. & Göllner, S. (1997). Formal features in impaired grammars: a comparison of English and German SLI children. *Journal of Neurolinguistics,* 10(2/3), 151–171.

Clahsen, H., Eisenbeiss, S. & Penke, M. (1996). Lexical learning in early syntactic development. In H. Clahsen (Hrsg.), *Generative perspectives on language acquisition. Empirical findings, theoretical considerations and crosslinguistic comparisons* (S. 129–160). Amsterdam: John Benjamins.

Clahsen, H. & Rothweiler, M. (1993). Inflectional rules in children's grammars: Evidence from German participles. In G. Booij & J. Van Marle (Hrsg.), *Yearbook of Morphology 1992* (S. 1–34). Dordrecht: Kluwer Academic Publishers.

Clahsen, H., Rothweiler, M. & Woest, A. (1990). Lexikalische Ebenen und morphologische Entwicklung: Eine Untersuchung zum Erwerb des deutschen Pluralsystems im Rahmen der Lexikalischen Morphologie. *Linguistische Berichte, special issue 3,* 105–126.

Clahsen, H., Rothweiler, M., Woest, A. & Marcus, G.F. (1992). Regular and irregular inflection in the acquisition of German noun plurals. *Cognition, 45*, 225–255.

Clark, E.V. (1993). *The lexicon in acquisition*. Cambridge: Cambridge University Press.

Clark, E.V. (1998). Morphology in language acquisition. In A. Spencer & A.M. Zwicky (Hrsg.), *The handbook of morphology* (S. 374–389). Oxford, Cambridge: Blackwell.

Clark, E.V. (2010). Adult offer, word-class and child uptake in early lexical acquisition. *First Language, 30*(3–4), 250–269.

Conti-Ramsden, G. & Windfuhr, K.L. (2002). Productivity with word order and morphology: Comparative look at children with SLI and children with normal language abilities. *International Journal of Language & Communication Disorders, 37*(1), 17–30.

D'Amico, S., Devescovi, A. & Bates, E. (2001). Picture naming and lexical access in Italian children and adults. *Journal of Cognition and Development, 2*(1), 71–105.

Dale, P. S., Dionne, G. Eley, T.C. & Plomin, R. (2000). Lexical and grammatical development: A behavioural genetic perspective. *Journal of Child Language, 27(3),* 619–642.

Dannenbauer, F.M. (2003). Spezifische Sprachentwicklungsstörung. In M. Grohnfeldt (Hrsg.), *Lehrbuch der Sprachheilpädagogik und Logopädie* (2. Band), (S. 48–73). Stuttgart: Kohlhammer.

Dannenbauer, F.M. (2004). Probleme der ätiologischen Forschung bei spezifischer Sprachentwicklungsstörung. *L.O.G.O.S. interdisziplinär, 12*(3), 164–176.

Dapretto, M. & Bjork, E.L. (2000). The development of word retrieval abilities in the second year and its relation to early vocabulary growth. *Child Development*, *71*(3), 635–648.

Davidoff, J. & Masterson, J. (1996). The development of picture naming: Differences between verbs and nouns. *Journal of Neurolinguistics, 9*, 69–83.

Dehaene-Lambertz, G., Dehaene, S. & Hertz-Pannier, L. (2002). Functional neuroimaging of speech perception in infants. *Science, 298*, 2013–2015.

DeCasper, A.J. & Fifer, W.P. (1980). Of human bonding: newborns prefer their mothers' voices. *Science, 208*(4448), 1174–1176.

DeHouwer, A. (2009). *An introduction to bilingual development*. Clevedon: Multilingual Matters.

De Langen-Müller, U., Kauschke, C., Kiese-Himmel, C., Neumann, K. & Noterdaeme, M. (2012). *Interdisziplinäre S2k-Leitlinie: Diagnostik von Sprachentwicklungsstörungen (SES) unter Berücksichtigung umschriebener Sprachentwicklungsstörungen*. Frankfurt/Main: Peter Lang.

Demuth, K. (1996). Collecting spontaneous production data. In D. McDaniel, C. McKee & H.S. Cairns (Hrsg.), *Methods for assessing children's syntax* (S. 3–22). Cambridge: MIT Press.

Demuth, K. (2009). The prosody of syllables, words and morphemes. In E.L. Bavin (Hrsg.), *The Cambridge Handbook of Child Language* (S. 183–198). Cambridge: Cambridge University Press

Desmarais, C., Sylvestre, A., Meyer, F., Bairati, I. & Rouleau, N. (2008). Systematic review of the literature on characteristics of late-talking toddlers. *International Journal of Language & Communication Disorders, 43,* 361–389.

Devescovi, A., Caselli, M.C., Marchione, D., Pasqualetti, P., Reilly, J. & Bates, E. (2005). A cross-linguistic study of the relationship between grammar and lexical development. *Journal of Child Language, 31*, 759–786.

Dietrich, R. & Weissenborn, J. (2008). Erwerbsprozesse im Erstspracherwerb und Zweitspracherwerb. In B. Ahrenholz, U. Bredel, W. Klein, M. Rost-Roth & R. Skiba (Hrsg.), *Empirische Forschung und Theoriebildung. Beiträge aus Soziolinguistik, Gesprochene-Sprache- und Zweitspracherwerbsforschung. Festschrift für Norbert Dittmar zum 65. Geburtstag* (S. 217–226). Frankfurt/Main: Peter Lang.

Dimroth, C. & Haberzettl, S. (2008): Je älter desto besser. Lernen Kinder Deutsch als Zweitsprache schneller als Deutsch als Erstsprache? In B. Ahrenholz, U. Bredel, W. Klein, M. Rost-Roth & R. Skiba (Hrsg.), *Empirische Forschung und Theoriebildung. Beiträge aus der Soziolinguistik, Gesprochene Sprache-Forschung und Zweitspracherwerbsforschung* (S. 227–239). Berlin: Peter Lang.

Dittmar, M., Abbot-Smith, K., Lieven, E., & Tomasello, M. (2008). German children's comprehension of word order and case marking in causative sentences. *Child Development, 79(4),* 1152–1167.

Dittmar, N. (2009). *Transkription: ein Leitfaden mit Aufgaben für Studenten, Forscher und Laien* (3. Aufl.). Wiesbaden: VS Verlag für Sozialwissenschaften.

Dockrell, J., Messer, D. & George, R. (2001). Patterns of naming objects and actions in children with word finding difficulties. *Language and Cognitive Processes, 16*, 261–286.

D'Odorico, L., Carubbi, S., Salerni, N. & Calvo, V. (2001). Vocabulary development in Italian children: A longitudinal evaluation of quantitative and qualitative aspects. *Journal of Child Language, 28,* 351–372.

Dohmen, A. (2009). Profile eingeschränkter kommunikativer Kompetenz von Kindern: Theoretische und praktische Orientierung zur Therapiekonzeption. *L.O.G.O.S. interdisziplinär, 17(2)*, 118–128.

Dromi, E. (1987). *Early lexical development*. Cambridge: CUP.

Dromi, E. (1999). Early lexical development. In M. Barrett (Hrsg.), *The development of language* (S. 99–133). Hove: Psychology Press.

Ehlich, K. & Wagner, K.R. (1989). (Hrsg.). *Erzähl-Erwerb*. Bern: Peter Lang.

Eimas, P.D., Siqueland, E.R., Jusczyk, P.W. & Vigorito, J. (1971). Speech perception in infants. *Science, 171*, 303–306.

Eimas P.D. (1974). Auditory and linguistic processing of cues for place of articulation by infants. *Perception and Psychophysics, 16*, 513–521.

Eisenbeiss, S., Bartke, S. & Clahsen, H. (2005/2006). Structural and lexical case in child German: Evidence from language-impaired and typically developing children. *Language Acquisition, 13*(1), 3–32.

Eisenberg, P. (2004). *Grundriss der deutschen Grammatik. Das Wort*. Stuttgart: Metzler.

Elsen, H. (1991). *Erstspracherwerb. Der Erwerb des deutschen Lautsprachsystems*. Wiesbaden: Deutscher Universitäts-Verlag.

Elsen, H. (1999). Auswirkungen des Lautsystems auf den Erwerb des Lexikons – eine funktionalistisch-kognitive Perspektive. In J. Meibauer & M. Rothweiler (Hrsg.), *Das Lexikon im Spracherwerb* (S. 88–105). Tübingen: Francke.

Elman, J.L., Bates, E., Johnson, M.H., Karmiloff-Smith, A., Parisi, D. & Plunkett, K. (1996). *Rethinking innateness. A connectionist perspective in development.* Cambridge: MIT Press.

El Mogharbel, C. & Deutsch, W. (2007a). Von der Stimme zur Sprache: Die Ontogenese von Phonetik, Phonologie und Prosodie. In H. Schöler & A. Welling (Hrsg.), *Sonderpädagogik der Sprache* (S. 19–28). Göttingen: Hogrefe.

El Mogharbel, C. & Deutsch, W. (2007b). Pragmatik: Sprachentwicklung im Kontext sozialen Handelns. In H. Schöler & A. Welling (Hrsg.), *Sonderpädagogik der Sprache* (S. 57–65). Göttingen: Hogrefe.

Engelkamp, J. & Rummer, R. (1999). Die Architektur des mentalen Lexikons. In Friederici, A.D. (Hrsg.) *Sprachrezeption* (S. 155–201). Göttingen: Hogrefe.

Ewers, H. (1999). Schemata im mentalen Lexikon: Empirische Untersuchungen zum Erwerb der deutschen Pluralbildung. In J. Meibauer & M. Rothweiler (Hrsg.), *Das Lexikon im Spracherwerb* (S. 88–107). Tübingen: Francke.

Felix, S.W. (1980) Cognition and language development: A German child's acquisition of question words. In D. Nehls (Hrsg.), *Studies in language acquisition* (S. 91–109). Heidelberg: Gross.

Fenson, L., Bates, E., Dale, P., Pethick, S., Reznick, S. & Thal, D. (1994). Variability in early communicative development. *Monographs of the society for research in child development, 59*(4), Chicago: The University of Chicago Press.

Fikkert, P., Penner, Z. & Wymann, K. (1998). Das Comeback der Prosodie. Neue Wege in der Diagnose und Therapie von phonologischen Störungen. *L.O.G.O.S. interdisziplinär, 6*(2), 84–97.

Filippova, E. & Astington, J.W. (2008). Further Development in Social Reasoning Revealed in Discourse Irony Understanding. *Child Development, 79(1)*, 126 – 138.

Fox, A.V. & Dodd, B.J. (1999). Der Erwerb des phonologischen Systems in der deutschen Sprache. *Sprache Stimme Gehör, 23*, 183–191.

Fox-Boyer, A.V. (2009). *Kindliche Aussprachestörungen: phonologischer Erwerb, Differenzialdiagnostik, Therapie*. Idstein: Schulz-Kirchner.

Friederici, A.D. (2005). Neurophysiological markers of early language acquisition: from syllables to sentences. *TRENDS in Cognitive Sciences, 9*(10), 481–488.

Friederici, A.D. (2006) Neurobiologische Grundlagen der Sprache. In H.-O. Karnath & P. Thier. *Neuropsychologie* (2.Aufl), (S. 346–355). Heidelberg: Springer.

Friedmann, N. & Novogrodsky, R. (2004). The acquisition of relative clause comprehension in hebrew: A study of SLI and normal development. *Journal of Child Language, 31,* 661–681.

Fritzenschaft, A., Gawlitzek-Maiwald, I. & Tracy, R. (1990). Wege zur komplexen Syntax. *Zeitschrift für Sprachwissenschaft, 9,* 52–134.

Ganger, J. & Brent, M.R. (2004). Reexamining the Vocabulary Spurt. *Developmental Psychology, 40*(4), 621–632.

Gentner, D. (1981). Some interesting differences between verbs and nouns. *Cognition and Brain Theory, 4,* 161–178.

Gentner, D. (1982). Why nouns are learned before verbs: Linguistic relativity versus natural partitioning. In S. Kuczaj (Hrsg.), *Language development* (2. Band), (S. 301–334). Hillsdale, NJ: Lawrence Erlbaum.

Gentner, D. (2006). Why verbs are hard to learn. In K. Hirsh-Pasek & R. Michnick Golinkoff (Hrsg.), *Action meets word: How children learn verbs* (S. 544–564). Oxford: University Press.

Gentner, D. & Boroditsky, L. (2000). Individuation, relativity, and early word learning. In M. Bowerman & S.C. Levinson (Hrsg.), *Language acquisition and conceptual development* (S. 215–256). Cambridge: Cambridge University Press.

Gerken, L. (1994). Child Phonology. In M.A. Gernsbacher (Hrsg.), *Handbook of Psycholinguistics* (S. 781–820). San Diego: Academic Press.

Gerken, L. & Shady, M.E. (1996). The Picture Selection Task. In D. McDaniel, C. McKee & H.S. Cairns (Hrsg.), *Methods for assessing children's syntax* (S. 125–146). Cambridge, MA: MIT Press.

Gershkoff-Stowe, L., Namy, L.L., Smith, L.B. & Thal, D.J. (1997). Categorization and its developmental relation to early language. *Child Development, 68*(5), 843–859.

Gershkoff-Stowe, L., Connell, B. & Smith, L. (2006). Priming overgeneralizations in two- and four-year-old children. *Journal of Child Language, 33,* 461–486.

Gertner, B.L., Mabel, L.R. & Hadley, P.A. (1994). Influence of communicative competence on peer preferences in a preschool classroom. *Journal of Speech and Hearing Research, 37,* 913–923.

Goldfield, B. & Reznick, S. (1990). Early lexical acquisition: rate, content and the vocabulary spurt. *Journal of Child Language*, *17*, 171–181.

Goldfield, B. & Reznick, S. (1996). Measuring the vocabulary spurt: a reply to Mervis & Bertrand. *Journal of Child Language, 23,* 241–246.

Goldin-Meadow, S. (2003). *Hearing gesture: How our hands help us think.* Cambridge: Harvard University Press.

Golinkoff, R., Bailey, K., Hirsh-Pasek, K. & Wenger, R. (1992). Young children and adults use lexical principles to learn new nouns. *Developmental Psychology, 28,* 99–108.

Golinkoff, R., Hirsh-Pasek, K. & Mervis, C. (1994). Early object labels: the case for a developmental framework. *Journal of Child Language, 21,* 125–155.

Golinkoff, R., Hirsh-Pasek, K., Bloom, L., Smith, L.B., Woodward, A.L., Akhtar, N., Tomasello, M. & Hollich, G. (2000). *Becoming a word learner. A debate on lexical acquisition.* Oxford: University Press.

Goodluck, H. (1996) The act-out task. In D. McDaniel, C. McKee & H.S. Cairns (Hrsg.), *Methods for assessing children's syntax* (S.147–162). Cambridge: MIT Press.

Gopnik, A. (1988). Three types of early words: The emergence of social words, names and cognitive-relational words in the one-word stage and their relation to cognitive development. *First Language, 8*, 49–70.

Gopnik, A. & Meltzoff, A.N. (1987). The development of categorization in the second year and its relation to other cognitive and linguistic developments. *Child Development, 58,* 1523–1531.

Gopnik, A. & Meltzoff, A.N. (1992). Categorization and naming: Basic-level sorting in eighteen-month-olds and its relation to language. *Child Development, 63,* 1091–1103.

Grijzenhout, J. & Penke, M. (2005). On the interaction of phonology and morphology in language acquisition and German and Dutch Broca's aphasia: the case of inflected verbs. In G. Booij & J. van Marle (Hrsg.), *Yearbook of Morphology 2005* (S. 49–81). Berlin: Springer.

Grimm, A. (2009). Die Entwicklung des prosodischen Worts im Deutschen: Simplizia und Komposita. In J. Heide, S. Hanne, O.C. Brandt, T. Fritsche & M. Wahl (Hrsg.), *Spektrum Patholinguistik* (2. Band), (S. 51–86). Potsdam: Universitätsverlag.

Grimm, A. (2010). *The development of early prosodic word structure in child German: Simplex words and compounds.* Verfügbar unter http://opus.kobv.de/ubp/volltexte/2010/4319/ [11.01.2012]

Grimm, H. & Doil, H. (2000). *Elternfragebögen für die Früherkennung von Risikokindern (ELFRA- 1 & ELFRA-2).* Göttingen: Hogrefe.

Guasti, *M.T.* (2004). *Language acquisition: The growth of grammar.* Cambridge: MIT Press.

Guidetti, M. (2000). Pragmatic study of agreement and refusal messages in young French children. *Journal of Pragmatics, 32*, 569–582.

Habermann, M. (2009). Satzarten, einfache und komplexe Sätze, Topologie. Sentence types, simple and complex sentences, word order. *Sprache Stimme Gehör, 33,* 81–88.

Haberzettl, S. (2007). Zweitspracherwerb. In H. Schöler & A. Welling (Hrsg.), *Sonderpädagogik der Sprache* (S. 67–91). Göttingen: Hogrefe.

Haffner, U. (1995). »*Gut reden kann ich« – Das Entwicklungsproximale Konzept in der Praxis – eine Falldarstellung.* Dortmund: Verlag modernes Lernen.

Hakansson, G. & Hansson, K. (2000). Comprehension and production of relative clauses: A comparison between Swedish impaired and unimpaired children. *Journal of Child Language, 27,* 313–333.

Harris, M., Barrett, M., Brookes, S. & Jones, D. (1988). Linguistic input and early word meaning. *Journal of Child Language, 15,* 77–94.

Hart, B. & Risley, T.R. (1995). *Meaningful differences in the everyday experiences of young American children.* Baltimore: Brookes Publishing.

Hauser, M.D., Chomsky, N. & Fitch, W.T. (2002). The faculty of language: What is it, who has it, and how did it evolve? *Science, 298*, 1569–1579.

Heil, M. & Rösler, F. (2000). Neuro- und elektrophysiologische Verfahren. In W. Sturm, M. Herrmann & C.-W. Wallesch (Hrsg.), *Lehrbuch der Klinischen Neuropsychologie* (S. 219–228). Lisse, NL: Zwets & Zeitlinger.

Hennon, E., Hirsh-Pasek, K. & Michnick Golinkoff, R. (2000). Die besondere Reise vom Fötus zum spracherwerbenden Kind. In H. Grimm (Hrsg.), *Sprachentwicklung* (S. 41–103). Göttingen: Hogrefe.

Hickmann, M. (2000). Pragmatische Entwicklung. In H. Grimm (Hrsg.), *Sprachentwicklung* (S. 193–227). Göttingen: Hogrefe.

Hirsh-Pasek, K. & Golinkoff, R. (1996a) The intermodal preferential looking paradigm: a window onto emerging language comprehension. In D. McDaniel, C. McKee & H.S. Cairns (Hrsg.), *Methods for assessing children's syntax* (S. 105–124). Cambridge: MIT Press.

Hirsh-Pasek, K. & Golinkoff, R.M. (1996b). *The origins of grammar: Evidence from early language comprehension.* Cambridge: MIT Press.

Hirsh-Pasek, K. & Golinkoff, R. M. (2000). The whole is greater than the sum of the part or why the emergentist coalition model works. In R.M. Golinkoff, K. Hirsh-Pasek, L. Bloom, L.B. Smith, A.L. Woodward, N. Akhtar, M. Tomasello & G. Hollich. *Becoming a word learner. A debate on lexical acquisition* (S. 186–190). Oxford: Oxford University Press.

Hirsh-Pasek, K., Kemler Nelson, D.G., Jusczyk, P.W., Cassidy, K., Druss, B. & Kennedy, L. (1987). Clauses are perceptual units for young infants. *Cognition, 26*, 269–286.

Hirsh-Pasek, K., Michnick Golinkoff, R. & Reeves, L. (1994). Constructivist explanations for language acquisition may be insufficient: The case for language-specific principles. In: W. Overton & D. Palermo (Hrsg.), *The Nature and Ontogenesis of Meaning* (S. 237–254). Hillsdale, N.J.: Erlbaum.

Hirsh-Pasek, K., Michnick Golinkoff, R. & Hollich, G. (2000). An emergentist coalition model for word learning: Mapping words to objects is a product of the interaction of multiple cues. In R.M. Golinkoff, K. Hirsh-Pasek, L. Bloom, L.B. Smith, A.L. Woodward, N. Akhṭar, M. Tomasello & G. Hollich. *Becoming a word learner. A debate on lexical acquisition* (S. 136–164). New York: Oxford University Press.

Hockema, S.A. & Smith, L.B. (2009). Learning your language, outside-in and inside-out. *Linguistics, 47*(2), 453–479.

Hodske, B., Pahl, U. & Strohner, H. (2007). »Weil's genau das Gegenteil ist« – über das Ironieverstehen von Kindern. In K. Meng & J. Rehbein (Hrsg.), *Kindliche Kommunikation – einsprachig und mehrsprachig* (S. 255–272). Münster: Waxmann.

Hoff, E. (2003). The specificity of environmental influence: Socioeconomic status affects early vocabulary development via maternal speech. *Child Development, 74*, 1368–1378.

Hoff, E. (2004). Progress, but not a full solution to the logical problem of language acquisition. *Journal of Child Language, 31*, 923–926.

Hoff, E. & Naigles, L. (2002). How children use input to acquire a lexicon. *Child Development, 73*(2), 418–433.

Höhle, B. (2004). Sprachwahrnehmung und Spracherwerb im ersten Lebensjahr. *Sprache Stimme Gehör, 28*, 2–7.

Höhle, B. (2005). Der Einstieg in die Grammatik: Spracherwerb während des ersten Lebensjahres. *Forum Logopädie, 6*(19), 16–21.

Höhle, B., Bijeljac-Babic, R., Herold, B., Weissenborn, J. & Nazzi, T. (2009). Language specific prosodic preferences during the first half year of life: evidence from German and French infants. *Infant Behaviour and Development, 32*(3), 262–274.

Höhle, B. & Weissenborn, J. (2003). German-learning infant's ability to detect unstressed closed-class elements in continuous speech. *Developmental Science, 6*, 122–127.

Höhle, B., Weissenborn, J., Kiefer, D., Schulz, A. & Schmitz, M. (2004): Functional elements in infants' speech processing: The role of determiners in the syntactic categorization of lexical elements. *Infancy, 5*(3), 341–353.

Hollich, G.J., Hirsh-Pasek, K. & Michnick Golinkoff, R. (2000). Breaking the language barrier: An emergentist coalition model for the origins of word learning. *Monographs of the Society for Research in Child Development, 262*, 1–138.

Hua, Z. & Wei, L. (2005): Bi- and multilingual language acquisition. In Ball, M. J. (Hrsg.), *Clinical Sociolinguistics* (S. 165–179). Oxford: Blackwell.

Huttenlocher, J., Bryk, A., Haight, W., Lyons, T. & Seltzer, M. (1991). Early Vocabulary Growth: Relation to Language Input and Gender. *Developmental Psychology 27(2),* 236–248.

Huttenlocher, J., Vasilyeva, M., Cymerman, E. & Levine, S. (2002). Language input at home and at school: Relation to child syntax. *Cognitive Psychology, 45*, 75–93.

Ingram, D. (1999). Phonological acquisition. In M. Barrett (Hrsg.), *The development of language* (S. 73–97). Hove: Psychology Press.

Jakobson, R. (1941/1969). *Kindersprache, Aphasie und allgemeine Lautgesetze.* Frankfurt/Main: Suhrkamp.

Johnson, C.J. (1992). Cognitive components of naming in children: Effects of referential uncertainty and stimulus realism. *Journal of Experimental Child Psychology, 53*, 24–44.

Johnson, C.J., Paivio, A. & Clark, J.M. (1996). Cognitive components of picture naming. *Psychological Bulletin, 120*(1), 113–139.

Jusczyk, P.W. (1999). Narrowing the distance to language: one step at a time. *Journal of Communication Disorders, 32*, 207–22.

Kamhi, A.G. (1986). The elusive first word: the importance of the naming insight for the development of referential speech. *Journal of Child Language, 13*, 15–161.

Karmiloff, K. & Karmiloff-Smith, A. (2001). *Pathways to language. From fetus to adolescent.* Cambridge: Harvard University Press.

Kauschke, C. (1999). Früher Wortschatzerwerb im Deutschen: eine empirische Studie zum Entwicklungsverlauf und zur Komposition des kindlichen Lexikons. In J. Meibauer & M. Rothweiler (Hrsg.), *Das Lexikon im Spracherwerb.* (S. 128–157). Tübingen: Francke.

Kauschke, C. (2000). *Der Erwerb des frühkindlichen Lexikons – Eine empirische Studie zur Entwicklung des Wortschatzes im Deutschen.* Tübingen: Narr.

Kauschke, C. (2002). Entwicklung und Störungen des Verblexikons. *Forum Logopädie, 16*(2), 6–10.

Kauschke, C. (2005). Sprachliche Profile bei Kindern mit spezifischen Sprachentwicklungsstörungen. *LOGOS Interdisziplinär, 13*(1), 21–28.

Kauschke, C. (2006). Spracherwerbsstörung: Hilfe für Spätzünder. *Gehirn & Geist, 6*, 48–53.

Kauschke, C. (2007a). *Erwerb und Verarbeitung von Nomen und Verben.* Tübingen: Niemeyer.

Kauschke, C. (2007b). Sprache im Spannungsfeld von Erbe und Umwelt. *Die Sprachheilarbeit, 52*(1), 4–16.

Kauschke, C. (2007c). Sprachentwicklungsstörungen im Spannungsfeld von Erbe und Umwelt. In U. de Langen-Müller & V. Maihack, (Hrsg.), *Früh genug – aber wie? Sprachförderung auf Erlass oder Sprachtherapie auf Rezept?* (S. 50–71). Köln: ProLog.

Kauschke, C. (2008). Frühe lexikalische Verzögerung als Indikator für SES? Entwicklungsverläufe von Late Talkers. In M. Wahl, J. Heide & S. Hanne (Hrsg.), *Spektrum Patholinguistik* (1. Band), (S. 19–38). Potsdam: Universitätsverlag.

Kauschke, C. (im Druck). The interrelation between lexical and grammatical abilities in impaired and unimpaired early language acquisition: Evidence from German. In D. Bittner & N. Kühn (Hrsg.), *Lexical Bootstrapping – on the central role of lexis and semantics in child language development.* Berlin: de Gruyter.

Kauschke, C. (2011). Frühintervention bei Sprachentwicklungsstörungen. In J. Siegmüller & H. Bartels (Hrsg.), *Leitfaden Sprache Sprechen Stimme Schlucken* (S. 90–94). München: Elsevier.

Kauschke, C., Domahs, F. & Huber, W. (2012). Spracherwerb und Sprachverlust. In O. Braun & U. Lüdtke (Hrsg.), *Sprache und Kommunikation. Enzyklopädisches Handbuch der Behindertenpädagogik* (8. Band), (S. 246–276). Stuttgart: Kohlhammer.

Kauschke, C., Fauck, A. & Nachbarschulte, A. (2010). Zur hierarchischen Organisation des mentalen Lexikons bei Kindern mit spezifischer Sprachentwicklungsstörung. *Sprache Stimme Gehör, 34*(4), 228–236.

Kauschke, C. & Hofmeister, C. (2002). Early lexical development in German: a study on vocabulary growth and vocabulary composition during the second and third year of life. *Journal of Child Language, 29*, 735–757.

Kauschke, C. & Klann-Delius, G. (1997). The acquisition of verbal expressions for internal states in German. A descriptive, explorative, longitudinal study. In S. Niemeier & R. Dirven (Hrsg.), *The Language of Emotions* (S. 173–194). Amsterdam: John Benjamins.

Kauschke, C. & Klann-Delius, G. (2007). Characteristics of maternal input in relation to vocabulary development in children learning German. In I. Guelzow & N. Gagarina (Hrsg.), *Frequency effects in language acquisition* (S. 181–204). Berlin: de Gruyter.

Kauschke, C. & Klann-Delius, G. (2010). How mothers introduce a new, surprising object – a study on early word learning in discourse. In R. Zukauskiene (Hrsg.), *Proceedings of the XIV European Conference on Developmental Psychology – ECDP* (S. 117–122). Bologna: Medimond.

Kauschke, C., Kurth, A. & Domahs, U. (2011). Acquisition of German noun plurals in typically developing children and children with specific language impairment. *Child Development Research.* DOI: 10.1155/2011/718925

Kauschke, C., Lee, H.-W. & Pae, S. (2007). Similarities and variation in noun and verb acquisition – a crosslinguistic study of children learning German, Korean and Turkish. *Language and Cognitive Processes, 22*(7), 1–28.

Kauschke, C. & Rothweiler, M. (2007). Lexikalisch-semantische Entwicklungsstörungen. In H. Schöler & A. Welling (Hrsg.), *Sonderpädagogik der Sprache* (S. 239–246). Göttingen: Hogrefe.

Kauschke, C. & Siegmüller, J. (2011). *Patholinguistische Diagnostik bei Sprachentwicklungsstörungen (PDSS)* (2. Aufl.). München: Elsevier.

Kehoe, M., & Stoel-Gammon, C. (1997). The acquisition of prosodic structure: an investigation of current accounts of children's prosodic development. *Language, 73(1)*, 113–144.

Keller, H. (2000). Sozial-emotionale Grundlagen des Spracherwerbs. In H. Grimm (Hrsg.), *Sprachentwicklung* (S. 379–402). Göttingen: Hogrefe.

Keller, J. & Leuninger, H. (1993). *Grammatische Strukturen – kognitive Prozesse*. Tübingen: Narr.

Keller, R. (1995). *Zeichentheorie. Zu einer Theorie semiotischen Wissens*. Tübingen, Basel: Francke.

Kent, R.D. & Miolo, G. (1995). Phonetic Abilities in the First Year of Life. In P. Fletcher & B. MacWhinney, (Hrsg.), *The Handbook of Child Language* (S. 303–334). Oxford: Basil Blackwell.

Kidd, E. & Bavin, E.L. (2005). Lexical and referential cues to sentence interpretation: an investigation of children's interpretations of ambiguous sentences. *Journal of Child Language, 32,* 855–876.

Kiese-Himmel, C. (2008). Entwicklung sprach- und kommunikationsgestörter Kinder am Beispiel von »Late Talkers« sowie Kindern mit spezifischen Sprachentwicklungsstörungen. In M. Hasselhorn & R.K. Silbereisen (Hrsg.), *Enzyklopädie der Psychologie, Themenbereich C: Theorie und Forschung, Serie V: Entwicklungspsychologie, Band 4: Entwicklungspsychologie des Säuglings- und Kindesalters* (S. 693–730). Göttingen: Hogrefe.

Kirk, C. & Demuth, K. (2005). Asymmetries in the acquisition of word-initial and word-final consonant clusters. *Journal of Child Language, 32,* 709–734.

Klampfer, S., Vollman, R. & Dressler, W.U. (2001). The emergence of verb morphology in Austrian German. In M. Almgren, A. Barreña, M.-J. Ezeizabarrena, I. Idiazabal & B. MacWhinney (Hrsg.), *Research on child language acquisition. Proceedings of the 8th conference of the International Association for the study of child language* (S. 1221–1233). Somerville, MA: Cascadilla Press.

Klann-Delius, G. (1999). Spracherwerb. Stuttgart, Weimar: Metzler.

Klann-Delius, G. (2006). Spracherwerb I: die Entwicklung der Auffassung vom Erwerb der Muttersprache im 20. Jahrhundert. In: A. Sylvain, E.F.K. Koerner, H.-J. Niederehe, K. Versteegh (Hrsg.), *Geschichte der Sprachwissenschaften. Ein internationales Handbuch zur Entwicklung der Sprachforschung von den Anfängen bis zur Gegenwart* (3. Band), (S. 2683–2705). Berlin: de Gruyter.

Klann-Delius, G. (2008). *Spracherwerb*. Stuttgart, Weimar: Metzler.

Klann-Delius, G. & Kauschke, C. (1996). Die Entwicklung der Verbalisierungshäufigkeit von inneren Zuständen und emotionalen Ereignissen in der frühen Kindheit in Abhängigkeit von Alter und Affekttyp: eine explorative, deskriptive Längsschnittstudie. *Linguistische Berichte, 161,* 68–89.

Klassert, A. (2011). *Lexikalische Fähigkeiten bilingualer Kinder mit Migrationshintergrund. Eine Studie zum Benennen von Nomen und Verben im Russischen und im Deutschen.* Dissertation an der Philipps-Universität Marburg. Verfügbar unter http://archiv.ub.uni-marburg.de/opus/frontdoor.php?source_opus=3947&la=de [11.01.2012]

Klee, T. (1992). Developmental and diagnostic characteristics of quantitative measures of children´s language production. *Topics in Language Disorders, 12*(2), 28–41.

Köhler, K. & Bruyère, S. (1996). Finiteness and verb placement in the L1 acquisition of German. *Wiener Linguistische Gazette, 53*, 63–86.

Konopatsch, S. (2011). Phonologische Störungen. In J. Siegmüller & H. Bartels (Hrsg.), *Leitfaden Sprache Sprechen Stimme Schlucken* (S. 114–119). München: Elsevier.

Kuczaj, S. (1999). The world of words: Thoughts on the development of a lexicon. In M. Barrett (Hrsg.), *The development of language* (S. 133–160). Hove: Psychology Press.

Kühn, P. & Suchodoletz, W. v. (2009). Ist ein verzögerter Sprechbeginn ein Risiko für Sprachstörungen im Einschulungsalter? *Kinderärztliche Praxis, 80*(5), 343–348.

Kurtz, R.M. & Wilbur, R.B. (2011). The development of conversational competence in children with Specific Language Impairment. In J. Meibauer & M. Steinbach (Hrsg.) *Experimental Pragmatics/Semantics* (S. 19–42). Amsterdam, Philadelphia: John Benjamins.

Laaha, S., Ravid, D., Korecky-Kröll, K., Ravid, G. & Dressler, W.U. (2006). Early noun plurals in German: regularity, productivity or default? *Journal of Child Language 33*, 271–302.

Lai, C.S.L., Fisher, S.E., Vargha-Khadem, F. & Monaco, A.P.A. (2001). A forkhead-domain gene is mutated in severe speech and language disorder. *Nature, 413*, 519–523.

Landau, B., Smith, L.B. & Jones, S.S. (1988). The importance of shape in early lexical learning. *Cognitive Development, 59,* 299–321.

Lapp, E. (1997). *Linguistik der Ironie* (2. Aufl.). Tübingen: Narr.

Leonard, L. B. (1998): *Children with specific language impairment.* Cambridge: MIT Press.

Lleó, C., El Mogharbel, C. & Prinz, M. (1994). Babbling und Frühwort-Produktion im Deutschen und Spanischen. *Linguistische Berichte, 151,* 191–217.

Lleó, C. & Prinz, M. (1996). Consonant clusters in child phonology and the directionality of syllable structure assignment. *Journal of Child Language, 23*, 31–56.

Lieven, E. (1994). Crosslinguistic and crosscultural aspects of language addressed to children. In C. Gallaway & B. Richards (Hrsg.), *Input and interaction in language acquisition* (S. 56–73). Cambridge: Cambridge University Press.

Lieven, E., Behrens, H., Speares, J. & Tomasello, M. (2003). Early syntactic creativity: a usage-based approach. *Journal of Child Language, 30,* 333–370.

Lindner, G. (1898). *Aus dem Naturgarten der Kindersprache*. Leipzig: Th. Grieben's Verlag.

Liszkowski, U., Carpenter, M., Striano, T. & Tomasello, M. (2006). 12- and 18-month-olds point to provide information for others. *Journal of Cognition and Development, 7*(2), 173–187.

Liszkowski, U., Carpenter, M. & Tomasello, M. (2008). Twelve-month-olds communicate helpfully and appropriately for knowledgeable and ignorant partners. *Cognition, 108,* 732–739.

Lucariello, J. (1987). Concept formation and its relation to word learning and use in the second year. *Journal of Child Language, 19,* 309–332.

MacWhinney, B. (2004). A multiple process solution to the logical problem of language acquisition. *Journal of Child Language, 31*, 883–914.

MacWhinney, B. (2007). The TalkBank Project. In J. Beal, K. Corrigan & L. Moisl (Hrsg.), *Creating and digitizing language corpora: synchronic databases* (Vol.1), (S. 163–180). Houndmills: Palgrave-Macmillan.

MacWhinney, B. (2010). Computational models of child language learning: an introduction. *Journal of Child Language, 37*, 477–485.

Markman, E.M. (1993). Constraints children place on word meanings. In P. Bloom (Hrsg.), *Language Acquisition: core readings* (S. 154–174). Harvester: The MIT Press.

Markman, E.M. (1994). Constraints on word meaning in early language acquisition. In L. Gleitman & B. Landau (Hrsg.), *Lexical acquisition* (S. 199–227). Amsterdam: Elsevier.

Mathis, A. & Kauschke, C. (2008). Zur Wirksamkeit der patholinguistischen Intervention bei Störungen im Pluralerwerb. *L.O.G.O.S. Interdisziplinär, 16*(4), 280–289.

Mayor, J. & Plunkett, K. (2010). Vocabulary explosion: are infants full of Zipf? In S. Ohlsson & R. Catrambone (Hrsg.*), Proceedings of the 32nd Annual Meeting of the Cognitive Science Society.* (S. 836–841). Austin, TX: Cognitive Science Society.

Männel, C. & Friederici, A.D. (2008). Event-related brain potentials as a window to children's language processing: From syllables to sentences. In I.A. Sekerina & H. Clahsen (Hrsg.), *Developmental Psycholinguistics: On-line methods in childrens language processing* (S. 29–72). Amsterdam: John Benjamins.

McGregor, K.K., Friedman, R., Reilly, R. & Newman, R.M. (2002a). Semantic representation and naming in young children. *Journal of Speech, Language and Hearing Research, 45,* 332–346.

McKee, C. (1996). On-line methods In D. McDaniel, C. McKee & H.S. Cairns (Hrsg.), *Methods for assessing children's syntax* (S.189–208). Cambridge, MA: MIT Press.

McLeod, S., van Doorn, J., Reed, V.A. (2001). Normal acquisition of consonant clusters. *American Journal of Speech-Language Pathology, 10,* 99–110.

McMurray, B. (2007). Defusing the childhood vocabulary explosion. *Science, 317*(5838), 631.

Mehler, J., Jusczyk, P.W., Lambertz, G., Halsted, N., Bertoncini, J. & Amiel-Tison, C. (1988). A precursor of language acquisition in young infants. *Cognition, 29,* 144–178.

Meibauer, J. (1995). Neugebildete -er Derivate im Spracherwerb. Ergebnisse einer Langzeitstudie. *Sprache und Kognition, 14*, 138–160.

Meibauer, J. (1999). Über Nomen-Verb-Beziehungen im frühen Wortbildungserwerb. In J. Meibauer & M. Rothweiler (Hrsg.), *Das Lexikon im Spracherwerb* (S. 184–207). Tübingen: Francke.

Meibauer, J. (2001). *Pragmatik* (2. Aufl.). Tübingen: Stauffenburg.

Meibauer, J. & Steinbach, M. (2011). Introduction: Experimental research at the pragmatics/ semantics interface. In J. Meibauer & M. Steinbach (Hrsg.), *Experimental Pragmatics/Semantics* (S. 1–18). Amsterdam, Philadelphia: John Benjamins.

Meisel J. M. (2009). Second Language Acquisition in Early Childhood. *Zeitschrift für Sprachwissenschaft*, *28*(1), 5– 35.

Meng, K. (1989). Erzählen und Zuhören im Kindergarten. Erste Beobachtungen an Dreijährigen. In K. Ehlich & K.R. Wagner (Hrsg.). *Erzähl-Erwerb* (S. 11–30). Bern: Peter Lang.

Menn, L. & Stoel-Gammon, C. (1995). Phonological Development. In P. Fletcher & B. MacWhinney (Hrsg.), *The Handbook of Child Language* (S. 335–359). Oxford: Basil Blackwell.

Menyuk, P., Liebergott, J.W. & Schultz, M.C. (1995). *Early Language Development in full-term and premature Infants.* Hillsdale, NY: Erlbaum.

Mervis, C. & Bertrand, J. (1995). Early lexical acquisition and the vocabulary spurt: a response to Goldfield & Reznick. *Journal of Child Language, 22,* 461–468.

Mills, A.E. (1985). The acquisition of German. In I.D. Slobin (Hrsg.), *The crosslinguistic study of language acquisition* (S. 141–254). Hillsdale, NY: MIT Press.

Mills, D.L., Coffey-Corina, S. & Neville, H (1997). Language Comprehension and cerebral specialization from 13 to 20 months. *Developmental Neuropsychology, 13*(3), 397–345.

Mills, D.L., Plunkett, K, Prat, C. & Schafer, G. (2005). Watching the infant brain learn words: Effects of vocabulary size and experience. *Cognitive Development, 20*(1), 19–31.

Miller, M. (1976). *Zur Logik der frühkindlichen Sprachentwicklung: Empirische Untersuchungen und Theoriediskussion*. Stuttgart: Klett.

Mitchell, C., & McMurray, B. (2008). A stochastic model for the vocabulary explosion. In B. Love, K. McRae & V. Sloutsky (Hrsg.), *Proceedings of the 30th annual conference of the cognitive science society (S. 1919–1924).* Austin, TX: Cognitive Science Society.

Motsch, H.-J. (2004). *Kontextoptimierung*. München: Reinhardt.

Müller, A., Schulz, P. & Höhle, B. (2011). Pragmatic children: How German children interpret sentences with and without the focus particle *only*. In J. Meibauer & M. Steinbach (Hrsg.) *Experimental Pragmatics/Semantics* (S. 79–100). Amsterdam, Philadelphia: John Benjamins.

Müller, N., Kupisch, T., Schmitz, K. & Cantone, K.F. (2011). *Einführung in die Mehrsprachigkeitsforschung. Französisch, Italienisch* (3. Aufl.). Tübingen: Narr.

Naigles, L. (1990). Children use syntax to learn verb meanings. *Journal of Child Language, 17,* 357–374.

Naigles, L.G. & Gelman, S. (1995). Overextensions in comprehension and production revisited: preferential-looking in a study of *dog, cat* and *cow. Child Language, 22,* 19–46.

Nazzi, T. & Bertoncini, J. (2003). Before and after the vocabulary spurt: two modes of word acquisition? *Developmental Science, 6(2),* 136–142.

Nazzi, T., Bertoncini, J. & Mehler, J. (1998). Language discrimination by newborns: toward an understanding of the role of rhythm. *Journal of Experimental Psychology: Human Perception and Performance, 24,* 756–766.

Neugebauer-Kostenblut, H. (1914). Sprachliche Eigenbildungen meines Sohnes. *Zeitschrift für Kinderforschung, 19*, 174–181, 242–246, 362–370.

Ninio, A. (1999). Pathbreaking verbs in syntactic development and the question of prototypical transitivity. *Journal of Child Language*, *26*, 619–653.

Novogrodsky, R. & Friedmann, N. (2006). The production of relative clauses in syntactic SLI: A window to the nature of the impairment. *Advances in Speech–Language Pathology, 8*(4), 364–375.

Ochs, E. & Schieffelin, B. (1995). The Impact of Language Socialisation on Grammatical Development. In P. Fletcher & B. MacWhinney (Hrsg.), *The Handbook of Child Language* (S. 73–94). Oxford: Basil Blackwell.

Oller, K.D., Eilers, R.E., Neal, R.A. & Schwartz, H.K. (1999). Precursors to speech in infancy: the prediction of speech and language disorders. *Journal of Communication Disorders, 32*(4), 223–247.

Pafel, J. (2002). Pragmatik. In J. Meibauer, U. Demske, J. Geilfuß Wolfgang, J. Pafel, K.H. Ramers, M. Rothweiler & M. Steinbach (Hrsg.), *Einführung in die germanistische Linguistik* (S. 208–250). Stuttgart: Metzler.

Pan, B.A. & Snow, C.E. (1999). The development of conversational and discourse skills. In M. Barrett (Hrsg.), *The development of language* (S. 229–250). Hove: Psychology Press.

Papousek, M. (1994). *Vom ersten Schrei zum ersten Wort. Die Anfänge der Sprachentwicklung in der vorsprachlichen Kommunikation.* Bern: Hans Huber.

Pelzer, L. (2011). Ungestörter Spracherwerb im ersten Lebensjahr. In J. Siegmüller & H. Bartels (Hrsg.), *Leitfaden Sprache Sprechen Stimme Schlucken* (S. 25–28). München: Elsevier.

Penke, M. (2001). Controversies about CP: A Comparison of Language Acquisition and Language Impairments in Broca's Aphasia. *Brain and Language, 77,* 351–363.

Penke, M. & Krause, M. (2002). German noun plurals: A challenge to the dual-mechanism model. *Brain and Language, 81*(1–3), 303–311.

Penner, Z. (2000). Phonologische Entwicklung: eine Übersicht. In H. Grimm (Hrsg.), *Sprachentwicklung* (S. 41–103). Göttingen: Hogrefe.

Penner, Z., Tracy, R. & Wymann, K. (1999). Die Rolle der Fokuspartikel AUCH im frühen kindlichen Lexikon. In J. Meibauer & M. Rothweiler (Hrsg.), *Das Lexikon im Spracherwerb* (S. 229–251). Tübingen: Francke.

Penner, Z., Weissenborn, J. & Friederici, A. (2006) Sprachentwicklung. In H.-O. Karnath & P. Thier (Hrsg.), *Neurospychologie* (S. 632–639). Berlin: Springer.

Piaget, J. (2005/1926). *Das Weltbild des Kindes* (8. Aufl.). München: dtv.

Pine, J.M., Lieven, E.V.M. & Rowland, C.F. (1996). Observational and checklist measures of vocabulary composition: What do they mean? *Journal of Child Language, 23,* 573–589.

Pine, J.M., Lieven, E.V.M. & Rowland, C.F. (1997). Stylistic variation at the »single-word« stage: Relations between maternal speech characteristics and children's vocabulary composition and usage. *Child Development, 68*(5), 807–819.

Pittner (2009). Grundbegriffe und Grundlagen der grammatischen Beschreibung. Basic Concepts and Terms of Grammatical Description. *Sprache Stimme Gehör, 33,* 58–63.

Plunkett, K. (1993). Lexical segmentation and vocabulary growth in early language acquisition. *Journal of Child Language, 20,* 43–60.

Pruden, S.H., Hirsh-Pasek, K. & Golinkoff, R.M. (2006). The social dimension in language development: A rich history and a new frontier. In P. Marshall & N. Fox (Hrsg.), *The development of social engagement: Neurobiological perspectives* (S. 118–152). New York: Oxford University Press.

Quasthoff, U. M. (1983). Kindliches Erzählen. Zum Zusammenhang von erzählendem Diskursmuster und Zuhöreraktivitäten. In D. Boueke & W. Klein (Hrsg.), Untersuchungen zur Dialogfähigkeit von Kindern (S. 45–74). Tübingen: Narr.

Quine, W.V.O. (1960). *Word and object.* Cambridge: University Press.

Ramge, H. (1976). *Spracherwerb und sprachliches Handeln. Studien zum Sprechen eines Kindes im dritten Lebensjahr.* Düsseldorf: Pädagogischer Verlag Schwann.

Rauh, G. (2000). Wi(e)der die Wortarten! Zum Problem linguistischer Kategorisierung. *Linguistische Berichte, 184,* 485–507.

Rice, M. L., Hadley, P. A., Alexander, A. L. (1993): Social biases toward children with speech and language impairments: A correlative causal model of language limitations. *Applied Psycholinguistics, 14,* 445–471.

Rice, M.L., Smolik, F., Perpich, D., Thompson, T., Rytting, L.N. & Blossom, M. (2010). Mean length of utterance levels in 6-month intervals for children 3 to 9 years with and without language impairments. *Journal of Speech, Language and Hearing Research, 53,* 333–349.

Ridgeway, D. & Waters, E. (1985). Acquisition of emotion-descriptive language: receptive and productive vocabulary norms for ages 18 months to 6 years. *Developmental Psychology, 21,* 901–908.

Robinson, B.F. & Mervis, C.B. (1998). Disentangling early language development: Modeling lexical and grammatical acquisition using an extension of case-study methodology. *Developmental Psychology, 34*(2), 363–375.

Rosenfeld, J. & Kiese-Himmel, C. (2011). Vergleichende Analyse aktueller Untersuchungsinstrumente zur Früherkennung von Sprachentwicklungsretardationen in den pädiatrischen Vorsorgeuntersuchungen U7/U7A. *Gesundheitswesen 73*(10), 668–679.

Rossi, S., Jürgenson, I.B., Hanulíková, A., Telkemeier, S., Wartenburger, I. & Obrig, H. (2011). Implicit processing of phonotactic cues: Evidence from electrophysiological and vascular responses. *Journal of Cognitive Neuroscience, 23*(7), 1752–1764.

Rothweiler, M. (1993). *Der Erwerb von Nebensätzen im Deutschen.* Tübingen: Niemeyer.

Rothweiler, M. (2001). *Wortschatz und Störungen des lexikalischen Erwerbs bei spezifisch sprachentwicklungsgestörten Kindern.* Heidelberg: Winter.

Rothweiler, M. (2002). Spracherwerb. In J. Meibauer, U. Demske, J. Geilfuß Wolfgang, J. Pafel, K.H. Ramers, M. Rothweiler & M. Steinbach (Hrsg.), *Einführung in die germanistische Linguistik* (S. 251–293). Stuttgart: Metzler.

Rothweiler, M. (2007a). Bilingualer Spracherwerb und Zweitspracherwerb. In M. Steinberg (Hrsg.), *Schnittstellen der germanistischen Linguistik* (S. 101–135). Stuttgart: Metzler.

Rothweiler, M. (2007b): Mistaken identity – Zum Problem der Unterscheidung typischer grammatischer Strukturen bei SSES und bei Mehrsprachigkeit. In U. de Langen-Müller & V. Maihack (Hrsg.), *Früh genug – aber wie? Sprachförderung per Erlass oder Sprachtherapie auf Rezept? Tagungsbericht vom 8. wissenschaftlichen Symposium des Deutschen Bundesverbandes der akademischen Sprachtherapeuten* (S. 110–128). Köln: Prolog.

Rothweiler, M. & Kauschke, C. (2007). Lexikalischer Erwerb. In H. Schöler & A. Welling (Hrsg.), *Sonderpädagogik der Sprache* (S. 42–56). Göttingen: Hogrefe.

Sachse, S. (2007). *Neuropsychologische und neurophysiologische Untersuchungen bei Late Talkers im Quer- und Längsschnitt.* München: Dr. Hut

Sachse, S. & Suchodoletz, W. v. (2009). Prognose und Möglichkeiten der Vorhersage der Sprachentwicklung bei Kindern mit verzögertem Sprechbeginn (Late Talkers). *Kinderärztliche Praxis, 80(5)*, 318–328.

Schaunig, I., Willinger, U. & Formann, A.K. (2004). Das Verständnis metaphorischer Sprache bei Grundschulkindern. *Zeitschrift für Pädagogische Psychologie, 18*(1), 53–61.

Schäfer, B. & Fox, A.V. (2006). Der Erwerb der Wortproduktionskonsequenz bei Zweijährigen: ein Mittel zur Früherkennung von Aussprachestörungen? *Sprache Stimme Gehör, 30*(4), 186–192.

Schlesiger, C. (2009). *Sprachtherapeutische Frühintervention für Late Talkers.* Idstein: Schulz-Kirchner.

Schipke, C. & Kauschke, C. (2011). Early word formation in German language acquisition. *First Language, 31*(1), 67–82.

Schmitz, M. (2009). *The perception of clauses in 6- and 8-month-old German-learning infants: Influence of pause duration and the natural pause hierarchy.* PhD Dissertation. Potsdam: Universitätsverlag Potsdam. Verfügbar unter urn:nbn:de:kobv:517-opus-29078 [11.01.2012]

Schmitz, M. & Höhle, B. (2007). Habituierung und Dishabituierung als Maße der perzeptuellen und kognitiven Entwicklung – Methoden und Anwendungsbereiche. In L. Kaufmann, H.C. Nuerk, K. Konrad & K. Willmes (Hrsg.), *Kognitive Entwicklungsneuropsychologie* (S. 47–57). Göttingen: Hogrefe.

Schöler, H., Fromm, W. & Kany, W. (1998). *Spezifische Sprachentwicklungsstörung und Sprachlernen. Erscheinungsformen, Verlauf, Folgerungen für Diagnostik und Therapie.* Heidelberg: Edition Schindele im Universitätsverlag C. Winter.

Schöler, H. & Welling, A. (Hrsg.). *Sonderpädagogik der Sprache.* Göttingen: Hogrefe.

Schrey-Dern, D. & Trost-Brinkhues, G. (2010). Früherkennung von Sprachentwicklungsstörungen zum Zeitpunkt der U7. *Forum Logopädie, 24*(3), 22–27.

Schulz, P., Wymann, K. & Penner, Z. (2001). The early acquisition of verb meaning in German by normally developing and language impaired children. *Brain and Language, 77*, 407–418.

Schwartz, R.G. (2009). *Handbook of Child Language Disorders.* Hove: Psychology Press.

Schwarz, M. (2008). *Einführung in die kognitive Linguistik.* Tübingen: Francke.

Schwarz-Friesel, M (2007). Text- und Gesprächsanalyse. In R. Albert, H. Girnth, A. Hohenberger, B. Kümmerling-Meibauer, J. Meibauer, M. Rothweiler, M. Schwarz-Friesel & M. Steinbach (Hrsg.), *Schnittstellen der germanistischen Linguistik* (S. 219–256). Stuttgart: Metzler.

Schwytay, J. (2011). Phonologischer Erwerb ab dem zweiten Lebensjahr. In J. Siegmüller & H. Bartels (Hrsg), *Leitfaden Sprache Sprechen Stimme Schlucken* (S. 30–34). München: Elsevier.

Shatz, M., Silber, S. & Wellman, H.M. (1983). The acquisition of mental verbs: A systematic investigation of the first reference to mental state. *Cognition, 14,* 301–321.

Shu, W., Cho, J.Y., Jiang, Y., Zhang, M., Weisz, D., Elder, G.A., Schmeidler, J., De Gasperi, R., Gama Sosa, M.A., Rabidou, D., Santucci, A.P., Morrisey, E. & Buxbaum, J. (2005). Altered ultrasonic vocalization in mice with a disruption in the Foxp2 gene. *Proceedings of the National Academy of Science, 102*(27), 9643–9648.

Siegler, R.S., DeLoache, J.S. & Eisenberg N. (2005). Entwicklungspsychologie im Kindes- und Jugendalter. (Deutsche Auflage hrsg. v. S. Pauen). Heidelberg: Spektrum Akademischer Verlag.

Siegmüller, J. & Bartels, H. (2011) *Leitfaden Sprache Sprechen Stimme Schlucken* (3. Aufl). München: Elsevier.

Siegmüller, J. & Fröhling, A. (2010). *Das PräSES-Konzept: Potential der Sprachförderung im Kita-Alltag.* München: Elsevier.

Siegmüller, J., Herzog, C. & Herrmann, H. (2005). Syntaktische und lexikalische Aspekte beim Verstehen von Informationsfragen – ein Vergleich zwischen Kindern mit spezifischer Sprachentwicklungsstörung und Kindern mit ungestörter Sprachentwicklung. *L.O.G.O.S. interdisziplinär, 13*, 29–35.

Siegmüller, J. & Kauschke, C. (2006). *Patholinguistische Therapie bei Sprachentwicklungsstörungen.* München: Elsevier.

Smith, L.B (2000). Learning how to learn words: An associative crane. In R.M. Golinkoff, K. Hirsh-Pasek, L. Bloom, L.B. Smith, A.L. Woodward, N. Akhtar, M. Tomasello & G. Hollich, *Becoming a word learner. A debate on lexical acquisition* (S. 51–80). New York: Oxford University Press.

Spinath, F., Price, T.S., Dale, P.S. & Plomin, R. (2004). The genetic and environmental origins of language disability and ability. *Child Development, 75*(2), 445–454.

Spreng, B. (2004). Error patterns in the acquisition of German plural morphology: Evidence for the relevance of grammatical gender as a cue. *Toronto Working Papers in Linguistics, 23*(2), 147–172.

Stern, C. & Stern, W. (1928). *Die Kindersprache. Eine psychologische und sprachtheoretische Untersuchung.* (4. Aufl., Nachdruck 1987). Darmstadt: Wissenschaftliche Buchgesellschaft.

Stromswold, K. (2001). The heritability of language: A review and meta-analysis of twin and adoption studies. *Language, 77*, 647–723.

Suchodoletz, W.v. (2009). Wie wirksam ist Sprachtherapie? *Kindheit und Entwicklung, 18*(4), 213–221.

Suchodoletz, W.v., Kademann, S. & Tippelt, S. (2009). *Sprachbeurteilung durch Eltern – Kurztest für die U7a (SBE-3-KT).* Unveröffentlichtes Material. Verfügbar unter http://www.kjp.med.uni-muenchen.de/sprachstoerungen/SBE-3-KT.php [11.01.2012]

Suchodoletz, W.v. & Sachse, S. (2008). *Sprachbeurteilung durch Eltern – Kurztest für die U7 (SBE-2-KT).* Unveröffentlichtes Material. Verfügbar unter http://www.kjp.med.uni-muenchen.de/sprachstoerungen/SBE-2-KT.php [11.01.2012]

Szagun, G. (2001). Learning different regularities: the acquisition of noun plurals by German-speaking children. *First Language, 21*, 111–141.

Szagun, G. (2004). Learning by ear: On the acquisition of case and gender marking by German-speaking children with cochlear implants and with normal hearing. *Journal of Child Language, 31*, 1–30.

Szagun, G. (2006). *Sprachentwicklung beim Kind. Ein Lehrbuch.* Weinheim: Beltz.

Szagun, G. (2007). Langsam gleich gestört? Variabilität und Normalität im frühen Spracherwerb. *Forum Logopädie, 3*(21), 20–25.

Szagun, G., Steinbrink, C., Franik, M. & Stumper, B. (2006). Development of vocabulary and grammar in young German-speaking children assessed with a German language development inventory. *First Language, 26*(3), 259–280.

Szagun, G., Stumper, B. & Schramm, S.A. (2009). *Fragebogen zur frühkindlichen Sprachentwicklung und FRAKIS-K (Kurzform).* Frankfurt: Pearson.

Tager-Flusberg, H. & Cooper, J. (1999). Present and future possibilities for defining a phenotype for specific language impairment. *Journal of Speech, Language and Hearing Research, 42*(5), 1275–1278.

Teramitsu, I., Kudo, L.C., London, S.E., Geschwind, D.H. & White, S.A. (2004). Parallel FoxP1 and FoxP2 expression in songbird and human brain predicts functional interaction. *The Journal of Neuroscience, 24*(13), 3152–3163.

Thal, D., Bates, E., Oroz, M. & Zappia, F. (1996). Ties between lexical and grammatical development: evidence from early talkers. *Journal of Child Language, 13,* 349–368.

Thordardottir, E.T. & Ellis Weismer, S. (2001). High-frequency verbs and verb diversity in the spontaneous speech of school-age children with specific language impairment. *International Journal of Language and Communication Disorders*, *36*(2), 221–244.

Thornton, R. (1996). Elicited production. In D. McDaniel, C. McKee & H.S. Cairns (Hrsg.), *Methods for assessing children´s syntax* (S. 77–102). Cambridge: MIT Press.

Tomasello, M. (1992). *First verbs. A case study of early grammatical development*. Cambridge: Cambridge University Press.
Tomasello, M. (2000). Acquiring syntax is not what you think. In D.V.M. Bishop & L.B. Leonard (Hrsg.), *Speech and language impairments in children: causes, characteristics, intervention and outcome* (S. 1–15). Hove: Psychology Press.
Tomasello, M. (2003). *Constructing a language. A usage-based theory of language acquisition*. Cambridge: Harvard University Press.
Tomasello, M. (2008). *Origins of human communication*. Cambridge: MIT Press.
Tomasello, M. & Akhtar, N. (1995). Two-year-olds use pragmatic cues to differentiate reference to objects and actions. *Cognitive Development, 10*, 201–224.
Tomasello, M. & Akhtar, N. (2000). Five questions for any theory of word learning. In R.M. Golinkoff, K. Hirsh-Pasek, L. Bloom, L.B. Smith, A.L. Woodward, N. Akhtar, M. Tomasello & G. Hollich (Hrsg.), *Becoming a word learner. A debate on lexical acquisition* (S. 179–186). Oxford: Oxford University Press.
Tomasello, M., Akhtar, N., Dodson, K. & Rekau, L. (1997). Differential productivity in young children's use of nouns and verbs. *Journal of Child Language, 24,* 373–387.
Tomasello, M. & Brooks, P. (1999). Early syntactic development: a construction grammar approach. In M. Barrett (Hrsg.), *The development of language* (S. 161–190). Hove: Psychology Press.
Tomasello, M., Carpenter, M., Call, J., Behne, T. & Moll, H. (2005). Understanding and sharing intentions: The origins of cultural cognition. *Behavioral and Brain Sciences, 28*, 675–735.
Tomasello, M. & Farrar, M.J. (1986). Joint Attention and Early Language. *Child Development,* 57, 1454–1463.
Tomasello, M. & Stahl, D. (2004). Sampling children's spontaneous speech: How much is enough? *Journal of Child Language, 31*, 101–121.
Tomblin, J.B. (2009). Genetics of Child Language Disorders. In R.G. Schwartz (Hrsg.), *Handbook of Child Language Disorders* (S. 232–256). Hove: Psychology Press.
Tomblin, J., Smith, W. & Zhanf, X. (1997). Epidemiology of specific language impairment: prenatal and perinatal risk factors. *Journal of Communication disorders, 30*, 325–342.
Tracy, R. (1986). The acquisition of case morphology in German. *Linguistics, 24,* 47–78.
Tracy, R. (1994). Linguistische Grundlagen der Sprachtherapie. In H. Grimm & S. Weinert (Hrsg.), *Intervention bei sprachgestörten Kindern. Voraussetzungen, Möglichkeiten und Grenzen* (S. 181–196). Stuttgart: Gustav Fischer.
Tracy, R. (2000). Sprache und Sprachentwicklung: Was wird erworben? In H. Grimm, (Hrsg.), *Sprachentwicklung* (S. 3–40). Göttingen: Hogrefe.
Tracy, R. (2007). *Wie Kinder Sprachen lernen. Und wie wir sie dabei unterstützen können.* Tübingen: Francke.
Tracy, R. & Gawlitzek-Maiwald, I. (2000). Bilingualismus in der frühen Kindheit. In H. Grimm (Hrsg.), *Sprachentwicklung* (S. 495–536). Göttingen: Hogrefe.
Trueswell, J.C. (2006). Using eye movements as a developmental measure within psycholinguistics. In I. Sekerina, E. Fernández & H. Clahsen (Hrsg.), *Developmental psycholinguistics: On-line methods in children's language processing* (S. 73–96). Amsterdam: John Benjamins.
van der Lely, H.K. (1990). Comprehension of reversible sentences in specifically language-impaired children. *Journal of Speech and Hearing Disorders, 55,* 101–117.
van der Lely, H.K. (1996). Specifically language-impaired and normally developing children: Verbal passive vs. adjectival passive sentence interpretation. *Lingua, 98,* 243–272.
Vargha-Khadem, F., Watkins, K.E., Alcock, K., Fletcher, P. & Passingham, R. (1995). Cognitive and praxic deficits in a large family with a genetically transmitted speech and language disorder. *Proceedings of the National Academy of Sciences USA, 92*, 930–933.
Vogel, P.A. & Thieroff, R. (2009). Wortarten und grammatische Kategorien. *Sprache Stimme Gehör, 33*, 64–71.

Watermeyer, M. (2010). *Ausagieren von Sätzen versus Satz-Bild-Zuordnung: Vergleich zweier Methoden zur Untersuchung des Sprachverständnisses anhand von semantisch reversiblen Sätzen mit Objektvoranstellung bei drei- und fünfjährigen Kindern.* Diplomarbeit Universität Potsdam. Verfügbar unter http://opus.kobv.de/ubp/volltexte/2011/5238/ [11.01.2012]

Waxmann, S.R. (1990). Linguistic biases and the establishment of conceptual hierarchies: evidence from preschool children. *Cognitive Development, 5,* 123–150.

Waxman, S.R., Shipley, E.F. & Shepperson, B. (1991). Establishing new subcategories: The role of category labels and existing knowledge. *Child Development, 62,* 127–138.

Waxman, S.R. & Gelman, R. (1986). Preschoolers' use of superordinate relations in classification and language. *Cognitive Development, 1,* 139–156.

Waxman, S.R. & Hatch, T. (1992). Beyond the basics: preschool children label objects flexibly at multiple hierarchical levels. *Journal of Child Language, 19,* 153–166.

Wegener, H. (1995). *Die Nominalflexion des Deutschen – verstanden als Lerngegenstand.* Tübingen: Niemeyer.

Wegener, H. (1999). Die Pluralbildung im Deutschen. Ein Versuch im Rahmen der Optimalitätstheorie. *Linguistik online, 4,* 1–55.

Weiller, C. (2000). Bildgebende Verfahren – Aktivierungsstudien mit PET und fMRI. In W. Sturm, M. Herrmann & C.-W. Wallesch (Hrsg.), *Lehrbuch der Klinischen Neuropsychologie* (S. 204–218). Lisse, NL: Zwets & Zeitlinger.

Weinert, S. (2004). Wortschatzerwerb und kognitive Entwicklung. The development of vocabulary and cognitive development. *Sprache Stimme Gehör, 28*, 20–28.

Weissenborn, J. (1990). Functional categories and verb movement in early German: The acquisition of German syntax reconsidered. In M. Rothweiler (Hrsg.*), Spracherwerb und Grammatik. Linguistische Untersuchungen zum Erwerb von Syntax und Morphologie* (S.190–224). Opladen: Westdeutscher Verlag.

Weissenborn, J. (2000). Der Erwerb von Morphologie und Syntax. In H. Grimm (Hrsg.), *Sprachentwicklung* (S.141–169). Göttingen: Hogrefe.

Weissenborn, J., Roeper,T. & de Villiers, J.G. (1995). Wh-acquisition in French and German: connections between case, wh-features and unique triggers. *Recherches Linguistiques, 24,* 125–155.

Werker, J.F. & Tees, R.C. (1984). Cross-language speech perception: Evidence for perceptual reorganization during the first year of life. *Infant Behavior and Development, 7*, 49–63.

Wermke, K. (2008). Melodie und Rhythmus in Babylauten und ihr potenzieller Wert zur Frühindikation von Sprachentwicklungsstörungen. *L.O.G.O.S. interdisziplinär, 16*(3), 190–195.

Wiese, R. (2011). *Phonetik und Phonologie.* Paderborn: Fink.

Wittek, A. & Tomasello, M. (2002). German children's productivity with tense morphology: the *Perfekt* (present perfect). *Journal of Child Language, 29,* 567–589.

Woodward, A. (2000). Constraining the problem space in early word learning. In R.M. Golinkoff, K. Hirsh-Pasek, L. Bloom, L.B. Smith, A.L. Woodward, N. Akhtar, M. Tomasello & G. Hollich (Hrsg.), *Becoming a word learner. A debate on lexical acquisition* (S. 81–114). New York: Oxford University Press.

Woodward, A.L., Markman, E.M. & Fitzsimmons, C.M. (1994). Rapid word learning in 13- and 18-month-olds. *Developmental Psychology, 30*(4), 553–566.

Zapf, J.A. & Smith, L.B. (2007). When do children generalize the plural to novel nouns? *First Language, 27*(1), 53–73.

Zinober, B. & Martlew, M. (1985). Developmental changes in four types of gesture in relation to acts and vocalizations from 10 to 21 months. *British Journal of Developmental Psychology, 3*, 293–306.

Zmyj, N., Daum, M.M. & Aschersleben, G. (2009). The development of rational imitation in 9- and 12-month-old infants. *Infancy, 14*(1), 131–141.

Auf folgende Internetquellen wurde im Band verwiesen:

- AWMF-Leitlinie zur Diagnostik von Sprachentwicklungsstörungen (SES) unter Berücksichtigung umschriebener Sprachentwicklungsstörungen (USES), Registernummer 049-006. Verfügbar unter: http://www.awmf.org/leitlinien/detail/ll/049-006.html [13.01.2012]
- Daten zur frühen Sprachentwicklung der Klinik und Poliklinik für Kinder- und Jugendpsychiatrie, Psychosomatik und Psychotherapie der LMU München. Verfügbar unter: http://www.kjp.med.uni-muenchen.de/sprachstoerungen/DzS.php [13.01.2012]
- CHAT, Codes for the Human Analysis of Transcripts. Verfügbar unter: http://childes.psy.cmu.edu/manuals/chat.pdf [13.01.2012]
- CHILDES DATABASE. Verfügbar unter: http://childes.psy.cmu.edu/data/ [13.01.2012]
- CLAN, Computerized Language Analysis. Verfügbar unter: http://childes.psy.cmu.edu/manuals/clan.pdf [13.01.2012]
- Spracherwerb audiovisuell, Transkripte. Verfügbar unter: http://www.geisteswissenschaften.fu-berlin.de/v/spracherwerb/index.html [13.01.2012]

Sachregister

Anhang 1: Chronologische Übersicht über Meilensteine des Spracherwerbs

Die folgende Tabelle gibt eine chronologische Übersicht über wichtige Entwicklungsschritte / Meilensteine des Spracherwerbs. Dabei sind die Altersangaben nur als ungefähre Orientierungswerte zu verstehen, die angeben, in welchem Alter Kinder die angegebenen Fähigkeiten in etwa erreichen. Auf interindividuelle Variationen im Entwicklungsverlauf oder Entwicklungstempo wird in den einzelnen Kapiteln des Bandes hingewiesen. Die Altersangaben erfolgen bis zum ersten Geburtstag in Monaten, danach in der Notation »Jahre;Monate«. Wenn keine exakten Angaben zur Verfügung stehen, werden Zeiträume genannt. Eine ähnliche Tabelle findet sich in der AWMF-Leitlinie zu Sprachentwicklungsstörungen (http://www.awmf.org/leitlinien/detail/ll/049-006.html, siehe auch de Langen-Müller et al. (2012).

Bereich	**Entwicklungsschritt**	**Ungefähre Altersangabe**
Frühe Sprachwahrnehmung	Hinwendung zu Sprache und Stimme	Pränatal, erste Lebenswochen
	Erkennen rhythmischer und prosodischer Merkmale und des Betonungsmusters der Muttersprache	erste Lebensmonate
	Kategoriale Lautwahrnehmung	erste Lebensmonate
Vokalisations-Entwicklung	Neugeborenschrei, Säuglingsschreien	erste Lebenswochen
	Gurren	6–8 Wochen
	Marginales Babbeln	4 Monate
	Kanonisches Lallen/Babbeln (Silben aus Konsonanten und Vokalen)	6 Monate
	Reduplizierendes Babbeln	8–10 Monate
	Variierendes Babbeln	8–10 Monate
Phonologieerwerb	Elementares Lautinventar	1;0
	Einfache Silbenstrukturen (meist offene Silben)	1;0
	Beginnende Organisation des phonologischen Systems	ab 1;6
	Beginnende Überwindung phonologischer Prozesse (regelhafte Veränderungen der Aussprache)	2;6 bis 4;6
	Erwerb von Konsonantenverbindungen	2;6 bis 4;6
	Überwindung inkonsequenter Wortformen	2;6–3;0
	Erwerb unterschiedlicher Wortbetonungsmuster (Wortprosodie)	1;6–2;6
	Entwicklung phonologischer Bewusstheit: Silben erkennen, Silben klatschen, Reime erkennen und bilden, Anfangslaut erkennen	≈ 3 bis 5 Jahre

Bereich	Entwicklungsschritt	Ungefähre Altersangabe
Phonologieerwerb	Entwicklung phonologischer Bewusstheit: Phoneme (kleinste bedeutungsunterscheidende lautliche Einheiten) erkennen und lokalisieren, Segmentation, Analyse und Synthese von Lauten, Silben und Wörtern	5 Jahre, Vorschulalter
Lexikonerwerb	Beginn des Wortverstehens	9 Monate
	Vorformen des Benennens (situationsgebundene Protowörter)	10 Monate
	Verstehen von ca. 50 Wörtern	1;4
	Produktion erster Wörter	1;0–1;6
	Produktion von 50 Wörtern	1;6 spätestens 2;0
	Wortschatzspurt	1;6–1;9
	Wortartenentwicklung 1. Phase: personal-soziale Wörter, relationale Wörter, Lautmalereien, Eigennamen, einige Nomen	1;0–1;6 Mon.
	Wortartenentwicklung 2. Phase: Nomenwachstum, Beginn des Verberwerbs	1;6–2;6 Mon.
	Wortartenentwicklung 3. Phase: Verbzuwachs, Funktionswörter, Pronomen	2;6–3;0
	Über- und Untergeneralisierungen	2;0–3,0
	Erwerb hierarchischer Organisation des mentalen Lexikons (z.B. Ober- und Unterbegriffe), Verstehen von semantischen Relationen	3;0 bis Schulalter
	Erwerb der Wortbildung: Komposition und Derivation	≈ 2 bis 5 Jahre
Grammatikerwerb	Produktion von Wortkombinationen (2- bzw. Mehrwortäußerungen)	1;6 spätestens 2;0
	Anstieg der Äußerungslänge (MLU): mit 3;0 durchschnittlich 3 Wörter pro Äußerung	im 3. Lebensjahr
	Produktion einfacher Satzstrukturen	im 3. Lebensjahr
	Rückgang von Auslassungen obligatorischer Konstituenten (, z.B. Subjekt)	im 3. Lebensjahr
	Rückgang von Auslassungen von Funktionswörtern	im 3. und 4. Lebensjahr
	Erwerb der Verbzweitstellung	2;6
	Verwendung variabler Satzarten: Aussage- und Fragesätze	2;6 – 3;0

Bereich	Entwicklungsschritt	Ungefähre Altersangabe
Grammatikerwerb	Auftreten von Nebensätzen	3;0
	Verwendung des obligatorischen Artikels	2;6 – 3;0
	Erwerb der Subjekt-Verb-Kongruenz	im 3. Lebensjahr
	Aufbau des Kasussystems: zunächst Akkusativ, später Beherrschung des Dativs	≈ 3 bis 6 Jahre
	Aufbau des Pluralsystems	≈ 2 bis 5 Jahre
	Erwerb von Tempusmarkierungen, Vorübergehende Überregularisierungen	im 3. und 4. Lebensjahr
Erwerb von Gesprächs- und Erzählfähigkeiten	Blickkontakt mit der Bezugsperson	3 Monate
	Früher Ausdruck kommunikativer Intentionen durch Blick, Gesten, Vokalisierungen	im 1. Lebensjahr
	Triangulärer Blickkontakt Herstellen gemeinsamer Aufmerksamkeit	9 Monate
	Einhalten von turn-taking-Regeln (Sprecherwechsel)	im 2. Lebensjahr
	Bezugnahme auf Gesprächspartner im Dialog	1;6
	Themenorganisation im Dialog	im 3. und 4. Lebensjahr
	Entwicklung der Erzählkompetenz, zunehmende Kohärenz und Kohäsion in Erzählungen	≈ 3 Jahre bis Schulalter
	Verstehen von Ironie und Metaphern	Schulalter
Schriftspracherwerb	Logographische Phase (Wiedererkennen häufiger Wörter)	Vorschulalter, Beginn Grundschulalter
	Alphabetische Phase (Verknüpfung von Lauten und Buchstaben)	Beginn Grundschulalter
	Orthographische Phase (Erlernen von Rechtschreibregeln)	Grundschulalter

Tabelle 18: Chronologische Übersicht über wichtige Entwicklungsschritte / Meilensteine des Spracherwerbs

Anhang 2: Hinweise zur Transkription

Die Transkripte in diesem Buch wurden gemäß den Transkriptionslinien von CHAT angefertigt (siehe Kapitel 2.2.1 und http://childes.psy.cmu.edu/manuals/chat.pdf). Zum besseren Verständnis der Transkripte wird hier eine kurze Übersicht über einige wichtige Konventionen und Transkriptionszeichen gegeben. Diese Übersicht enthält lediglich Auszüge aus den Richtlinien und beschränkt sich auf die Aspekte, die für die im Buch vorkommenden Transkripte relevant sind. Die Beispiele sind ebenfalls den Transkripten aus dem vorliegenden Band entnommen.

Allgemeines

- Erste Zeile heißt @Begin, die letzte Zeile heißt @End
- Dritte Zeile heißt @Participants, Tab und dann dreistelliger Code für den Teilnehmer, seinen Namen und seine Rolle (@Participants: CHI Vanessa Kind; INT Elke Mutter)
- Dann @ID und weitere Details zu den Teilnehmern. Das Alter wurde in den hier vorliegenden Transkripten mit Monate;Tage angegeben.
- Jede Äußerung wird in einer Zeile notiert, z.B.
  *INT: und wo läuft der hin der elefant?
  *CHI: hier lang.
- Jede Zeile endet mit Punkt, Frage- oder Ausrufezeichen, nicht mit Komma.

Einige Transkriptionszeichen

* zeigt an, was tatsächlich gesagt wurde (*VAN: blabla) nach dem Stern kommt ein dreistelliger Code für den Sprecher (VAN), dann ein Doppelpunkt und ein TAB. Jede Zeile enthält nur eine Äußerung; werden mehrere Äußerungen gemacht, werden sie in mehreren Zeilen notiert.

% zeigt an, dass Kodierungen und Kommentare vorgenommen werden, gefolgt von einem dreistelligen Code, der den Typ der Kodierung angibt (s.u. Kommentarabkürzungen).

xxx zeigt unverständliche Wörter an.

& zeigt unvollständige oder unverständliche phonologische Teile an, z.B. *CHI: &efant.

< > bezieht sich ein Transkriptionszeichen auf mehrere Wörter innerhalb einer Äußerung, werden diese Wörter von < > umschlossen.

[//] zeigt an, dass ein Wortfragment Teil einer Phrase ist, die als Ganzes korrigiert wird:
*CHI: <&wei &i> [//] wenn die
zeigt ebenso an, dass ein Wort wiederholt und dabei korrigiert wird:
*CHI: wenn die &murme [//] murmeln alle sind.

[/] zeigt an, dass ein Wortfragment Teil einer Phrase ist, die wiederholt wird:

*CHI: ich <&mei da> [/] &mei da drin sind.

werden falsche Anfänge nicht korrigiert, wird die intendierte Form transkribiert und die tatsächlich formulierte Form wird in der %pho-Zeile notiert:

*CHI: da die kaputt gemacht da &un.

%pho: puttemacht.

[?] zeigt nach dem entsprechenden Wort an, dass Unsicherheit über das, was in der Aufnahme gehört werden kann, besteht:

*CHI: da, wo die [*] [: der] traktor [?] fährt.

( ) ausgelassene Teile unvollständiger Wörter werden in Klammern gesetzt, wenn der ausgelassene Teil klar ist:

*CHI: ich hab(e) ein(e) blume gemalt.

[*] zeigt morphologisch falsche Formen sowie lexikalische Fehler an:

*CHI: +, da fährt die [*] traktor.

[:] zeigt die Zielform nach morphologisch falschen Formen an:

*CHI: ich hat [*] [: habe] einde [: eine] &necken gemalt.

nach akzeptablen umgangssprachlichen Formen oder Dialekt wird die standardsprachliche Form ebenfalls in [:] gesetzt (ohne [*]):

*CHI: de(n) [?] han [: haben] die kaputt gemacht da.

[x 3] zeigt an, dass das vorangehende Wort 3x (oder jede andere Anzahl) wiederholt wurde.

zeigt Pausen an (# ab 2 Sekunden, ## ab 8 Sekunden)

0 zeigt Aktivitäten ohne Sprache an, gefolgt von einer %act Zeile :

*CHI: 0.

%act: lächelt.

+... zeigt die unterbrochene Äußerung am Ende der Zeile an:

*INT: und ich mal noch +...

+/. zeigt unerwünschte Unterbrechungen durch einen anderen Sprecher am Ende der Zeile an:

*CHI: das da is(t) [?] ein +/?

*INT: das wird der kopf.

+, zeigt Vervollständigungen durch den Sprecher zu Beginn der vervollständigten Äußerung an:

*CHI: ich hat [*] [: habe] auch einde [eine] +/.
*INT: du auch.
*CHI: +, gemalt.

@i zeigt Interjektionen an; alle Variationen (ähm, ähem, mmm) werden durch hm markiert, alle Interjektionen, die Überraschung ausdrücken mit oh:

*INT: hm@i.
*INT: oh@i.

wenn gut entschieden werden kann, ob die Interjektion hm eine interrogative, affirmative oder negative Funktion hat, wird dies angezeigt:

hm@ii? (interrogativ)
hm@ia. (affirmativ)
hm@in (negativ)

@o zeigt Onomatopoetika an: z.B. *CHI: bumm@o.

[>] [<] [< >]

zeigt am Ende der Zeile Überschneidungen von zwei Sprechern an, je nachdem, ob die Überschneidung vorangeht, folgt oder beides:

*CHI: ich hat [*] [: habe] auch einde [eine] +/. [>].
*INT: du auch [<>].
*CHI: +, gemalt [<].

Kommentarabkürzungen
%pho: [phonetic coding]
Gibt die tatsächlich vom Kind realisierte Wortform wieder:

*CHI: ja, xxx du darfst meine tüte voller murmeln kriegen.
%pho: triegn.

%act: [action tier]
hier werden Aktivitäten transkribiert, die nicht von Sprache begleitet werden

*CHI: 0.
%act: lacht.

%com: [comments]
hier werden alle notwendigen Kommentare vermerkt, die zum besseren/eindeutigen Verständnis der transkribierten Aussagen notwendig sind, auch Handlungen, die von Sprache begleitet werden.

*CHI: hier lang.
%com: spielt, dass der Elefant auf dem Spielkistenrand entlang läuft.